사물인터넷 구조

絵で見てわかるIoT/センサの仕組みと活用

(E de Mite Wakaru IoT/sensor no Shikumi to Katsuyou : 4062-9)

초판 1쇄 발행 2016년 7월 20일 　**2쇄 발행** 2017년 9월 29일

지은이 주식회사 NTT 데이터, 가와무라 마사토, 오쓰카 히로시, 고바야시 유스케,
　　　　고야마 다케시, 미야자키 도모야, 이시쿠로 유키, 고지마 고헤이
옮긴이 박건태
펴낸이 장성두
펴낸곳 제이펍

출판신고 2009년 11월 10일 제406-2009-000087호
주소 경기도 파주시 회동길 159 3층 3 – B호
전화 070 – 8201 – 9010 / **팩스** 02 – 6280 – 0405
홈페이지 www.jpub.kr / **원고투고** jeipub@gmail.com
독자문의 readers.jpub@gmail.com / **교재문의** jeipubmarketer@gmail.com

편집부 이민숙, 황유진, 이 슬, 이주원 / **소통·기획팀** 민지환, 현지환 / **회계팀** 김유미
표지디자인 미디어픽스 / **본문디자인** 북아이 / **교정·교열** 배규호
용지 에스에이치페이퍼 / **인쇄** 한승인쇄사 / **제본** 광우제책사

ISBN 979-11-85890-54-8 (93000)
값 25,000원

제이펍은 독자 여러분의 책에 관한 아이디어와 원고 투고를 기다리고 있습니다. 책으로 펴내고자 하는 아이디어나 원고가 있으신 분께서는
책에 대한 간단한 개요와 차례, 구성과 재(역)자 약력 등을 메일로 보내주세요.　　jeipub@gmail.com

그림으로 공부하는 사물인터넷 구조

가와무라 마사토, 오쓰카 히로시, 고바야시 유스케, 고야마 다케시,
미야자키 도모야, 이시쿠로 유키, 고지마 고헤이 지음 / 박건태 옮김

Internet of Things

제이펍

차례

옮긴이 머리말

　IoT는 Internet of Things, 즉 모든 사물이 인터넷에 연결되는 것을 뜻한다. 초등학교 시절, 8비트 MSX 컴퓨터는 디스켓이 없으면 할 수 있는 것이 거의 없었다. 시간이 지나 정보통신의 발달과 함께 PC가 인터넷에 연결되기 시작하면서 파생된 우리의 풍요로운 삶을 돌이켜 보면, 모든 사물이 인터넷에 연결된다는 것이 또 한 번 우리의 삶을 어떻게 변화시킬지 사뭇 기대된다. SF 영화에서 보던, 상상하던 것들이 이제는 시간문제로만 느껴진다. 인류의 미래는 그만큼 희망적이다.

　IoT 전문가가 아니라서 '옮긴이 머리말'을 어떻게 쓸지를 번역을 시작하면서부터 고민해 왔다. 그러다가 번역에서 가장 지루한 작업이기도 하고 마지막 작업이기도 한 인덱싱 작업을 하면서 독자 여러분에게 전해야 할 말이 생겼다는 것이 기쁘다. 인덱싱 작업은 번역에서 가장 재미없는 부분인데, 이번에는 인덱스 번역을 (처음으로) 정말 재미있게 한 것 같다. 이유는 옮긴이 역시 IT 분야에 종사하는 사람으로서 이 책을 수시로 참고해야 할 것 같았기 때문이다. 그만큼 이 책은 IoT에 관한 방대한 주제들을 다루고 있다.

　이 책은 IoT의 정의와 시스템 아키텍처를 시작으로 센서 디바이스를 이용하여 데이터를 취득하고, 실시간으로 취득된 방대한 데이터를 어떤 방식(프로토콜과 네트워크)을 통해 서버로 전달하는지, 데이터를 수신한 서버는 이런 대용량의 데이터(빅 데이터, 클라우드)를 어떻게 수집하고 처리해야 하는지를 다룬다. 서버에서 처리된 데이터는 스마트 디바이스(구글 워치, 스마트 글라스, 스마트 반지 등)로 정제된 데이터를 전송하여 서비스하게 되는데, 이 모든 과정에서 필요한 기술들을 소개하고, 저자들이 서비스한 실제 사례를 통해 아이디어를 공유하고 있다. 이 책에는 로봇이 등장하는데, (비록 개인 의견이긴 하지만) 이것이 바로 이 책이 궁극적으로 독자에게 이야기하고 싶은 것이라고 느꼈다.

이 책의 인덱스를 보면 요즘 가장 뜨거운 이슈가 되는 모든 것을 다루고 있다는 것을 알 수 있다. 인덱스만 봐도 이 모든 것을 IoT가 포함하고 있다는 것의 놀라움과 함께, 여러분이 이 책을 선택하는 데 (비단 IoT만 관심 있는 독자만이 아닌, IT를 하는 사람이라면 누구나) 주저할 이유가 없음을 알게 될 것이다. 이 책이 다루는 것들에 대해 큰 주제만 간략하게 나열해 보고자 한다.

> "IoT 아키텍처, 센서 디바이스, 센서 네트워크, 이더넷, 게이트웨이, 웹 소켓, 웨어러블 디바이스, 스마트 디바이스, D/A 및 A/D 변환, GPS 위성, GNSS, 서버 구성, 운용/유지 보수, 블루투스, 데이터 송수신과 처리 과정, 데이터 포맷(XML, JSON 등), 아파치 하둡/스파크/스톰/머하웃, 맵리듀스, HTTP와 MQTT, 보안, 회기 분석, 클러스터, 클라우드, RDB/몽고DB/KVS, 프로토타입, 보드 제작 및 소개, 증강 현실, 로봇 등"

이것이 바로 융합이 아니겠는가!

이 책은 레퍼런스 책처럼 두껍지는 않지만, 7인의 저자가 각자의 전문 분야를 깊이 있게 저술한 책이다. 따라서 첫 장부터 마지막 장까지 내용이나 구성이 알차다고 생각한다. 물론, 이런 전반적인 기본 지식을 바탕으로 독자들은 각각의 분야를 더욱 깊이 있게 공부해야 할 것이다.

IT의 가까운 미래는 IoT와 로봇이라고 생각한다. 지금도 인간이 해 왔던 일들의 많은 분야가 초정밀 로봇으로 대체되어 간다는 이야기를 흔히 들을 수 있다. 데이터 수집이 기존에는 사람의 손을 거쳐야 했다면, 이제는 센서 디바이스가 그 역할을 대신하고 있으며, 방대한 데이터의 분석을 통해 최선의 수를 찾아내고 이를 적용한다. 이는 법, 의료, 경제, 정치, 스포츠, 문화, 예술, 군사 등 모든 분야에 적용할 수 있으며, 이 시대를 4차 산업 혁명이라 부르는 이유일 것이다.

마지막으로, 이 책의 출간을 위해 고생하신 모든 분께 감사드린다. IoT 전문가가 아니라는 핑계로 일부 번역이 매끄럽지 않다는 것도 인정한다. 잘못된 의역을 하다가 실수할 수 있는 부분을 방지하기 위해 어쩔 수 없는 선택이었다. 하지만 원서의 오류를 잡을 정도로 최선을 다해 한 글자, 한 글자 신경을 썼다고 자부한다. 이 책을 통해 IoT를 익히고 여러분이 상상하는 모든 것이 현실 세계에 실현되기를 바란다.

옮긴이 **박건태**

머리말

이 책은 센서(sensor)나 디바이스(device)를 활용하여 서비스를 개발하는 하드웨어 엔지니어와 소프트웨어 엔지니어 모두에게 도움이 되는 사물인터넷(IoT, Internet of Things) 해설서다.

요사이 IoT라는 용어를 자주 접할 것이다. IoT란, 우리 주위의 다양한 사물이 네트워크에 연결되어 서비스를 제공하는 구조를 말한다. 이 구조는 우리의 생활에서 마치 SF 영화와 같은 체험을 할 수 있도록 한다.

IoT에서 이용되는 기술은 지금까지 웹 서비스에서 사용되었던 기술들과 인터넷을 기반으로 한다. 또한, 센서나 디바이스를 다루기 위해서는 하드웨어 지식, 임베디드 소프트웨어 지식 등이 필요하다.

웹 서비스와 인터넷에 관한 지식은 IT 엔지니어라면 누구나 잘 아는 분야지만, 센서나 디바이스 지식은 임베디드 엔지니어나 하드웨어 엔지니어에 특화된 분야다. 이들 두 분야의 엔지니어가 각각의 특화된 영역을 활용하지 않으면 IoT는 구현할 수 없다. 이에 더해서 IoT에서는 디바이스로부터 정보를 분석하기 위한 기술이나 기계 학습(machine learning, 머신 러닝) 등 이른바 데이터 과학자라는 사람들의 특기 영역을 활용하는 경우도 있다.

물론, 각각의 엔지니어가 상호 간에 특기 분야를 한데 모으면 IoT를 구현할 수 있을 것이다. 하지만 서로의 기술 영역에 관한 기초적인 이해가 부족하면 의사소통에 문제가 생길 것이며, IoT 실현이 곤란해질 것이 분명하다. 그래서 이 책은 여러분이 IoT 프로젝트를 접하게 될 때를 대비하여 부족한 분야에 도움이 되도록 집필하였다.

1장에서 IoT 전반에 관한 개요를 살펴보고, 2장에서는 웹 서비스에서 사용되는 기술을 중심으로 IoT 서비스를 실현하는 방법에 관해 설명한다. 그리고 3장에서는 디바이스 개발에서 반드시 이해해야 할 사항을 자세히 설명하고, 계속해서 4장에서는 고급 센싱이라는 제목으로 최근 눈부시게 발전해 온 NUI(Natural User Interface)나 위성항법장치(GPS, Global Positioning System) 등 센싱 시스템을 소개한다. 5장에서는 IoT 서비스를 운용하는 노하우나 주의해야 할 점을 설명한 후에 6장부터 8장까지 세 장에 걸쳐 데이터 분석, 웨어러블 디바이스, 로봇 등 IoT와 밀접한 분야에 관해 짚어 본다.

이 책은 여러분이 폭넓은 IoT 기술 분야의 전체 모습을 알기 위해 첫걸음을 떼는, 말하자면 IoT 개발의 길라잡이와 같은 책이다. 각각의 분야에 관해 이미 알고 있는 내용도 있겠지만, 전혀 새로운 내용도 있을 것이다. 따라서 이 책이 길라잡이로서 여러분의 서비스 구축에 조금이라도 도움이 되길 바란다.

대표 저자 **가와무라 마사토**

저자 소개

이 책은 주식회사 NTT 데이터에 근무하는 엔지니어들이 집필하였다.

가와무라 마사토(河村 雅人) 1장, 2장 집필

대학, 대학원에서 휴먼 로봇 상호 작용에 관한 연구를 하였다. NTT 데이터에 입사 후 4년간은 Trac, Subversion, Jenkins를 중심으로 한 사내 개발 환경 구축과 애플리케이션 생명주기 관리에 관한 연구 개발을 진행하였다. 현재는 IoT와 로봇을 중심으로 한 연구 개발을 하고 있으며, 센서·로봇·클라우드의 통합 과제도 진행하고 있다. 소프트웨어 아키텍처 및 프로덕트의 선정부터 납땜, 프로그래밍까지 담당하고 있으며, 관심 분야는 로봇, 센싱, 임베디드 시스템, 파이썬, 웹 애플리케이션, 소프트웨어 개발 방법론과 같은 다양한 기술과 로봇 해킹 등이다.

기술을 통해 사람을 행복하게 하는 사회를 만들어 가는 것이 정의라고 생각하는 엔지니어다.

오쓰카 히로시(大塚 紘史) 5장 집필

NTT 데이터 기술 개발 본부에서 근무하고 있다. NTT 데이터에 입사하면서 시스템 기반 보안 품질 향상에 관한 연구 개발을 담당하였으며, 입사 3년 차부터 로봇 미들웨어 및 상호작용 AR을 활용한 로봇 서비스 개발에 참여하였다. 최근에는 IoT/M2M 분야에 주력하고 있으며, 센서 데이터를 효율적으로 수집하고, 수집한 데이터를 분석하는 작업을 담당하고 있다. 특히, 센서 데이터의 단순한 수집을 넘어 사용 방법을 찾아내기 위해 센서를 활용한 다양한 시스템 개발을 해 왔다. 또한, 새로운 사물을 만들어낼 수 있는 3D 프린터 등 디지털 패브리케이션에도 흥미가 있다.

취미는 우쿨렐레다. 취미를 가진 노후생활을 보내기 위해 2년 전부터 시작했으며, 매일 연습에 열중하고 있다. 비밀리에 음악과 센서 그리고 시스템 융합을 도모하기도 한다.

고바야시 유스케(小林 佑輔) · 6장 집필

NTT 데이터에 입사하면서 공공, 법인, 금융 등 다양한 분야에서 고객의 분석 컨설팅을 담당하였다. 최근에는 사업에서의 경험을 살린 기술 개발에 주력하고 있다. 특히, SNS를 활용한 분석이나 신규 사업 분야에 분석을 도입하는 등 데이터 분석의 가능성을 개척하는 데 힘을 쏟고 있다. 센서나 로그 데이터 분석에 관한 새로운 서비스나 가치를 만들어 내는 것이 최대 과제라고 생각한다.

개인적인 취미로는 D3 등 가시화 기술을 활용한 분석 결과의 새로운 방법론, 점점 새롭게 등장하는 새로운 기판을 활용한 분석 구조에 흥미를 갖고, 매일 밤 개인적으로 테스트하고 연구하는 것을 즐긴다.

고야마 다케시(小山 武士) · 7장 집필

NTT 데이터에 입사하여 보안에 관한 연구 개발을 담당하였다. 웹 시스템을 시작으로 최근에는 스마트 디바이스까지 폭넓은 범위의 보안 기술을 개발하고 있다. 특히, 최근에 스마트폰과 태블릿을 이용한 업무에 보안 관련 연구를 담당하였으며, 현재는 웨어러블 디바이스 보안의 응용 기술 및 엔터프라이즈용 애플리케이션 연구 개발에 종사하고 있다. 또한, 웨어러블 디바이스를 포함한 IoT를 활용한 차세대 동향을 제안하고 있다.

디지털 장치를 아주 좋아하며, 최근에는 오큘러스 리프트나 안드로이드 웨어, 라즈베리 파이, 킨들 보이지 등을 사서 어디에 활용할 수 있을까를 고민하고 있다.

미야자키 도모야(宮崎 智也) 1장 집필

대학에서 프로그래밍과 네트워크 구조, 정보 이론 등 컴퓨터 과학을 공부했다. 졸업 후 NTT 데이터에 입사하였고, 4년간 중앙부처 영업을 담당하며 공공기관 업무 시스템 운용/보수, 기능 추가, 신규 시스템 제안을 진행했다. 그 후 사회 구조에 관한 장래 구상 그라운드 디자인이나 To-Be 시스템 모델 검토 등 정책 지원을 해 왔다. 현재는 사회 과제 해결을 위한 로봇 서비스를 만들어 내기 위해 M2M 기술이나 로봇 기술을 활용한 클라우드 로보틱스 기반의 연구 개발 및 서비스 모델/운용 스킴 입안을 담당하고 있다.

겉으로 보면 사람 사귀는 것을 좋아하는 듯 보이지만, 실은 집에서 혼자 지내는 것을 가장 행복해 한다. 엔지니어 지망으로 입사했지만, 업무상 역할은 영업에 가까워 엔지니어로서의 역할을 제대로 하지 못하는 것이 늘 고민이다.

이시쿠로 유키(石黒 佑樹) 4장, 8장 집필

NTT 데이터 기술개발 본부에서 근무하고 있다. 대학과 대학원에서 로봇에 관한 연구를 하였으며, 자율이동 로봇이나 네트워크 로보틱스계 기술에 집중하였다. 전문 영역은 로봇용 미들웨어 활용과 로봇 시스템 통합이다. 기술 그 자체보다 '기술이 가져다 줄 사회 변화'에 흥미가 있으며, NTT 데이터 입사 후는 로봇과 클라우드의 연동 기술을 기반으로 식물 공장과 패브리케이션 사회 등 미래를 이끌어 갈 주제를 맡고 있다.

최근에는 전공과 관련 없는 일을 하고 있지만, 어떻게든 좋은 결과를 내기 위해 애쓰고 있다.

고지마 고헤이(小島 康平) 3장, 8장 집필

대학과 대학원에서는 인간 공존형 로봇의 지능화에 관한 연구를 진행하였다. 기계 학습이나 고차원 공간 검색 이론으로 기계 제어 응용에 관한 다수의 논문을 발표했다. 현재는 NTT 데이터 기술 개발 본부에서 서비스 로봇의 사회 실현에 공헌하기 위해 클라우드 로보틱스 기반의 연구 개발에 종사하고 있다. 또한, 사회 과제 해결형 로봇 서비스 설계 등도 수행하고 있다. 센서 정보의 수집/분석을 기반으로 콘텍스트 인식이나 클라우드와 로봇을 연동한 시스템 등 IoT/로봇에 관련한 기술 개발에도 힘을 쏟고 있다.

최근에는 아파치 스톰, 아파치 스파크, RabbitMQ, MongoDB 등 오픈 소스 기술을 활용한 것에 흥미가 붙었다. 학생 때는 동아리 활동을 통해 인력 비행기를 만들기도 했으며, 오픈 소스 하드웨어나 3D 프린터 등 생산 기술 혁신에도 큰 관심을 기울이고 있다. 영화 <백 투 더 퓨처(Back to the Future)>의 에메트 브라운(Emmet Brown) 박사를 동경하며, 피아노와 기타를 아주 사랑하는 엔지니어다.

베타리더 후기

김지만(Shine Technologies)

평소에 IoT에 대한 관심은 있었지만, 어디서부터 시작해야 할지 막막하던 중에 만난 책입니다. 컴퓨팅, 집적 회로, 센서, 네트워크에 이르기까지 수많은 기술이 모두 집약된 IoT를 차분하게 소개하고 있어 IoT에 관한 이해도를 한층 높여 주었습니다. 다만, 비전공자가 읽기에는 다소 어렵고, 전공자가 읽기에는 다소 쉬운 것 같습니다. 물론, 두 마리 토끼를 잡기가 쉽지는 않겠죠. 그래도 사물인터넷의 기초 지식을 쌓고 개념을 이해하는 데는 확실히 도움될 것 같습니다.

박성욱(SK Planet)

IT 업계에서 화두가 된 사물인터넷에 관해 아주 쉽게 이해하고 활용 사례를 학습할 수 있어서 매우 유용한 시간이었습니다. 또한, 사물인터넷이라는 숲 전체를 잘 보여 주고 있어서 사물인터넷으로 무언가를 도모하고자 하는 분들에게 좋은 가이드가 될 것 같습니다.

박재유(KAIST 소프트웨어대학원)

사물인터넷으로의 패러다임 전환이 이루어지면서 새로운 디지털 혁명이 일어나고 있습니다. 하지만 이 신기술 트렌드에 다가가는 게 쉽지 않습니다. 첫걸음부터 마주하게 되는 수많은 이기종 플랫폼과 전문 용어가 걸림돌이 되고 있습니다. 그런 면에서 이 책은 기본 용어와 개념을 쉽고 탄탄하게 설명하고 있으며, 개발과 분석 그리고 응용 분야까지 아우르고 있습니다. IoT를 처음 시작하는 분들이 이 책을 통해 전체적인 맥락을 단숨에 파악하시리라 확신하며 추천합니다.

🐦 박종화(경기과학고등학교)

열심히는 보았는데, 개인적으로 베타리딩에 시간을 많이 할애하지 못해서 살짝 아쉬움이 듭니다. 이번 책을 통해서는 실제 무엇을 만들어 보는 경험보다는 IoT의 전반적인 개념을 잡는 데 큰 도움이 되었던 것 같습니다.

🐦 이보라(아주대학교 소프트웨어 특성화대학원)

이 책을 읽으면서 2015년에 카네기멜론 대학교에서 IoT 미들웨어 구축 프로젝트를 진행했던 기억이 떠올랐습니다. 당시에 이 책을 알았더라면 더 나은 아키텍처를 설계할 수 있었을 것이라는 생각이 들었습니다. IoT 시스템의 아키텍처는 확장성, 보안 등의 품질 속성을 충족시켜 줘야 하는데, 이 책은 설계에 필요한 패턴, 디자인을 찾는 데 큰 도움을 줍니다. 특히, 네트워크 부분은 실무 담당자들에게 유용한 레퍼런스가 될 것으로 생각합니다. 또한, IT 독자들로부터 명성이 자자한 '그림으로 공부하는' 시리즈의 하나로서도 손색이 없는 것 같습니다.

🐦 전찬주(원티드랩)

아주 재미있게 읽었습니다. 'IoT를 이렇게 이해하기 쉽고 전체적인 그림을 볼 수 있게 설명하는 책이 또 있을까'라는 생각이 들 정도였습니다. 단순히 IoT의 개념뿐만 아니라 하드웨어부터 서비스까지 어떻게 구성되어 있고, 어떻게 만들어야 하는지를 잘 설명하고 있습니다. IT 일반 카테고리에 들어도 좋을 만큼 IT에 종사하는 사람이라면 누구나 읽어도 좋은 책이라고 생각합니다. 번역의 품질도 좋았고, 오타나 잘못된 내용도 거의 찾지 못했습니다.

제이펍은 책에 대한 애정과 기술에 대한 열정이 뜨거운 베타리더들로 하여금
출간되는 모든 서적에 사전 검증을 시행하고 있습니다.

IoT 기초지식

1.1 | IoT 입문

우선 IoT를 배우는 데 필요한 기초 지식에 관해 정리해 보겠다.

1.1.1 IoT

IoT(Internet of Things) 또는 사물인터넷이라는 말을 들으면 어떤 이미지가 떠오르는가?

IoT란, Internet of Things를 줄인 말로 우리나라에서는 '사물인터넷'이라고 부른다. 여기서 말하는 '사물'이란, 네트워크에 연결할 수 있는 우리 주변에 있는 모든 물건을 일컫는다. 예를 들면, 지금 우리가 입고 있는 옷, 시계, 가전제품, 자동차, 집, 심지어 지금 독자 여러분이 읽고 있는 이 책 또한, 네트워크에 연결된다면 IoT에서 말하는 '사물'이 되는 것이다.

IoT는 우리가 인터넷을 통해 서로의 정보를 교환하는 것처럼 네트워크에 연결된 '사물'들 사이에 정보를 공유해 유익한 정보를 생산해 내는데, 이를 사람의 개입 없이 할 수 있다. 이는 지금까지 실현할 수 없었던 마법 같은 세상을 창조해 낼 수 있다는 것을 뜻한다.

1.1.2 IoT 동향

정보통신 기술(ICT, Information and Communication Technology) 시장 조사기관인 IDC(International Data Corporation)는 일본 내 2013년 IoT 시장 규모를 약 11조 엔(약 110억 원)으로 산출하고 있다. 또한, 2018년에는 2013년의 거의 두 배에 가까운 21조 엔(약 210억 원)대로 증가할 것으로 내다보고 있다. 우리나라의 사물인터넷 시장은 2015년 현재 약 3조 8,000억 원 규모로 추산된다.

IoT 시장은 '사물'에 해당하는 디바이스 시장, 사물과 사물의 연결을 담당하는 네트워크 시장, 운용 관리를 담당하는 플랫폼 시장, 그리고 수집한 데이터를 분석하는 분석 처리 시장 등으로 형성되어 있다(그림 1.1).

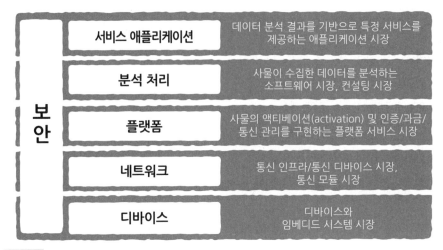

	서비스 애플리케이션	데이터 분석 결과를 기반으로 특정 서비스를 제공하는 애플리케이션 시장
보안	분석 처리	사물이 수집한 데이터를 분석하는 소프트웨어 시장, 컨설팅 시장
	플랫폼	사물의 액티베이션(activation) 및 인증/과금/통신 관리를 구현하는 플랫폼 서비스 시장
	네트워크	통신 인프라/통신 디바이스 시장, 통신 모듈 시장
	디바이스	디바이스와 임베디드 시스템 시장

그림 1.1 IoT 관련 시장

IoT 시장을 만들어 낸 요소로는 초저가형 통신 모듈과 클라우드(cloud)형 서비스 보급을 들 수 있다. 지난 2014년 10월 인텔(Intel)은 '인텔 에디슨(Intel Edison)'이라는 싱글 보드 컴퓨터를 시장에 선보였다. 듀얼 코어(dual core), 듀얼 스레드(thread) CPU 및 1GB 메모리, 4GB 스토리지(storage), 듀얼 밴드(band) 와이파이(Wi-Fi) 및 블루투스(Bluetooth) 4.0을 우표 크기의 모듈에 탑재했다. 또한, 마이크로소프트(Microsoft)가 'Microsoft Azure ISS(Intelligent Systems Service)'라는 솔루션을 발표했다. 이 솔루션은 데이터 관리와 처리, 통신 관리 등의 기능을 클라우드로 제공한다.

그 밖에도 플랫폼 및 분석 처리, 보안 등의 분야에서도 IoT에 특화한 제품과 서비스가 시장에 선보이기 시작했다.

향후 시장은 각 분야의 수직 시장(vertical market)에 정통한 사업자와의 제휴 및 트라이얼 환경의 적극적인 제공, 그리고 소비자 생활에 밀착한 서비스의 개발이 중요해질 것으로 예상한다.

1.2 │ IoT가 실현하는 세상

1.2.1 │ 유비쿼터스 네트워크 사회

IoT가 실현하는 세상을 이야기하기 전에 '네트워크에 연결한다'라는 관점에서 역사를 되돌아보도록 하자.

1990년대 초에는 기존의 메인 프레임을 중심으로 했던 중앙 집중 처리 시스템에서 클라이언트 서버(client server) 중심의 분산 처리로 트렌드가 바뀌었다. 1990년대 후반부터는 인터넷과 웹을 대표하는 네트워크 중심의 새로운 집중처리가 트렌드가 되었다. 이 것이 웹 컴퓨팅이라는 개념이며, 이로 인해 인터넷을 통한 PC, 서버, 모바일 기기 사이의 정보 교환이 간단해졌다.

2000년대 초에는 유비쿼터스(ubiquitous) 네트워크라는 개념이 주목받기 시작했다. 유비쿼터스 네트워크는 '언제 어디서나' 네트워크에 연결하여 다양한 서비스를 이용할 수 있다는 개념이다(그림 1.2). 최근에는 스마트폰이나 태블릿을 비롯하여 게임기, TV 등 지금까지는 인터넷에 접속할 수 없었던 사물을 통해서도 우리는 언제 어디서라도 인터넷에 접속할 수 있게 되었다.

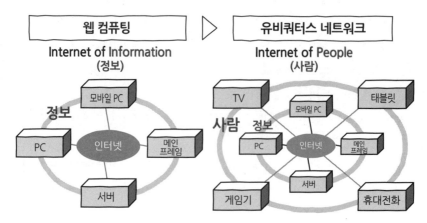

그림 1.2 '언제 어디서나' 네트워크에 연결되는 유비쿼터스 네트워크

1.2.2 사물인터넷 접속

브로드밴드(broadband, 광대역)의 정비가 진행됨에 따라 유비쿼터스 네트워크 사회가 실현되기 시작했다. 이와 함께 디바이스에 탑재할 수 있는 초저전력(XLP, eXtreme Low Power) 센서의 출현과 무선 통신 기술의 발전으로 기존 인터넷에 접속되어 있던 PC나 서버, 스마트폰 등의 IT 관련 디바이스 외에도 다양한 '사물'이 인터넷에 접속할 수 있게 되었다(그림 1.3). 자동차나 가전기기, 집 등을 비롯하여 최근에는 구글 글라스(Google Glass), 애플 워치(Apple Watch)와 같이 안경이나 시계, 액세서리 등 몸에 부착하는 사물 또한, 인터넷에 연결해 사용되기 시작했다.

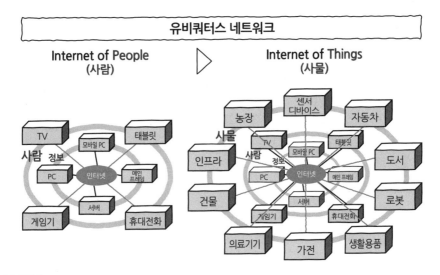

그림 1.3 인터넷에 연결된 다양한 '사물'

다양한 사물이 인터넷에 연결되는 것에 관해 이해가 되었으리라 본다. 그렇다면 이렇게 사물이 인터넷에 연결되는 것으로 어떤 현상이 발생한다는 것인가, 그리고 삶이 얼마나 편리해지는 것일까?

이어서 IoT가 초래할 세상을 보도록 하자.

M2M이 실현하는 사회

M2M(Machine to Machine, 사물 간의 통신)은 IoT와 함께 최근 주목받는 기술이다(그림 1.4). IoT와 M2M은 같은 뜻으로 해석되는 경우도 가끔 있지만, 엄밀히 따지면 다른 개념이다. M2M이란, 사람이 개입하지 않는 기계와 기계 간의 통신을 말한다. 즉, 기계와 기계가 자동으로 정보를 주고받는 시스템 전체를 나타내는 경우가 많다. 이에 비해 IoT는 취득한 정보를 사람에게 서비스하는 것을 포함하는 시스템이다. 따라서 M2M보다는 IoT가 더 폭넓은 개념이다.

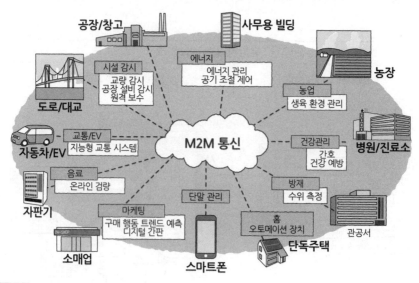

그림 1.4 M2M 통신이 실현하는 사회

모든 사물에 컴퓨터가 내장되어 언제 어디서라도 컴퓨터의 도움을 구할 수 있는 유비쿼터스 컴퓨팅의 세계. 이를 지탱하는 M2M 통신은 스마트 커뮤니티(smart community)나 스마트 그리드(smart grid) 등 사회를 지탱하는 인프라로서 점점 실현되기 시작했다.

또한, M2M 통신은 3G(3Generation)나 LTE(Long Term Evolution) 회선 등을 거치는 통신에 한정된 것이 아니라 로컬 네트워크의 유무선 통신도 하나의 수단으로 볼 수 있다.

기업 내의 정보와 인터넷 정보에 더해 디바이스의 정보를 활용할 수 있게 됨에 따라 실세계의 상황 변화를 포착할 수 있게 되었다. 이로 인해 특히 기업의 정보 활용이 더욱 진전되었다고 말할 수 있다.

1.2.4 IoT가 실현하는 세계

M2M 통신으로 디바이스 정보를 수집·축적하고, 분석된 데이터를 활용하여 편리한 세상이 될 수 있다는 것을 알 수 있었다. 만약 수백억 대의 디바이스가 연결된다면 어떻게 될까?

지금까지는 몇몇 고가 산업장비 등의 통신을 이용해 사물을 원격제어해 왔다. 앞으로는 대량생산이 가능한 소비자용 저가 디바이스의 통신이 증가할 것이다. 이에 따라 사물로부터 얻을 수 있는 데이터를 활용하여 다양한 서비스를 만들어 낼 수 있을 것이다. 또한, 고급 센싱 기술의 보급으로 현실 세계를 파악·예측할 수 있게 되었다. 그리고 사람, 사물, 사회, 환경에서 얻을 수 있는 데이터가 실시간으로 대량 수집됨에 따라 산업경쟁력 강화, 도시·사회제도 설계, 이상징후를 감지하는 방재 시스템 등 새로운 인프라 구축도 기대할 수 있게 되었다.

우리가 인식할 수 있는 디바이스 외에도 다양한 장소에 연결성(기기나 시스템 간의 상호 접속 및 결합)을 가진 디바이스가 증가할 것이며, IoT 트렌드는 이런 현상을 향해 나아가고 있다. 이번 장에서는 IoT가 실현하는 세상 이미지에 관해 알아보도록 한다.

1. **스마트 디바이스**
2. **연결성을 가진 사물**
3. **네트워크**
4. **웹 시스템**
5. **데이터 분석 기술**

이들의 조합으로 앞으로 어떤 혁신적인 서비스를 만들어 낼 수 있을까? 현재, 스마트 홈(smart home, 가전제품을 비롯한 집안의 모든 장치를 연결해 제어하는 기술)을 위한 디바이스가 이미 시판되고 있다. 예를 들어, 필립스 휴(Philips Hue, 밝기 및 색을 IP 네트워크를 거쳐 제어할 수 있는 전등)와 네스트(Nest, 공기 조절 같은 기기 제어 및 설정 값을 학습하는 디바이스 컨트롤러) 등이 있다. 이것들을 웹 시스템 또는 웨어러블 디바이스라는 스마트 디바이스와 연동시켜 사람의 움직임이나 건강 상태를 파악하여 적합한 환경으로 만들어 줄 수 있다(그림 1.5).

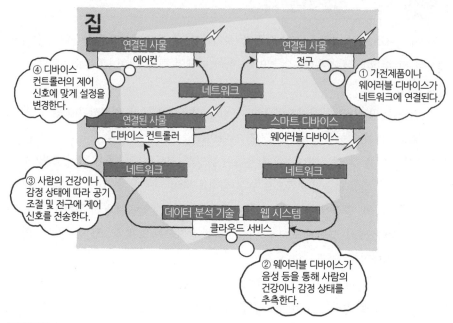

그림 1.5 사람의 상태에 따라 자동 환경 제어 – 스마트 홈의 예

단순한 제어를 넘어 '근거리 통신에 의한 제어 자동화', '기계학습에 의한 자동 판단' 등의 부가 가치를 창출해 내는 것이 향후의 트렌드가 될 것이다.

1.3 | IoT를 구성하는 기술 요소

IoT를 실현하기 위해서는 다양한 기술 요소가 필요하다. 센서 등의 전자 부품, 전자 회로를 시작으로 웹 애플리케이션에서 자주 사용되는 기술들, 그리고 데이터 분석 등 다양하다. 이 책 전반에 걸쳐 각각의 기술에 관해 다루겠다. 상세한 내용은 2장 이후에서 다루기로 하고, 여기서는 우선 이 책에서 다룰 내용의 개요를 살펴보겠다.

1.3.1 디바이스

IoT는 지금까지의 웹 서비스와는 달리 디바이스가 중요한 역할을 담당한다. 디바이스는 센서라고 불리는 전자 제품이 내장된, 네트워크에 연결된 사물을 말한다. 예를 들어, 많은 사람이 사용하는 스마트폰이나 태블릿도 디바이스의 한 종류다. 가전제품이나 몸에 지니는 시계, 우산과 같은 것도 조건이 만족한다면 디바이스가 된다(그림 1.6).

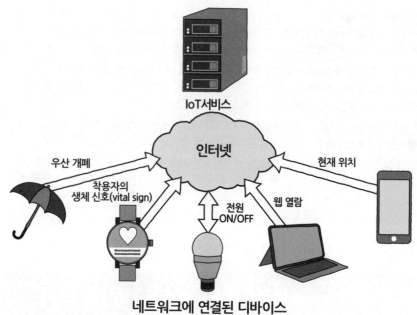

그림 1.6 네트워크에 연결된 디바이스

이들 디바이스는 '센싱(sensing)'과 '피드백(feedback)'이라는 두 가지 역할을 담당한다. 이어서 각각에 관해 설명하겠다.

◉ 센싱 역할

센싱이란, 디바이스 자신의 상태나 주변 환경의 상태를 수집해서 시스템에 알려 주는 동작이다(그림 1.7).

여기서 말하는 상태라는 것은, 예를 들어 방문의 개폐 상태, 방의 습도나 온도, 방에 사람이 있는지 등을 말한다. 디바이스는 센서라는 전자 부품을 이용해서 이 동작을 실현한다.

예를 들어, 우산에 개폐를 감지하는 센서와 네트워크에 접속할 수 있는 기능이 있다면, 여러 우산의 개폐 상태를 감지할 수 있다. 이것을 이용하면 비가 오고 있는지를 조사할 수 있다. 이 같은 경우, 펼쳐 있는(쓰고 있는) 우산이 많은 지역은 비가 내리고 있다고 추측할 수 있다. 거꾸로 접혀 있는 우산이 많은 지역에는 비가 내리지 않고 있다고 예측할 수 있다. 또한, 디바이스 주변 환경을 센싱하여 습도나 온도 등의 정보도 수집할 수 있다.

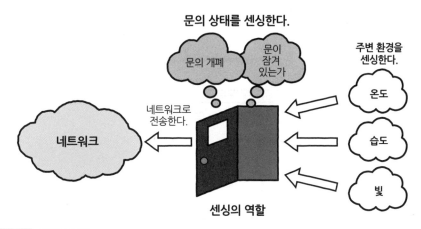

그림 1.7 센싱의 역할

◉ 피드백 역할

또 하나의 역할은 시스템으로부터 알림을 받아서 정보를 표시하거나 지시된 동작을 수행하는 것이다(그림 1.8). 시스템은 센서로부터 수집된 정보를 기반으로 일련의 피드백을 수행하고, 실세계로 액션을 실행한다.

피드백에는 다양한 방법이 있는데, 크게 나누어 가시화(visualization), 알림, 제어의 세 가지 방법을 생각할 수 있다(그림 1.9).

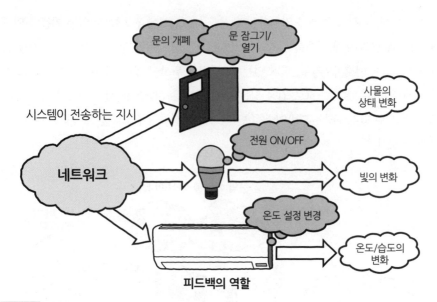

그림 1.8 피드백의 역할

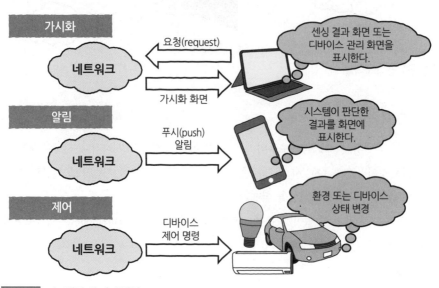

그림 1.9 피드백의 세 가지 방법

세 가지 피드백의 예를 통해 일어날 법한 생활의 변화를 생각해 보자.

첫째, '가시화'는 IoT 서비스가 수집한 정보를 PC 또는 스마트폰의 웹 브라우저(web browser)를 통해 보여 주는 것이다. 결국 액션을 수행하는 것은 사람이지만, 가시화는 가장 간단한 피드백의 한 예라고 할 수 있다. 실내의 현재 온도나 습도를 가시화하는 것만으로 사용자는 환경을 최적화시킬 수 있다.

둘째, '푸시 알림'은, 예를 들어 서버에서 사용자의 스마트폰으로 알림을 전송하여 메시지를 표시하는 것처럼 사물의 상태에 관한 이벤트를 시스템이 감지해서 디바이스에 알린다.

최근에는 페이스북(Facebook)이나 트위터(Twitter) 같은 SNS 시스템이 팔로잉(following)하는 친구의 식사나 여행 정보를 사용자의 스마트폰에 빈번하게 알린다. 이것도 푸시 알림의 일종이지만, 때론 짜증스러울 때도 있다. 그러나 독자가 마트에 가는 경우, 집 냉장고에 유통기한이 지난 우유가 있다는 정보나 싱크대의 세제가 거의 다 떨어졌다는 등의 정보를 푸시 알림으로 받는다면 훨씬 편리한 생활을 할 수 있을 것이다.

셋째, '제어'는 사람의 개입 없이 시스템이 디바이스의 동작을 직접 제어하는 것이다. 어느 여름 저녁, 당신이 지하철역에서 걸어서 귀가하는 도중, 스마트폰은 GPS를 이용하여 얻은 현재 위치와 진행 방향, 가속도 센서를 통해 얻은 걸음 속도를 IoT 서비스로 알린다. 그러면 서비스는 당신이 집에 도착하기 전에 해당 데이터를 분석하고 계산하여, 귀가 시간을 예측한 뒤 에어컨이나 공기 조절과 같은 시스템의 동작을 수행한다. 당신이 집에 도착할 즈음에는 가장 쾌적한 상태의 환경이 되어 있다.

1.3.2 센서

이전 절에서 살펴본 것과 같이 디바이스 및 환경 상태를 수집하기 위해서는 센서라는 전자 부품을 이용한다.

센서는 물리적 현상을 전기 신호로 변환하는 것을 담당한다. 예를 들면, 온도나 습도를 전기 신호로 변환하는 센서나, 초음파나 적외선 등 인간이 느끼기에 어려운 현상을 전기 신호로 변환하는 것도 있다.

디지털카메라에 이용되는 이미지 센서 역시 렌즈로 들어온 빛을 3색의 광원으로 인식하여 전기 신호로 변환한다. 이것도 센서로 분류하면 좋을 것이다. 그림 1.10은 대표적인 센서의 종류를 보여 준다. 이들 센서의 종류 및 구조에 관해서는 3장에서 자세히 설명하겠다.

그림 1.10 **대표적인 센서의 종류**

센서가 출력하는 전기 신호를 통해 시스템은 사물의 상태나 환경의 상태를 알 수 있다. 이들 센서는 단독으로 사용되는 것은 드물고, 다양한 사물에 복합적으로 내장되어 이용되는 것이 일반적이다. 최근 스마트폰이나 태블릿에는 여러 가지 센서가 내장되어 있다. 대표적으로 화면의 기울기를 감지하기 위한 자이로 센서, 가속도 센서, 음성 마이크, 이미지 촬영을 위한 카메라, 나침반 역할을 하는 지자기 센서 등이 포함된다.

센서 자체를 직접 설치하여 정보를 수집하기 위한 센서 노드(sensor node)라는 것도 있다. 센서 노드란, 블루투스나 와이파이(Wi-Fi) 등의 무선 통신 장치에 배터리가 포함된 센서를 말한다. 이들은 게이트웨이(gateway)라고 불리는 전용 무선 라우터(router)에 접속되어 센서 데이터를 수집한다(그림 1.11).

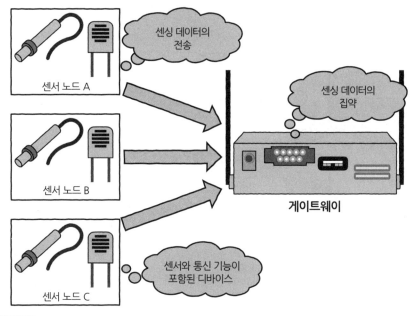

그림 1.11 센서 노드와 게이트웨이

예를 들어, 농장 등에서 식물을 육성하는 환경을 계측하거나, 실내 온도 또는 습도를 감시하는 경우에는 이들 센서 노드를 이용하는 것이 적절할 것이다. 그 밖에도 다양한 제품으로 발매 중인 건강관리용 웨어러블 디바이스는 가속도 센서나 맥박 측정기를 갖추고 있다. 이를 이용하여 인간의 생활 리듬이나 건강을 관리할 수 있다.

이처럼 IoT 서비스는 센서를 이용하여 사물(디바이스나 환경, 사람 등)의 상태를 알 수 있다. 자신이 필요로 하는 서비스를 위해 어떤 정보가 필요한지, 그리고 그 정보를 위해 어떤 센서와 디바이스를 이용하면 좋을지를 검토할 필요가 있다.

1.3.3 네트워크

네트워크는 디바이스를 IoT 서비스에 연결하는 데 필요하다. 또한, IoT 서비스에 연결하는 것만이 아니라 디바이스끼리 접속하기 위해서도 필요하다. IoT에서 사용되는 네트워크는 크게 두 종류로 분류할 수 있다(그림 1.12). 하나는 디바이스 간 접속을 위한 네트워크이고, 다른 하나는 디바이스와 IoT 서비스를 연결하기 위한 네트워크다.

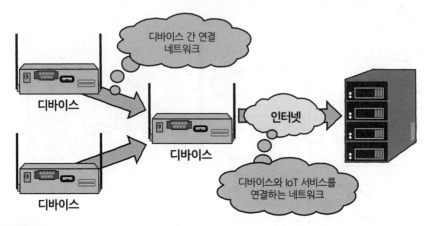

디바이스 간 연결 네트워크

디바이스

디바이스

인터넷

디바이스와 IoT 서비스를 연결하는 네트워크

디바이스

그림 1.12 IoT에서 사용하는 두 개의 네트워크

◉ 디바이스끼리 연결하는 네트워크

　디바이스 중에는 직접 인터넷에 접속할 수 없는 것도 있다. 이런 경우 디바이스를 서로 연결하여 인터넷에 접속하게 하는 방법이 있다. 즉, 인터넷에 접속할 수 없는 디바이스를 인터넷에 접속할 수 있는 디바이스에 연결하면 인터넷에 접속할 수 있게 된다. 방금 소개했던 센서 노드와 게이트웨이가 그 대표적인 예다. 그 밖에도 웨어러블 디바이스에서 수집한 데이터를 스마트폰을 거쳐 IoT 서비스에 전송하는 방법도 있다.

　대표적인 네트워크 규격으로는 블루투스와 지그비(ZigBee)가 있다. 이들 규격은 근거리 무선 통신(NFC, Near Field Communication) 표준 기술로서 특장점으로는 근거리 통신을 위한 무선 접속인 점, 초저전력인 점, 그리고 디바이스에 쉽게 내장할 수 있는 점을 들 수 있다.

　디바이스 간 접속은 1:1 접속 외에도 1:N, N:N 접속이 있다. 특히 N:N 접속의 경우를 메시 네트워크(mesh network)라고 한다(그림 1.13).

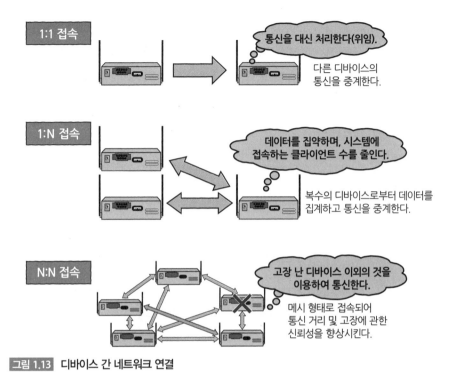

그림 1.13 디바이스 간 네트워크 연결

메시 네트워크에 대응하는 통신 규격으로는 지그비라는 규격이 있다. N:N 통신을 통해 디바이스가 다른 디바이스를 중계해 가면서 원거리까지 통신할 수 있으며, 만약 어떤 디바이스가 통신 불능 상태가 되더라도 통신할 수 있는 디바이스가 대신 통신해 주는 이점도 있다.

이와 같은 디바이스 통신 규격에 관해서는 3장에서 다루겠다.

◉ 디바이스와 서버를 연결하는 네트워크

디바이스와 IoT 서비스를 연결하는 네트워크에는 인터넷 회선이 이용된다. 특히 3G 나 LTE 등의 모바일 회선이 이용되는 경우가 많다.

프로토콜(protocol)은 HTTP나 웹소켓(WebSocket) 등 현재 웹 서비스에서 폭넓게 사용되는 프로토콜 외에도, MQTT(MQ Telemetry Transport)라는 M2M과 IoT를 위해 만들어진 경량 프로토콜도 이용된다. 프로토콜에 관해서는 2장에서 자세히 설명하겠다.

1.3.4 IoT 서비스

IoT 서비스는 두 가지 역할을 한다. 하나는 디바이스로부터 데이터를 송수신하는 것이고, 다른 하나는 데이터를 처리하고 저장하는 것이다(그림 1.4).

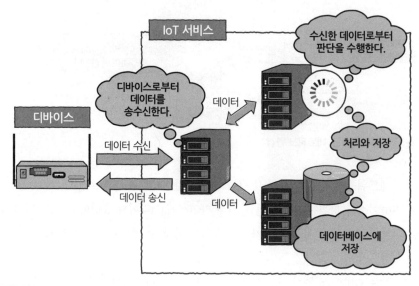

그림 1.14 웹 시스템의 역할

이번 절에서는 각 역할에 관해 살펴보겠다.

◉ 데이터 송수신

일반적인 웹 서비스는 웹 브라우저에서 보내는 HTTP 요청을 서버에서 처리하고 출력된 결과를 HTML로 응답하며, 웹 브라우저는 이를 화면에 표시한다. 이에 반해 IoT

서비스에서는 웹 브라우저가 아닌 디바이스에서 직접 보내는 데이터(센서가 수집한 데이터 또는 사용자의 디바이스 조작에 의한 데이터)를 수신하게 된다. 디바이스와 IoT 서비스의 통신 방법에는 동기 방식과 비동기 방식이 있다(그림 1.15).

동기 방식의 통신에서는 디바이스에서 IoT 서비스에 데이터를 전송하고, IoT 서비스에서 수신 처리가 완료될 때까지를 하나의 통신(세션(session))으로 다루게 된다. IoT 서비스가 피드백을 디바이스에 보낼 때에는 디바이스에서 메시지를 요청하면 IoT 서비스가 응답으로서 메시지를 송신한다.

이 방식은 디바이스의 요구가 있을 때까지 IoT 서비스는 메시지를 송신할 수 없지만, 디바이스의 IP 주소를 알 수 없는 경우라도 디바이스의 요청이 있으면 메시지를 전송할 수 있다. 따라서 디바이스의 IP 주소를 알 수 없는 경우에 적절한 방식이다.

비동기 방식의 통신에서는 디바이스에서 IoT 서비스로 데이터를 전송하는 것까지를 하나의 통신(세션)으로 다룬다. 또한, IoT 서비스가 피드백을 디바이스에 보낼 때에는 IoT 서비스에서 디바이스에 임의의 시점에 데이터를 송신한다. 따라서 IoT 시스템이 메시지를 보낼 대상의 IP 주소를 미리 알아야 한다.

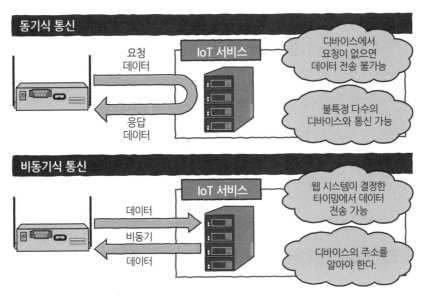

그림 1.15 웹 시스템과 디바이스의 통신

2장에서는 이와 같은 통신에서 실제로 사용되는 프로토콜을 이용하여 설명할 것이다.

◉ 데이터 처리와 저장

데이터의 처리와 저장은 그림 1.14에서 본 것과 같이 디바이스로부터 수신된 데이터를 데이터베이스에 저장한다. 또한, 수신한 데이터를 이용하여 디바이스 제어를 판단한다.

디바이스에서 수신된 데이터는 컴퓨터가 다루기 쉬운 수치 데이터뿐만 아니라 구현하고자 하는 것에 따라 이미지, 음성, 자연언어 등 컴퓨터에서 직접 다루기 힘든 구조화되지 않은 데이터도 포함된다. 이와 같은 데이터를 비정형 데이터 또는 비구조화 데이터(unstructured data)라고 한다. 처리 과정은 비정형 데이터를 컴퓨터가 처리하기 쉬운 형태의 데이터로 변환 및 추출하고 저장하는 과정을 포함한다. 예를 들어, 이미지나 음성의 특징을 나타내는 값 등을 데이터베이스에 저장하게 된다.

추출된 데이터로 디바이스가 수행해야 할 내용을 결정한다. 예를 들어, 현재 방 온도를 나타내는 데이터를 기반으로 에어컨 동작 여부를 판단하거나 습도를 설정하는 것을 들 수 있다. 이와 같은 처리와 저장 방법에는 두 가지 종류가 있는데, 저장된 데이터를 정기적으로 처리하는 배치(batch) 처리 방식과 수신된 데이터를 연속해서 처리하는 스트림(stream) 처리 방식이 있다(그림 1.16).

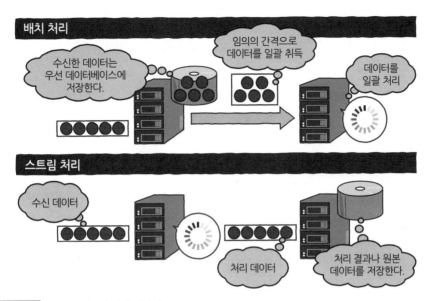

그림 1.16 데이터 저장과 처리 타이밍

방 온도 변화에 따른 에어컨 동작의 변경 처리는 에어컨에 지시를 내리고 온도가 변화되기까지 시간이 걸린다. 이 같은 경우는 일정 시간 온도의 값을 계속 기록하고, 정기적으로 처리를 수행하는 배치 처리가 적절할 것이다. 또한, 사람이 방에 들어왔을 때 비로소 에어컨 전원을 켜도록 하고 싶은 경우에는 즉시 처리가 가능한 스트림 처리가 적절하다.

1.3.5 데이터 분석

이전 절에서 온도 센서와 에어컨 동작의 관계에 관해서 예를 들어 설명했다. 이 예와 같이 '방 온도에 적합하게 에어컨을 제어하는 것'은 간단히 구현할 수 있을까?

이를 실현하기 위해서 에어컨 구동 결정에 관한 방 온도 값, 즉 온도의 임계치를 결정할 필요가 있다. 이때 임계치는 목적에 따라 다르다. 예를 들어, 에어컨 전력 소비를 최소화하기 위한 값과 사람이 쾌적함을 느낄 수 있는 온도를 유지하기 위한 값은 다를 것이다. 또한, 방에 사람이 있는지를 확실히 판단하기 위해서는 복수의 센서 값의 관계성으로부터 사람이 있는지를 판단할 필요가 있다. 이처럼 센서 값을 사람이 어림잡아 판단하는 것은 매우 어렵다. 여기서 필요한 것이 데이터 분석이다.

데이터 분석에서는 대표적인 수단으로 통계적 분석과 기계 학습이라는 두 가지 방법을 이용한다(그림 1.17). 여기서는 통계 분석과 기계 학습을 통해 무엇이 가능한지 살펴보도록 하자.

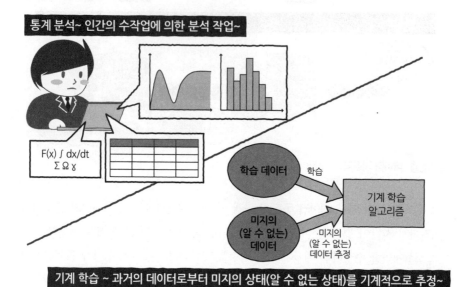

그림 1.17 데이터 분석의 두 가지 방법

◉ 통계 분석

통계 분석(statistical analysis)은 수집된 빅 데이터를 수학적인 방법으로 일의 연관성을 밝히는 방법이다. 예를 들어, 저전력을 지향하는 에어컨을 위해서 일정 온도에서 에어컨이 동작하고 있을 때 온도와 에어컨의 소비 전력을 조사하고 그래프를 작성했다고 가정해 보자(그림 1.18).

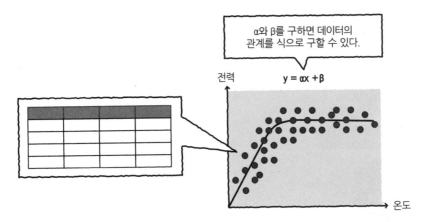

그림 1.18 에어컨의 전력과 실내 온도의 관계에 관한 예

이 관계로부터 실내 온도에 관한 소비 전력을 가장 최소로 동작하는 에어컨의 설정 온도를 도출할 수 있다. 여기서 임계치를 구할 수 있을 것이다.

이 예는 그래프를 만들고 해당 그래프로부터 읽어 내는 방법을 취하고 있지만, 통계적인 수단으로는 회귀 분석이라는 방법을 사용한다. 이에 관해서는 6장에서 자세히 설명하겠다.

◉ 기계 학습

통계 분석은 빅데이터의 분석을 통해 현재 어떤 관계성이 있는가를 밝히는 것이다. 이에 비해 기계 학습(machine learning, 머신 러닝)은 분석뿐만 아니라 앞으로 어떻게 될 것인가를 예측할 수도 있다.

기계 학습은 주어진 데이터의 관계성에 관해 알고리즘을 이용하여 기계적으로 학습한다. 알 수 없는 미지의 데이터가 주어진 경우에도 그에 대응하는 값을 출력하게 된다.

기계 학습에는 학습 단계와 식별 단계가 있다(그림 1.19). 학습 단계에서는 학습기(learner) 프로그램이 주어진 훈련 데이터를 기반으로 그 관계성을 파악해 간다. 학습 단계의 결과로서 기계 학습 알고리즘(algorithm)에 의해 파라미터(parameter)가 출력되고, 이 파라미터를 기반으로 분류기(classifier) 프로그램이 작성된다. 이 분류기에 알 수 없는 미지의 데이터를 전달하면 그 값에 가장 근사치의 출력을 얻을 수 있다.

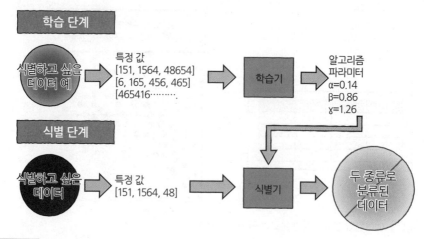

그림 1.19 기계 학습의 예

  예를 들어, 여러 종류의 센서를 이용하여 방안에 사람이 있는지를 식별하고 싶다고 가정해 보자. 이때 방에 사람이 있을 때의 센서 데이터와 방에 사람이 없을 때의 센서 데이터를 준비한다. 이 데이터들을 학습기에 전달하면 식별기를 만들기 위한 파라미터를 얻을 수 있다. 파라미터를 기반으로 만들어진 식별기에 센서 디바이스로부터 보내진 데이터를 입력하면 방에 사람이 있는지를 식별기가 출력하게 된다.

  이는 분류 문제라고 불리는 기계 학습의 한 예로서, 데이터 분류를 위한 기계 학습 알고리즘에는 스팸 메일을 분류할 때 사용되는 베이지안(bayesian) 필터 또는 도큐먼트나 이미지 분류에 사용되는 SVM(Support Vector Machine) 등의 방법이 있다. 또한, 분류 문제 외에도 기계 학습으로 해결할 수 있는 문제는 다양하다.

IoT 아키텍처

2.1 | IoT 아키텍처 구성

　IoT 서비스는 크게 나누어 두 가지 역할을 담당한다. 하나는 디바이스에서 전송된 데이터를 데이터베이스에 저장한 후 해당 데이터를 분석하는 역할이고, 다른 하나는 디바이스에 명령 및 정보를 전송하는 역할이다.

　이번 장에서는 이와 같은 IoT 서비스를 어떻게 구성하면 좋을지 살펴보면서, 구현하는 데 중요한 요소를 소개하겠다.

2.1.1　전체 구성

　그림 2.1과 같이 IoT의 구성 요소는 디바이스, 게이트웨이, 서버로 나눌 수 있다. 디바이스에 관한 기본적인 구조나 기술적인 요소는 3장에서 자세히 다루기로 하고, 이번 장에서는 게이트웨이와 서버를 중심으로 자세히 알아보겠다.

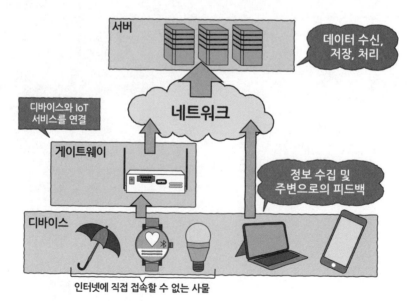

그림 2.1　IoT 아키텍처의 전체 구성

게이트웨이

그림 2.1에서 볼 수 있듯이 IoT에서 이용되는 디바이스에는 인터넷에 직접 접속할 수 없는 것도 있다. 게이트웨이는 이처럼 디바이스와 인터넷 간의 중계 역할을 담당한다.

게이트웨이는 인터넷에 직접 접속할 수 있는 기능을 가진 장치(또는 소프트웨어)로서 복수의 디바이스가 접속할 수 있다(그림 2.2). 최근에는 다양한 종류의 게이트웨이가 판매되고 있다. 게이트웨이에 사용되는 운영 체제(OS, Operating System)로는 주로 리눅스(Linux)가 사용된다.

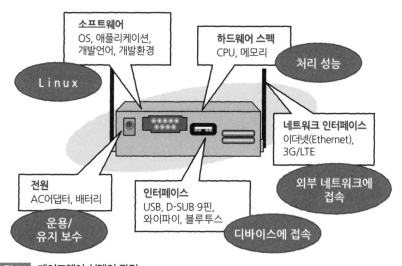

그림 2.2 게이트웨이 선택의 관점

게이트웨이를 선택할 때 고려할 점에 관해서 살펴보자.

◉ 인터페이스

우선 중요한 것은 게이트웨이와 디바이스를 연결하는 인터페이스다. 게이트웨이의 인터페이스에 따라 접속할 수 있는 디바이스가 결정되므로 사용하고자 하는 디바이스를 지원하는 인터페이스를 선택해야 한다.

유선 접속 타입에는 시리얼(serial) 통신과 USB 접속이 있다. 시리얼 통신에서는

D-SUB 9핀이라는 커넥터(connector)가 흔히 사용된다. USB 커넥터에는 다양한 종류가 있다.

무선 접속에는 블루투스나 와이파이(IEEE 802.11)가 인터페이스로서 사용된다. 또한, 920MHz 대역의 전파를 사용한 지그비(Zigbee)라는 규격과 업체들이 자체 개발한 프로토콜도 존재한다. 그러므로 사용하려는 디바이스를 지원하는 규격을 고려하여 선택하는 것이 중요하다. 각각의 특징에 관해서는 3장에서 자세히 다루겠다.

◉ 네트워크 인터페이스

이더넷(Ethernet) 및 와이파이, 3G/LTE를 이용해서 외부 네트워크에 접속한다. 네트워크 인터페이스는 게이트웨이 설치 장소에 따라 영향을 받는다. 유선 접속을 위한 이더넷은 통신 환경이 안정적이지만, 설치 장소까지 근거리 통신망(LAN, Local Area Network) 케이블 배선이 필요하므로 어느 정도 제약이 발생할 수 있다.

반면, 3G/LTE는 설치 장소를 비교적 자유롭게 정할 수 있다. 하지만 전파의 세기에 따라 통신 품질에 영향을 미치므로 유선 접속보다 안정적이지 않다. 폐쇄된 환경(빌딩, 공장 등)과 같이 전파 전달이 어려운 환경에서는 설치가 곤란한 예도 있지만, 게이트웨이만으로 외부와 통신할 수 있으므로 다루기 쉽다는 이점이 있다. 또한, 3G/LTE는 휴대전화와 마찬가지로 회선 사업자와의 계약을 통해 가입자 식별 모듈(SIM, Subscriber Identification Module) 카드를 발급받아야 한다.

◉ 하드웨어

게이트웨이에서 사용되는 CPU나 메모리는 일반적으로 PC에서 사용하는 하드웨어보다 성능상 제약이 있다. 따라서 게이트웨이의 목적에 맞게 하드웨어의 성능을 고려할 필요가 있다.

◉ 소프트웨어

게이트웨이 OS에는 주로 리눅스가 이용된다. 서버 용도의 다양한 종류의 리눅스가 존재하지만, 게이트웨이에서는 임베디드용으로 특화된 리눅스가 설치된다.

또한, 제한된 하드웨어 자원을 위한 비지박스(BusyBox, 작은 용량의 메모리를 위한 표준 리눅스 명령어 도구 모음)라는 소프트웨어가 있다는 것도 알아 두자. 그 밖에 게이트웨이 제어를 위한 라이브러리(library)의 유무, 그에 대응하는 프로그래밍 언어 등을 고려해서 결정한다.

◉ 전원

뜻밖에 간과하기 쉬운 것이 전원이다. 게이트웨이 전원은 대부분 AC 어댑터를 사용하므로 설치 장소에 전원을 준비해야 한다. 배터리를 탑재한 게이트웨이가 있다면 전원은 필요 없지만, 충전 같은 유지 보수가 필요하다.

2.1.3 서버 구성

IoT 서비스는 크게 세 가지 역할로 나눌 수 있는데, 이 책에서는 각각을 프런트엔드(front-end) 파트, 처리 파트, 데이터베이스 파트라고 하겠다(그림 2.3).

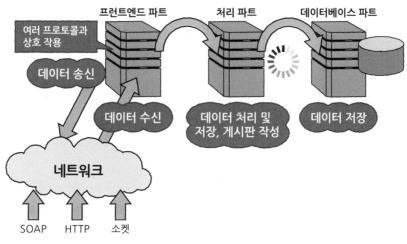

그림 2.3 IoT 서비스의 세 가지 역할

프런트엔드 파트는 송/수신 서버 역할을 한다. 수신 서버는 디바이스나 게이트웨이로
부터 전송된 데이터를 수신하고, 처리 파트로 데이터를 전달한다. 송신 서버는 처리 서
버로부터 데이터를 수신하여 디바이스로 전송한다.

일반적으로 웹 서비스의 프런트엔드 파트에서는 HTTP 프로토콜만을 이용하는 것
이 보통이지만, IoT 서비스는 디바이스에 따라 HTTP 프로토콜 이외의 프로토콜도 지
원할 필요가 있다. 상황에 따라 실시간성 프로토콜인지, 통신이 경량인 프로토콜인지,
서버를 기점으로 데이터를 전송할 수 있는 프로토콜인지 등을 고려해야 한다. 프로토
콜에 관해서는 2.2절에서 다시 설명하겠다.

처리 파트는 프런트엔드로부터 수신한 데이터를 처리한다. 여기서 말하는 '처리'라는
것은 데이터를 파싱(parsing), 저장, 분석하고, 디바이스에 전송할 내용을 생성하는 등
의 프로세스를 말한다. 데이터 처리에는 우선 데이터베이스에 데이터를 저장한 후 일
괄 처리를 수행하는 배치(batch) 처리, 프런트엔드 파트로부터 수신하는 데이터를 차례
로 처리하는 스트림(stream) 처리 등이 있다.

데이터베이스 파트는 관계형 데이터베이스(RDB, Relational DataBase)뿐만 아니라
NoSQL 등을 활용한다. 저장하고 싶은 데이터나 이용하고 싶은 방법에 맞춰 선택할 필
요가 있다.

2.2 | 데이터 수집

2.2.1 게이트웨이의 역할

지난 절에서 게이트웨이는 인터넷에 직접 연결할 수 없는 디바이스를 인터넷으로 중
계하는 역할을 하기 위한 디바이스라고 말했다. 조금 더 구체적으로 설명하자면, 게이
트웨이는 '디바이스와의 접속 기능', '데이터 처리 기능', '서버로의 송신 기능'의 세 가지
기능으로 구성된다(그림 2.4).

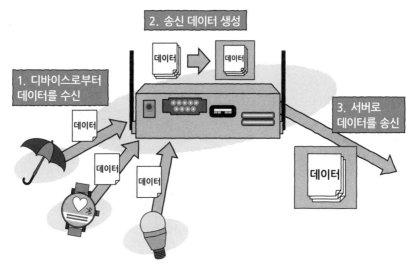

2. 송신 데이터 생성

1. 디바이스로부터 데이터를 수신

데이터

3. 서버로 데이터를 송신

데이터

그림 2.4 게이트웨이 역할

일반적으로 위의 세 가지 기능 외에도 관리 운용 등의 기능이 필요하다. 이에 관해서는 5장에서 설명하고, 이번 절에서는 게이트웨이의 세 가지 기능에 관해 자세히 살펴보겠다.

◉ **디바이스와의 접속**

디바이스와 게이트웨이는 다양한 인터페이스로 연결된다. 센서는 일방적으로 계속해서 데이터를 송신하는 경우가 많다. 디바이스에 따라서는 외부 요청이 있는 경우에 데이터를 송신하는 것도 있다. 이런 경우는 게이트웨이에서 데이터 요청을 수행할 필요가 있다.

◉ **데이터 생성**

디바이스에서 수신한 데이터를 서버로 전송할 수 있는 형태로 변환한다. 디바이스로부터 게이트웨이로 송신되는 데이터는 바이너리(binary) 데이터 또는 BCD(Binary Coded Decimal) 코드라는 네 자릿수 2진수를 한 자릿수 10진수로 치환해 표기하는 경우도 있다(그림 2.5). 이와 같은 데이터를 서버에 직접 전송하지 않고, 게이트웨이에서 숫자 및 문자열 형태로 변환한다.

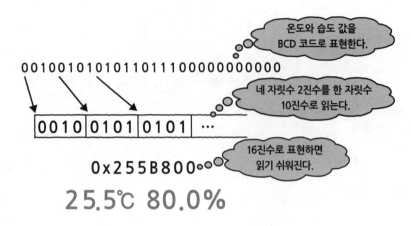

그림 2.5 BCD 코드

각각의 디바이스에서 송신된 데이터를 그대로 송신하지 않고, 여러 데이터들을 하나로 모아서 전송하는 경우도 있다. 이렇게 하는 데는 두 가지 이유가 있는데, 하나는 전송하는 데이터를 묶으면 추가 정보를 줄임으로써 데이터 양을 줄일 수 있기 때문이고, 또 하나는 IoT 서비스로 액세스하는 부하를 줄일 수 있기 때문이다.

◉ 서버로 송신

데이터를 IoT 서비스에 전송한다. 데이터 전송 간격 및 프로토콜을 서버 측에 맞추어야 한다. 또한, IoT 서버로부터 메시지를 수신하는 기능도 준비해 두어야 한다.

2.3 | 데이터 수신

2.3.1 | 수신 서버 역할

수신 서버는 말 그대로 디바이스로부터 전송된 데이터를 수신하는 것이 목적이다. 디바이스와 시스템 간의 중간자 역할을 한다. 디바이스에서 서버로 데이터를 전송하는 방법에는 여러 가지가 있는데, 그중 대표적인 것은 다음과 같다.

- 일반적인 웹 시스템과 같이 HTTP 프로토콜 이용한 웹 API(Web API)를 제공하여 디바이스에서 액세스하도록 한다.
- 웹소켓이나 WebRTC와 같이 음성이나 영상 등의 실시간 통신을 수행한다.

이와 같은 방법 외에도 MQTT라는 IoT에 특화된 통신 프로토콜도 등장하고 있다. 이번 절에서는 대표적인 프로토콜로서 HTTP 프로토콜, 웹소켓, MQTT에 관해 설명하겠다.

2.3.2 | HTTP 프로토콜

HTTP는 가장 인기 있고, 간단한 방법을 제공하는 프로토콜이다. 수신 서버는 일반적인 웹 프레임워크(framework)를 이용해서 만들 수 있다. 디바이스는 서버로 HTTP GET 메소드 또는 POST 메소드를 이용해서 액세스하고, 요구 파라미터(request parameter) 또는 BODY를 통해 데이터를 송신한다(그림 2.6).

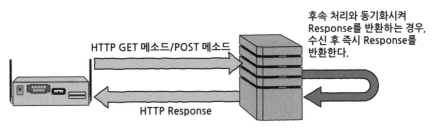

후속 처리와 동기화시켜 Response를 반환하는 경우, 수신 후 즉시 Response를 반환한다.

HTTP GET 메소드/POST 메소드

HTTP Response

그림 2.6 HTTP 프로토콜에 의한 데이터 송수신

물론 HTTP 프로토콜은 웹의 표준적인 프로토콜이므로 HTTP 프로토콜을 사용하는 것은 웹 친화성을 증가시킨다. 또한, 그동안의 노하우가 풍부하므로 서버 구성, 애플리케이션 아키텍처, 보안 등 실제 시스템을 만드는 데 검토가 필요한 부분에 관한 사례가 그만큼 많다. 그리고 OSS(Open Source Software) 프레임워크도 있으므로 이용하기 쉬운 이점이 있다.

Column

REST API

디바이스는 IoT 서비스에 어떻게 액세스하면 좋을까? HTTP 프로토콜을 이용한다면 GET과 POST 중 어느 메소드를 이용해야 할까? 이와 같은 문제는 IoT뿐만 아니라 일반적인 웹 서비스에 공개되는 API에 관해서도 충분히 검토해야 할 부분이다.

웹 서비스 세계에는 RESTful 개념이 있다. REST는 특정 URL에 파라미터를 지정해서 액세스하고, 그 리스폰스(response)로서 결과를 취득하는 형식의 인터페이스다. 단일 URL로 복수의 HTTP 메소드로 액세스한다. 이렇게 함으로써 데이터 취득 또는 등록을 단일 URL에 관해 수행할 수 있어 URL의 역할을 이해하기 쉽다는 장점이 있다.

예를 들어, '/sensor/temperature'에 GET 메소드로 액세스하면 온도 센서의 값을 취득하고, POST 메소드로 센서 데이터와 함께 액세스하면 새로운 센서 데이터를 추가하게 된다.

만약 RESTful이 아닌 방법으로 같은 기능을 구현하기 위해서는, 데이터 취득 URL과 데이터 추가 URL을 각각 작성하여 GET 또는 POST를 사용해야 한다. RESTful 개념으로 URL 설계를 간단하게 할 수 있다. 기회가 있으면 RESTful을 검토하기 바란다.

2.3.3 웹소켓

웹소켓(WebSocket)은 인터넷상에서 소켓 통신을 실현하기 위한 통신 프로토콜이다. 웹 브라우저와 웹 서버 간의 데이터를 쌍방향, 연속적으로 송수신할 수 있다.

HTTP 프로토콜은 데이터를 전송할 때마다 커넥션(데이터를 보내는 통신 경로)을 맺어야 한다. 또한, 기본적으로는 클라이언트에서 요청이 없으면 통신은 불가능하다.

이에 반해 웹소켓은 클라이언트로부터 최초의 커넥션 확립 요청에 의해 커넥션이 연결되면, 연결된 커넥션으로 데이터 송수신을 계속할 수 있다. 또한, 커넥션이 연결되어

있으면 클라이언트의 요구 없이도 서버로부터 클라이언트에 데이터를 전송할 수 있다
(그림 2.7).

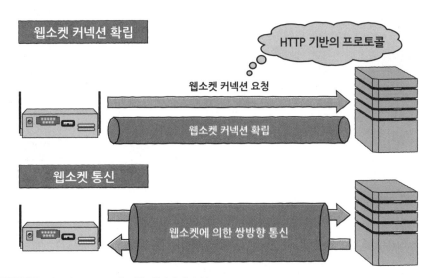

그림 2.7 웹소켓 프로토콜에 의한 데이터 송수신

따라서 웹소켓은 음성 데이터와 같이 연속하는 데이터를 전송할 때나 클라이언트와
서버 간에 데이터 송수신이 필요한 경우에 이용한다. 웹소켓은 서버와 클라이언트의
데이터 송수신만을 제공하므로 애플리케이션 레벨에서 프로토콜을 별도로 결정할 필
요가 있다.

2.3.4 MQTT

MQTT(MQ Telemetry Transport)는 최근 나온 새로운 프로토콜이다. IoT 세계에서는
표준 프로토콜로의 움직임도 있다. 원래는 IBM이 만든 프로토콜이지만, 현재는 오픈
소스로서 개발이 진행되고 있다.

MQTT는 Publish/Subscribe(발행/구독) 모델의 1:N 통신을 할 수 있는 프로토콜로서
Broker(브로커), Publisher(발행자), Subscriber(구독자)로 구성된다(그림 2.8).

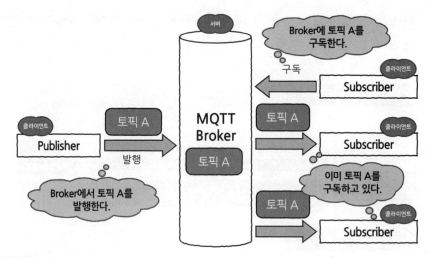

그림 2.8 MQTT에 의한 메시지 송수신

　Broker는 MQTT 통신을 중계하는 서버의 역할을 담당한다. Publisher는 메시지를 송신하는 클라이언트 역할을 하고, Subscriber는 메시지를 수신하는 클라이언트 역할을 한다. MQTT로 주고받는 메시지에는 토픽(topic)이라는 주소가 있어, 각 클라이언트는 이 주소를 이용하여 메시지를 송수신한다. 우편 사서함을 떠올리면 이해하기 쉬울 것이다.

　MQTT 통신 구조에 관해 조금 더 자세히 살펴보도록 하자(그림 2.9). 우선 Broker는 각 클라이언트의 접속을 기다리고 있는 상태다. Subscriber는 Broker에 접속하여 자신이 구독하고 싶은 토픽 명을 전달한다. 이를 구독이라고 한다.

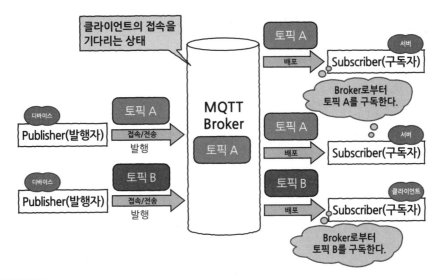

그림 2.9 MQTT 통신 구조

다음으로 Publisher는 Broker에 접속하여 메시지를 전송한다. 이를 발행(publish)이라고 한다.

Publisher가 토픽을 발행하면 발행된 토픽을 구독하는 Subscriber에 대해 Broker는 메시지를 전달한다. 그림 2.9와 같이 토픽 A를 구독하는 경우, 토픽 A가 발행된 경우에만 Broker는 메시지를 배포한다. Subscriber와 Broker는 커넥션을 항상 맺고 있는 상태다. 또한, Publisher는 발행 시에 커넥션을 맺어도 되지만, 짧은 시간에 반복해서 발행이 필요한 경우에는 커넥션을 확립한 채로 둔다. Broker가 메시지를 중계하고 있으므로, 예를 들어 IP 주소같이 네트워크에서의 상대방 주소를 클라이언트가 서로 알고 있을 필요는 없다.

또한, 한 개의 토픽에 대해 복수의 클라이언트가 구독할 수 있으므로 Publisher와 Subscriber는 1:N 관계가 되는 것이다. 디바이스와 서버의 통신에서는 디바이스는 Publisher, 서버는 Subscriber가 된다.

토픽은 계층 구조로 되어 있다. '#'과 '+' 기호를 사용하여 복수의 토픽을 지정할 수 있다. 예를 들어, 그림 2.10처럼 '#' 기호를 사용하여 '/Sensor/temperature/#'와 같이 지정하면 '/Sensor/temperature/'로 해당하는 모든 토픽을 지정할 수 있다. 또한, '+' 기호를 사용하여 '/Sensor/+/room1'로 지정한 경우, '/Sensor/'로 시작하고 '/room1'에 해당하는 토픽을 지정할 수 있다.

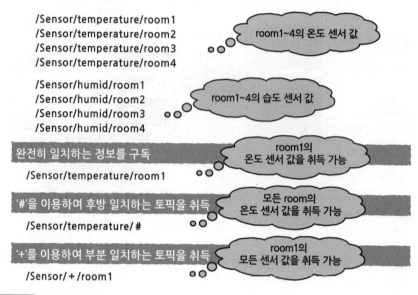

그림 2.10 MQTT의 예제

이처럼 Broker를 통한 발행/구독 모델을 이용하여, MQTT는 IoT 서비스가 복수의 디바이스와 통신할 수 있도록 지원한다. 또한, MQTT는 경량 프로토콜이므로 네트워크 대역폭이 좁고 신뢰성이 낮은 환경에서도 동작하며, 메시지 크기와 프로토콜 구조가 간단하여 디바이스 CPU 또는 메모리 등의 하드웨어 자원이 한정적인 환경에서도 동작한다. 한마디로 IoT에 딱 들어맞는 프로토콜이라고 할 수 있다. 이외에도 MQTT에는 특징적인 구조가 있는데, 다음 절에서 설명하겠다.

◉ QoS

네트워크 분야에서 QoS(Quality of Service)는 통신 회선의 품질 보증을 뜻한다. MQTT에서 QoS는 세 가지 레벨이 존재한다. 'Publisher와 Broker 구간'과 'Broker와 Subscriber 구간'에서 QoS 레벨을 정의하고 비동기로 동작한다. 또한, 'Publisher와

Broker 구간'에서 주고받는 QoS보다 'Broker와 Subscriber 구간'이 낮은 QoS를 지정한 경우, 'Broker와 Subscriber 구간'의 QoS는 지정된 QoS보다 다운그레이드(downgrade) 된다.

'QoS 0'은 최대 1회(at most once) 전송이다(그림 2.11). 'QoS 0'는 TCP/IP 통신의 베스트 에퍼트(best effort) 원칙에 따라 전송되므로 메시지는 Broker로 도착하거나 도착하지 않을 수 있다.

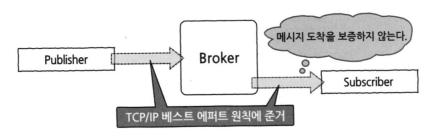

그림 2.11 QoS 0(at most once)

다음으로, 'QoS 1'은 최소 1회(at least once) 전송이다(그림 2.12).

Broker는 메시지를 수신하면 Publisher에게 PUBACK 응답 메시지를 전송한다. 또한, Subscriber로부터 지정된 QoS에 따라 메시지를 전송한다. Publisher는 장애 발생이나 일정 시간이 지나간 후에 PUBACK 메시지가 확인되지 않으면 메시지를 재전송할 수 있다. 만약, Broker가 Publisher로부터 메시지를 받은 상태에서 PUBACK을 보내지 않은 상태라면 Broker는 이중으로 메시지를 수신하게 된다.

'QoS 2'는 정확하게 1회(exactly once) 전송으로서 'QoS 1' 전송에서 중복된 메시지를 전송하지 않도록 한다(그림 2.13). 'QoS 2'로 전송되는 메시지에는 메시지 ID가 포함되어 있다. 메시지 수신 후 Broker는 메시지를 저장한다. 그 후 PUBREC 메시지를 Publisher에게 전송한다. Publisher는 PUBREL 메시지를 Broker에게 전송한다. 그 후 Broker는 Publisher에게 PUBCOMP 메시지를 전송한다. 또한, Broker는 수신한 메시지를 Subscriber에서 지정한 QoS 레벨에 따라 배포한다.

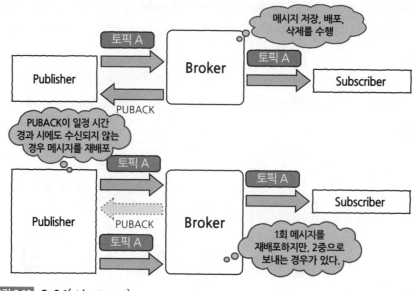

그림 2.12 QoS 1(at least once)

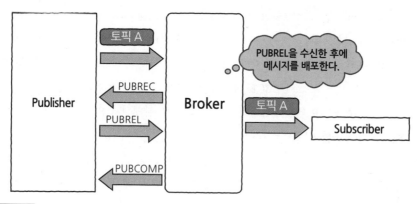

그림 2.13 QoS 2(Exactly once)

또한, 'QoS 2'에서는 이용하는 Brocker에 따라 메시지를 배포하는 타이밍이 다른 때가 있다.

QoS는 통상 0을 사용하고, 반드시 전송하고 싶은 메시지가 있을 때만 'QoS 1' 또는 'QoS 2'를 이용하도록 하여 네트워크 부하를 낮출 수 있다. 또한, 뒤에서 설명할 Clean session에서도 QoS 설정은 중요하다.

◉ Retain

Subscriber는 구독 후에 발행된 메시지만 수신할 수 있다. 하지만 Publisher가 사전에 Retain 플래그(flag)가 설정된 메시지를 발행한 경우, 구독 직후 메시지를 수신할 수 있다.

Publisher가 Retain 플래그가 달린 메시지를 발행한 경우에 Broker는 토픽을 구독하고 있는 Subscriber에게 메시지를 배포한다. 그와 동시에, Retain 플래그가 설정된 최신 메시지를 저장해 둔다. 여기서 또 다른 Subscriber가 토픽을 구독하는 경우, Retain 플래그가 붙은 최신 메시지를 바로 수신할 수 있다(그림 2.14).

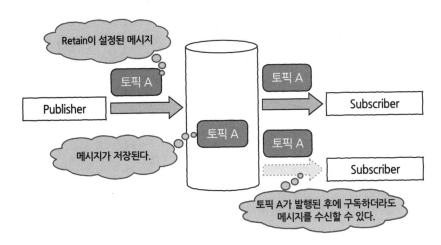

그림 2.14 Retain

◉ Will

Will에는 유언이란 의미가 있는데, Broker의 I/O 에러 또는 네트워크 장애 등에 의해 예기치 않게 Publisher와 Broker의 연결이 끊기는 경우가 있다. Will은 이런 경우 Broker가 Subscriber에게 전송할 메시지를 정의하는 구조다(그림 2.15).

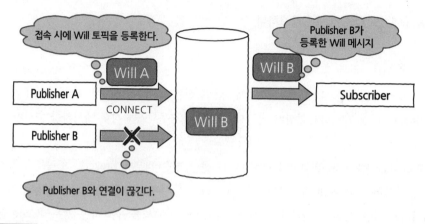

접속 시에 Will 토픽을 등록한다.

Publisher B가
등록한 Will 메시지

Will A

Will B

Publisher A

Subscriber

CONNECT

Will B

Publisher B

Publisher B와 연결이 끊긴다.

그림 2.15 Will

Publisher는 Broker에 접속하는 CONNECT 메시지에 Will 플래그와 전송할 메시지, QoS를 지정해서 접속한다. 이렇게 함으로써 예기치 않은 장애가 일어날 때 구독자에게 Will 메시지가 보내지게 되는 것이다. 또한, Will Retain이라는 플래그를 지정하여 앞서 설명한 Retain과 마찬가지로 Broker가 메시지를 저장할 수 있다.

Will 메시지는 Publisher가 DISCONNECT 메시지를 사용하여 명시적으로 연결을 끊을 때는 전송되지 않는다.

◉ Clean session

Subscriber가 구독한 상태를 Broker가 유지할지를 지정한다. Subscriber가 CONNECT 메시지로 접속할 때 Clean session 플래그에 '0/1'을 설정한다. '0'이 세션을 유지한 상태, '1'은 세션을 유지하지 않는 상태다.

Clean session '0'으로 지정해서 Subscriber가 접속해 온 경우 Broker는 Subscriber가 연결을 끊은 후에 구독 정보를 유지해 둘 필요가 있다. 또한, Subscriber가 연결이 끊긴 상태에서 구독하고 있는 토픽에 'QoS 1' 'QoS 2' 메시지가 발행된 경우, 메시지를 저장해 두었다가 Subscriber가 재접속할 때 배포한다(그림 2.16).

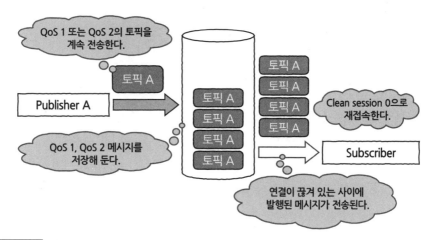

그림 2.16 Clean session

　Clean session '1'로 지정되어 접속된 경우, Broker는 유지하고 있던 클라이언트 정보를 파기한다. 깨끗한(clean) 접속으로서 다룬다는 것이다. 또한, Subscriber가 접속이 끊길 때에도 모든 정보를 파기한다.

　MQTT 구현에는 표 2.1과 같은 제품들을 이용할 수 있다. 이들 Broker의 종류에 따라 지금까지 소개한 기능에 관한 지원 여부가 달라질 수 있다.

표 2.1 MQTT Broker

Broker	QoS	Retain	Will	Clean session	기타
ActiveMQ5.10.0 (플러그인 지원)	0,1,2	지원	미지원	미지원	토픽 지정 방법이 독자적이다.
Apolo 1.7	0,1,2	지원	지원	지원	–
mosquitto 1.3.5	0,1,2	지원	지원	지원	–
RabitoMQ 3.4.3 (플러그인 지원)	0과 1	미지원	지원	지원	–

　또한, Publisher, Subscriber와 같은 클라이언트 기능에 관해서는 Paho라는 라이브러리가 공개되어 있다. Paho는 자바(Java)나 자바스크립트(JavaScript), 파이썬(Python)뿐만

아니라 C/C++도 지원하므로 디바이스에 내장시켜 활용할 수 있다.

2.3.5 데이터 포맷

지금까지 데이터 수신을 위한 통신 규약인 프로토콜을 중심으로 설명했다. 실제로 프로토콜에 데이터를 실어 통신하는 것은 지금까지 설명했듯이 IoT 세계에서도 마찬가지다. 데이터 포맷 역시 중요한 부분으로서 웹 프로토콜에서 이용하는 대표적인 데이터 포맷으로서 XML과 JSON이 있다(그림 2.17).

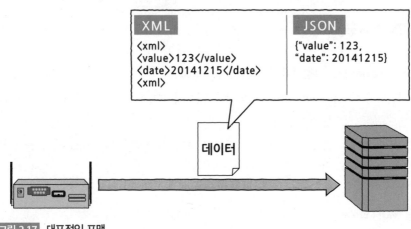

그림 2.17 대표적인 포맷

IoT 관점에서도 XML과 JSON은 이용할 수 있다. 예를 들어, 디바이스에서 센서 값을 전송하는 경우를 가정해 보자. 디바이스는 단순히 센서 값만을 보내는 것이 아니라 데이터를 수신한 시간, 디바이스 정보, 사용자 정보 등을 함께 전송한다. 또한, 복수의 센서 값이나 디바이스 상태를 알릴 수도 있을 것이다. 따라서 디바이스에서 전송되는 데이터를 구조화할 필요가 있게 된다.

그림 2.18은 센서 정보와 디바이스 상태, 데이터 취득 시간, 디바이스 명 등을 XML과 JSON으로 표현한 예다.

```
         XML                          JSON
<xml>                      {"info":{"id":123,
 <info>                        "name":"RoomSensor",
  <id>123</id>                 "date":2014121512322
  <name>RoomSensor</name>      },
  <date>2014121512322</date>  "data"{"temperature":23.4,
 </info>                        "humid":64}}
 <data>
  <temperature>23.4</temperature>
  <humid>63</humid>
 </data>
<xml>
```

그림 2.18 센서 정보의 표현 예(XML과 JSON)

양쪽을 비교해 보면 XML은 JSON보다 우리가 읽기 쉬운 형식이다. 하지만 XML은 문자 수가 많아 데이터 양이 JSON보다 크다.

XML과 JSON은 프로그램에서 간단히 이용할 수 있는 라이브러리가 언어마다 제공되고 있다. 어느 데이터 포맷을 이용하는 것이 좋은지 정답은 없지만, 모바일 회선과 같이 느린 회선에서 통신하는 경우에는 데이터 양이 적은 JSON이 적합하다고 할 수 있을 것이다.

디바이스에서 보내지는 데이터는 웹 환경과는 달리 센서나 영상, 음성 등의 수치 데이터가 많아 텍스트보다 바이너리로서 다루는 것이 바람직하다. 하지만 지금 다룬 XML과 JSON은 데이터를 텍스트 형식으로 다룬다.

이들 포맷을 IoT 서비스상에서 다루는 경우는 텍스트 데이터를 수치 데이터나 바이너리로 변환한다. 따라서 XML, JSON 포맷을 파싱하고, 파싱된 값을 텍스트 형식에서 바이너리 형식으로 변환하는 작업이 필요하다. 이는 두 단계의 처리가 필요하다는 것을 뜻한다.

만약 수신하는 데이터를 바이너리 형식 그대로 수신할 수 있다면, 데이터 처리를 더욱 빠르게 할 수 있을 것이다. 여기서 고안해 낸 것이 MessagePack이라는 데이터 포맷이다(그림 2.19).

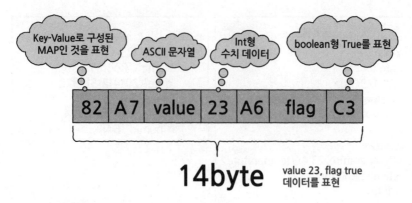

그림 2.19 **MessagePack을 이용한 센서 데이터의 표현 예**

MessagePack은 JSON과 비슷한 데이터 포맷을 가지면서 데이터 형식은 바이너리 형식으로 되어 있다. 따라서 사람이 직접 읽기에는 적합하지 않지만, 컴퓨터가 처리하는 데는 유용한 방식이다.

또한, 바이너리로 데이터를 전송하므로 텍스트 형식으로 전송하는 JSON과 비교하면 더욱 콤팩트한 크기로 되어 있다. MessagePack도 XML이나 JSON과 같이 다양한 프로그래밍 언어에서 라이브러리를 제공한다. 그리고 최근에는 여러 OSS(Open Source Software)에서 채용되면서 실적도 증가하고 있다.

어떤 포맷을 사용하면 좋다고 단정짓기는 어렵지만, 데이터 포맷은 전송하는 데이터의 특성과 목적에 맞게 선택해야 한다.

Column

이미지, 음성 및 영상 데이터 다루기

'센서 데이터, 텍스트 데이터'와 '이미지, 음성, 영상'의 데이터 포맷은 크게 다르다. 이미지, 음성, 영상은 데이터 크기가 센서 데이터보다 압도적으로 크다. 또한, 데이터 형식이 문자열로 변환하기 어려운 바이너리 데이터이므로 지금까지 소개한 XML, JSON 형식으로 다루기 어렵다.

HTTP로 이미지 데이터를 전송하는 경우에는 촬영 시간이나 디바이스 정보는 XML 또는 JSON 형식으로 전송할 수 있고, 이미지 데이터는 'multi-part 폼데이터' 형식으로 전송할 수 있다. 하지만 음성이나 영상데이터는 연속된 데이터이므로, 이런 형식의 데이터를 전송할 경우엔 추가적인 방법이 필요하다.

예를 들어, 음성, 영상은 잘게 나눈 파일로 전송해야 한다. HTTP 프로토콜에서 이를 수행하는 경우에는 잘게 나눈 데이터가 보내질 때마다 세션을 생성해야 한다. 따라서 웹소켓 등을 활용하여 IoT 서비스의 부하를 줄일 수 있을 것이다. 이 경우는 MessagePack을 이용하거나 바이너리 데이터를 다루는 자체적인 포맷을 정의해야 할지도 모른다. 또는 IoT 서비스에서 음성이나 데이터 분석을 하는 것을 전제로 데이터를 모두 전송하는 것이 아니라, 분석에 이용하는 특징만을 디바이스 측에서 추출하여 전송하는 방법을 생각해 볼 필요도 있다. 음성이나 영상을 사용한 서비스를 생각하고 있는 경우는 본 칼럼에서 설명한 것을 참고하기 바란다.

2.4 | 데이터 처리

2.4.1 처리 서버의 역할

처리 서버는 수신한 데이터를 처리하는 부분이다. 처리라는 것은 추상적으로 들릴지 모르겠지만, 예를 들어 데이터를 저장하거나 보기 쉽게 변환할 수도 있으며, 센서 데이터로부터 새로운 데이터를 추출해 낼 수도 있다. 처리 서버는 목적에 따라 다양하지만, 데이터 처리 방법에 관해서는 데이터 분석, 데이터 가공, 데이터 저장, 디바이스로의 명령으로 집약할 수 있다(그림 2.20).

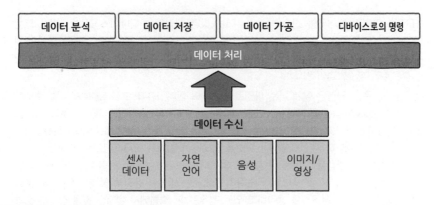

그림 2.20 데이터 처리

데이터 분석이나 가공에는 '배치(batch) 처리'와 '스트림 처리'라는 두 가지 대표적인 처리 방식이 있다. 우선은 이 '배치 처리'와 '스트림 처리'에 관해 설명하도록 하겠다.

2.4.2 배치 처리

배치 처리는 수집한 데이터를 일정 간격으로 처리하는 데이터 처리 방식이다. 일반적으로는 데이터를 우선 데이터베이스에 저장해 두고, 정해진 시간에 데이터베이스로부터 데이터를 취득해서 처리를 진행한다. 배치 처리는 정해진 시간 안에 모든 데이터를 처리하는 것이 중요하므로, 처리할 데이터 건수가 많을수록 시스템 성능이 중요시된다.

디바이스의 수가 증가할수록 대용량 데이터 처리가 요구된다. 수 테라바이트(TB, terabyte), 수 페타바이트(PB, petabyte)와 같이 대용량 데이터(또는 빅 데이터)를 처리하기 위해서는 분산 처리 기반의 소프트웨어를 사용하여 효율적으로 데이터를 처리해야 한다. 대표적인 소프트웨어로는 하둡(Hadoop), 스파크(Spark) 등이 있다.

◉ 아파치 하둡

아차피 하둡(Apache Hadoop)은 대규모 데이터를 분산 처리하기 위한 오픈 소스 프레임워크이다. 이때 사용되는 맵리듀스(MapReduce)라는 구조를 사용하여 효율적으로 처리할 수 있다.

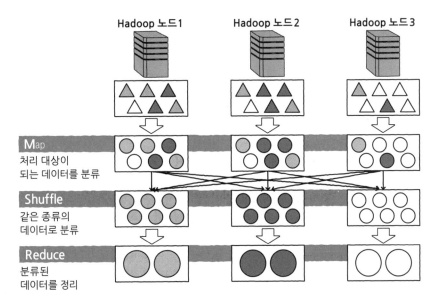

그림 2.21 하둡 맵리듀스에 의한 배치 처리

  하둡은 노드마다 맵리듀스를 수행하고 결과를 취합한다. 우선 각 서버(노드)에 처리 대상의 데이터를 분류한다. 그런 후 우선 Map이 수행된다. Map에서는 각 데이터에 관해 같은 처리가 반복된다. Map에서 변경이 된 데이터는 Shuffle 처리로 보내진다. Shuffle에서는 모든 하둡 노드에서 같은 종류의 데이터로 분류한다. 마지막으로, Reduce에서 분류된 데이터를 정리한다. 즉, 맵리듀스는 동전을 모은 후, 동전을 종류별로 분류하고, 종류별로 분류된 동전을 세는 행위와 비슷한 개념이다.

  또한, 하둡은 분산 환경에서 동작하기 위해 분산 파일 시스템(HDFS, Hadoop Distributed File System)이라는 구조로 되어 있다. HDFS는 여러 개의 디스크에 데이터를 나눠서 저장한다. 데이터를 읽을 때는 여러 디스크에 분할된 데이터를 동시에 읽는다. 따라서 한 대의 디스크에서 용량이 큰 데이터를 읽을 때보다 고속으로 읽을 수 있다. 이처럼 하둡은 맵리듀스와 HDFS의 구조를 모두 사용하여 대용량 데이터를 고속으로 처리할 수 있다.

◉ 아파치 스파크

아파치 스파크(Apache Spark)는 하둡과 마찬가지로 대용량 데이터를 분산 처리하기 위한 오픈 소스 프레임워크로서 스파크에서는 데이터를 RDD(Resilient Distributed Dataset)라는 구조로 다룬다(그림 2.22).

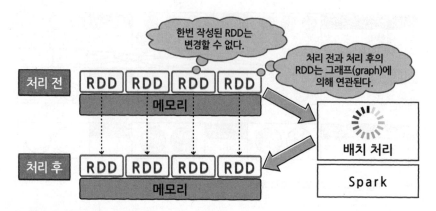

그림 2.22 스파크에 의한 배치 처리

RDD는 디스크 액세스를 하지 않고도 데이터를 처리할 수 있다. RDD에서 이용하는 메모리는 write가 불가능하게 되어 있어, 처리 결과는 새로운 메모리에 저장한다. 두 메모리 간의 관계를 유지함으로써 재계산이 필요한 경우에도 처음부터 계산하는 것이 아니라 필요한 시점부터 계산할 수 있다. 따라서 스파크는 기계 학습 등 한 개의 데이터에 관해 반복 처리를 수행하는 경우 매우 빠르게 동작할 수 있다.

IoT에서는 센서 데이터나 음성/이미지 등 비교적 크기가 큰 데이터가 전송된다. 배치 처리에서는 이 데이터들을 수집하여, 당일 디바이스 이용 경향을 도출하고, 이미지 처리에서 촬영한 이미지로부터 환경의 변화를 조사할 수도 있다. 디바이스가 증가함에 따라 처리해야 할 데이터가 점점 증가해 갈 때, 배치 처리에도 여기서 소개한 분산 처리 방식을 이용하는 것이 중요해진다.

스트림 처리

배치 처리는 데이터를 모아 놓고 한 번에 처리하는 방법이었다. 이에 비해 스트림 처리는 데이터를 저장하지 않고 처리 서버에 도달한 데이터를 차례로 처리한다.

스트림 처리는 주어진 데이터를 실시간으로 처리하고 싶은 경우에 유용한 방법이다. 배치 처리에서는 우선 데이터를 저장해 두고 일정 간격으로 처리하므로 데이터가 도착해서 완료되기까지 지연이 발생한다. 여기서 도착한 데이터를 연속해서 처리해 가는 스트림 처리의 개념이 중요해진다. 또한, 스트림 처리는 기본적으로 데이터를 저장하지 않는다. 한 번 이용하고 저장이 필요치 않은 데이터는 그대로 폐기한다.

예를 들어, 주행 중인 자동차의 현재 위치와 해당 자동차의 와이퍼 동작 여부에 관한 데이터가 보내지는 시스템을 생각해 보자.

와이퍼가 동작하고 있는 자동차의 현재 위치만이 관심 있는 데이터로서, 비가 내리고 있는 지역을 실시간으로 알 수 있다. 과거에 비가 내리고 있던 지역의 데이터를 저장하는 것을 고려하더라도, 처리된 결과만을 저장하면 되므로 기존에 수신된 센서 데이터는 버려도 상관없다. 따라서 스트림 처리가 어울리는 상황이다. 배치 처리와 마찬가지로 스트림 처리에서도 그에 특화된 프레임워크를 이용하는 데 여기서는 스파크 스트리밍과 아파치 스톰(Apache Storm)에 관해 소개하겠다.

◉ 스파크 스트리밍

스파크 스트리밍(Spark Streaming)은 배치 처리에서 소개했던 아파치 스파크의 라이브러리로서, 이를 이용하면 아파치 스파크를 스트림(stream) 처리에 이용할 수 있다(그림 2.23).

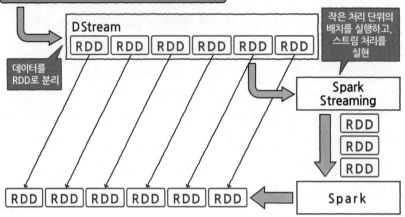

그림 2.23 스파크 스트리밍에 의한 스트림 처리

스파크 스트리밍에서는 데이터를 RDD로 분류한다. 분류된 데이터를 작은 처리 단위로 배치 처리하는 것으로서 스트림 처리를 실현한다. 입력된 데이터를 DStream이라고 불리는 연속된 RDD로 변환해 간다. 한 개의 RDD에 관해서 스파크 배치 처리를 실행하고, 별도의 RDD로 변환한다. 이와 같은 처리를 모든 RDD에 차례로 반복하여 스트림 처리를 실현하고 있다.

◉ 아파치 스톰

아파치 스톰(Apache Storm)은 스트림 처리를 위한 프레임 워크다. 그림 2.24은 스톰 구성을 나타낸다.

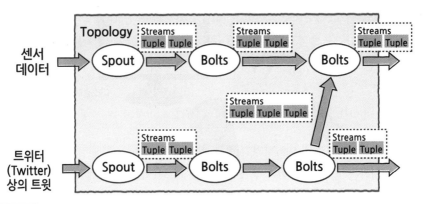

그림 2.24 아파치 스톰의 구성

스톰으로 처리하는 데이터는 튜플(tuple)이라고 한다. 이 튜플의 흐름을 스트림
(streams)이라고 부른다.

스톰의 처리는 스파웃(spout)과 볼트(bolts) 처리로 구성된다. 이 구성을 토폴로지
(topology)라고 한다. 스톰 처리는 스파웃이 외부 처리로부터 데이터를 수신하는 것으로
시작된다. 스파웃은 수신한 데이터를 튜플로 나누어 토폴로지에 보내는 것으로 스트림
을 생성한다. 스트림 처리의 시작점인 것이다. 다음으로, 볼트는 스파웃이나 다른 볼트
로부터 출력된 스트림을 수신하여 튜플 단위로 처리하고, 새로운 스트림으로 출력한
다. 볼트 간의 연결은 자유롭게 구성할 수 있다. 토폴로지는 실행하고 싶은 처리에 따
라 자유롭게 구성할 수 있다. 또한, 튜플에 이용하는 데이터 형태도 자유롭게 결정할
수 있어서 JSON 등을 이용할 수 있다.

2.5 | 데이터 저장

2.5.1 데이터베이스 역할

데이터베이스의 역할은 데이터의 저장과 활용을 쉽게 하는 것이다(그림 2.25). 또한, 조건에 일치하는 데이터를 찾는 것도 데이터베이스의 역할이다. 데이터베이스를 이용하면, 여러 데이터를 연결해 하나의 데이터로 뽑는 작업 역시 쉽게 할 수 있다.

예를 들어, 특정 센서와 연결된 ID, 계측 시간, 온도 센서의 값이 있다고 가정하자. 이 데이터만으로는 어떤 방 온도인지 알 수 없다. 따라서 센서 ID와 방 이름을 연결한 데이터가 필요하다. 이 두 개의 데이터가 모여 처음으로 ○○방 온도를 알 수 있다.

그림 2.25는 RDB라는 데이터베이스의 예다. 최근에는 RDB 이외에 NoSQL이라는 데이터베이스도 이용된다.

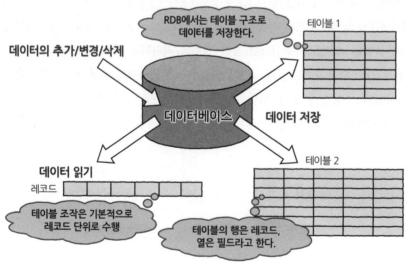

데이터베이스는 SQL이라는 전용 언어를 사용하여 조작한다.

그림 2.25 데이터베이스의 역할

RDB는 SQL이라는 데이터베이스 전용 언어를 이용해서 데이터를 다룬다. 이에 비해 NoSQL은 SQL 이외의 다양한 방법으로 데이터베이스를 조작한다. 또한, 이 책에서는 KVS(Key-Value Store), 도큐먼트 지향 데이터베이스에 관해서도 소개한다.

2.5.2 데이터베이스의 종류와 특징

이번 절에서는 데이터베이스의 종류와 특징, 그리고 IoT 서비스를 구현할 때 디바이스의 데이터를 다루는 경우를 함께 설명하겠다.

◉ 관계형 데이터베이스

관계형 데이터베이스(RDB)는 가장 일반적으로 사용되는 데이터베이스다. 그림 2.25에서 보는 바와 같이 테이블이라는 데이터 구조를 가지며, SQL 언어를 사용하여 데이터 추출, 입력, 삭제를 수행한다.

SQL은 매우 강력한 언어다. 여러 테이블과 연결하여 원하는 조건의 데이터를 찾는 명령을 간결하게 표현할 수 있다. 또한, 다양한 프로그래밍 언어에서 사용할 수 있다. 그러나 테이블은 한번 결정되면 구조를 변경하는 것이 어려우므로 디바이스에서 전송되는 데이터의 특성을 잘 생각해서 구조를 결정해야 한다.

예를 들어, 센서와 디바이스가 증가함에 따라 저장해야 하는 데이터가 증가하면, 그림 2.26과 같은 테이블 구성에서는 새로운 데이터를 추가하는 것이 어려워진다.

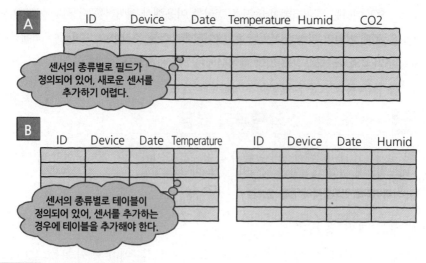

그림 2.26 RDB의 테이블 구성 예

A의 경우는 테이블의 항목을 변경해야 한다. 또한, B의 경우는 테이블 자체의 변경은 필요 없지만, 새로운 테이블을 추가해야 한다.

그림 2.27은 모든 센서 데이터를 하나의 필드에 저장하는 구조다. 이 구조에서는 새로운 센서 데이터가 만들어져도 테이블 구조를 변경하거나 새로운 테이블을 추가할 필요가 없다. 그러나 데이터 형태를 모두 통일해야 할 필요가 발생한다. 또한, 하나의 테이블에 대량의 데이터가 등록되므로 필요한 데이터를 검색하는 데 시간이 걸릴 수 있다. 이를 해소하기 위해 데이터베이스에는 인덱스라는 구조가 있다.

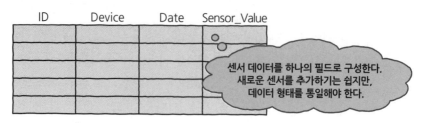

그림 2.27 센서 정보를 저장하는 테이블 구성의 예

앞서 언급한 테이블 구성은 하나의 예로서, 테이블 구성에는 어떤 방법이 좋다고 단정 지어 말하는 것이 쉽지 않다. 어떤 데이터가 등록되는지, 앞으로 얼마나 많은 데이터가 쌓일지를 고려해서 결정해야 한다.

RDB는 이미지나 음성과 같은 바이너리 형식의 데이터에 특화되어 있지 않다. BLOB(Binary Large Object) 타입으로 저장하는 것은 가능하지만, 용도에 따라서는 이미지 파일은 파일 시스템에 저장하고, 경로만 RDB에 저장하도록 하는 것도 고려해야 한다(그림 2.28).

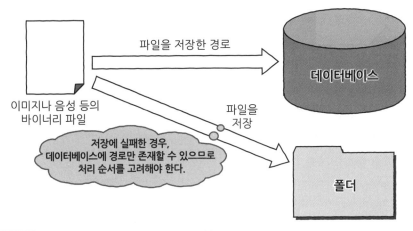

파일을 저장한 경로

데이터베이스

이미지나 음성 등의
바이너리 파일

파일을
저장

저장에 실패한 경우,
데이터베이스에 경로만 존재할 수 있으므로
처리 순서를 고려해야 한다.

폴더

그림 2.28 RDB에서 이미지나 음성을 취급하는 경우

데이터베이스는 데이터를 하드 디스크에 저장한다. 따라서 하드 디스크로의 액세스(디스크 I/O)가 많이 발생하므로 다른 처리보다 비교적 느릴 수밖에 없다. 시스템에서 처리 속도의 병목 현상이 발생하기 쉬운 부분 중 하나다. 소개한 내용 이외에도 주의할 점이 많으므로 더욱 깊은 이해를 바탕으로 활용하도록 하자.

◉ Key-value Store

KVS(Key-value Store)는 NoSQL 데이터베이스의 종류로서, NoSQL은 SQL을 이용하지 않는 데이터베이스를 가리킨다. KVS는 value(데이터값)과 value를 식별할 수 있는 Key의 세트로 저장된다.

KVS에는 데이터를 메모리에 저장하는 방식과 하드 디스크에 저장하는 방식이 있다.

메모리 저장 방식의 KVS는 데이터를 빠르게 저장할 수 있지만, 데이터를 메모리상에 저장하므로 소프트웨어가 정지했을 경우, 저장하고 있는 내용을 잃게 된다. 그러므로 캐시(cache)로서 사용하는 것이 바람직하다.

하드 디스크 저장 방식의 KVS는 메모리 저장 방식에 비하면 속도는 느리지만, 소프트웨어가 정지해도 데이터 손실은 없다.

Redis라고 불리는 KVS는 이 둘의 성질을 모두 가지고 있다. 평상시에는 메모리에 데이터를 저장하지만, 임의의 타이밍에 하드 디스크로 데이터를 저장한다. 따라서 데이터를 고속으로 저장할 수 있고, 영구적으로 저장할 수 있다.

◉ 도큐먼트 지향 데이터베이스

도큐먼트 지향 데이터베이스(Document-oriented Database) 역시 KVS와 같이 NoSQL의 한 종류다. XML이나 JSON 같은 구조화된 형식으로 데이터를 저장할 수 있다. 특히, 최근에는 JSON 형식의 데이터를 저장하는 MongoDB가 인기다(그림 2.29).

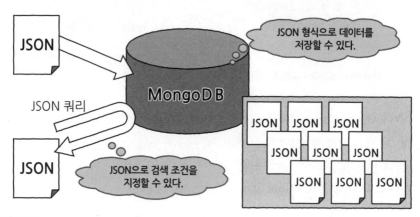

그림 2.29 도큐먼트 지향 데이터베이스 MongoDB

MongoDB는 JSON 데이터를 직접 저장할 수 있다. 또한, JSON 값으로 검색할 수 있다. 따라서 센서 정보를 JSON으로 주고받는 경우는 그대로 저장하고 활용할 수 있다.

그리고 새로운 데이터 항목이나 디바이스의 수가 증가하더라도 RDB와 같이 테이블의 구성을 재검토할 필요가 없다. 디바이스의 수나 데이터 종류를 예측할 수 없는 센서의 데이터를 저장하는 데 수월하다.

2.6 | 디바이스 제어

2.6.1 송신 서버의 역할

송신 서버는 디바이스로 데이터를 전송하여 디바이스를 제어하는 것이 목적이다. 송신 서버는 2.3절에서 소개한 HTTP/WebSocket/MQTT 프로토콜과 데이터 형식을 이용할 수 있다.

송신 서버의 동작은 1.3.3절에서 소개한 디바이스의 요구가 있으면 데이터를 전송하는 동기 방식과 서버가 임의의 타이밍에서 데이터를 전송하는 비동기 방식이 있다. HTTP/WebSocket/MQTT 프로토콜을 사용하여 동기 방식과 비동기 방식을 어떻게 구현하는지 알아보도록 하자.

2.6.2 HTTP를 이용한 데이터 전송

HTTP를 이용해 데이터를 전송하는 것이 가장 간단한 방법이다. 이때의 송신 서버는 HTTP 요청을 기다리는 웹 서버가 된다. 디바이스는 데이터 전송을 요청하고, 서버에서 응답한 데이터를 수신한다(그림 2.30).

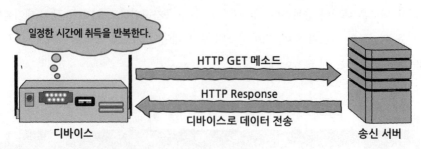

일정한 시간에 취득을 반복한다.

HTTP GET 메소드

HTTP Response

디바이스로 데이터 전송

디바이스

송신 서버

그림 2.30 **HTTP를 이용한 데이터 전송**

정기적으로 디바이스에서 폴링(polling)해야 하는 경우도 있다. 이 방법을 채택하는 경우는 주로 다음 두 가지다.

첫 번째는 디바이스에 글로벌 IP 주소를 설정할 수 없을 때처럼 주소를 고유하게 식별할 수 없는 경우다. 이런 경우 송신 서버는 데이터를 전송하는 데 필요한 디바이스의 주소를 알 수 없다.

두 번째는 전원이 자주 끊기는 디바이스나 모바일 회선을 이용한 통신 요금 등을 고려해야 하는 경우다. 디바이스가 항상 네트워크에 연결되지 않은 경우, 서버가 데이터를 전송해도 디바이스는 수신할 수 없다(그림 2.31).

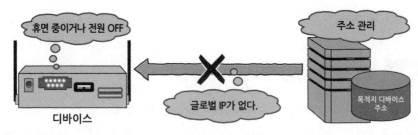

휴면 중이거나 전원 OFF

주소 관리

글로벌 IP가 없다.

목적지 디바이스 주소

디바이스

그림 2.31 **서버에서 데이터 전송이 곤란한 상태**

2.6.3 웹소켓을 이용한 데이터 전송

웹소켓을 이용하는 경우, 디바이스가 서버에 접속을 시도하고 웹소켓 커넥션을 확립한다. 한번 웹소켓 커넥션이 확립되면 서버에서 데이터를 전송할 수 있을 뿐만 아니라 클라이언트에서도 데이터를 전송할 수 있다.

2.6.4 MQTT를 이용한 데이터 전송

지금까지 소개한 HTTP와 웹소켓은 모두 디바이스에서 서버에 액세스하는 방법이다. 따라서 클라이언트의 요청이 없으면 데이터 전송은 이루어지지 않는다. 물론 디바이스에 HTTP와 웹소켓으로 접속할 수 있도록 하여 서버 측에서 접속하는 것도 가능하지만, 디바이스의 수가 증가했을 때 서버가 모든 디바이스를 관리하는 것은 매우 어렵다.

여기서 MQTT를 활용한 Publish/subscribe(발행/구독) 모델의 장점을 살린 서버를 생각해 보자. MQTT를 이용한 경우의 서버는 그림 2.32와 같다.

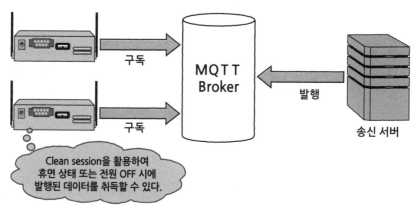

그림 2.32 **MQTT에 의한 데이터 전송**

디바이스가 Subscriber가 되어 MQTT Broker에 구독을 수행한다. 그리고 송신 서버는 Publisher가 되어, 마찬가지로 Broker에 발행을 수행한다. 서버는 정해진 데이터를 토픽에 실어 전송하면 되므로 디바이스와 서버는 서로의 주소를 알 필요가 없다. 즉, Broker의 주소만 알면 통신할 수 있다. Subscriber의 연결이 끊긴 경우의 알림이나 재접속 후의 재전송 등도 Broker가 맡아 준다.

MQTT의 기능을 활용하는 것으로 서버 구축이 쉬워진다.

Column

사례. 식물 공장용 환경 제어 시스템

최근 농업에 ICT 기술 도입이 활발하게 이루어지고 있다. 특히, 생산 공정에서는 고령화에 따른 새로운 취업 영농인의 확보와 생산성 향상을 위해 ICT 기술의 활용이 기대되고 있다. 기존 농가에서 수작업으로 이뤄지던 비닐하우스 내의 온도 · 습도 측정 및 생태계 조절을 위한 환경 제어를 완전 자동화하여 생산성을 향상하려는 노력이 그중 하나다.

온도, 습도, 이산화탄소, 광량 등을 각종 센서를 통해 측정 · 기록한다(= 데이터 수신). 이로써 환경 조건을 수치화한다. 이울러 측정된 환경 조건에서 작물들이 실제로 어떤 품질로 자랐는지를 기록한다. 이것을 반복하면 작물의 생육 패턴을 추출할 수 있다(= 데이터 분석). 이렇게 하여 준비해야 하는 환경 조건이 명백해지면, 현재 환경을 센싱한 데이터를 설정한 임계값과 비교하고(= 데이터 처리) 공기 조절과 이산화탄소 조절을 자동화할 수 있다(= 데이터 전송).

이러한 구조를 구축함으로써 대규모화, 그리고 법인 농업의 신규 참가를 촉진하는 구조가 가능해진다. 이러한 노력이 진행되면 앞으로 '어떤 품질의 채소를 기르고 싶다'라는 생각으로 버튼을 하나 누르는 것만으로 자동으로 재배되고, 수개월 후에는 수확을 기다리기만 하는 세상이 올지도 모른다.

IoT 디바이스

3.1 | 실세계 인터페이스로서 디바이스

3.1.1 디바이스를 배우는 이유

지금까지 두 개의 장에 걸쳐 '사물인터넷(IoT, Internet of Things)'의 정의와 아키텍처에 관해 알아보았다. 이를 바탕으로 이번 장에서는 IoT 분야에서 핵심 역할을 담당하는 디바이스에 관해 소개하겠다.

"왜 디바이스의 구조까지 배워야 하는가?"라고 반문하는 독자도 있겠지만, 이번 장은 지금까지 디바이스 개발에 종사한 적이 없는 독자라면 반드시 읽어 보기 바란다.

모든 엔지니어가 디바이스를 제대로 이해해야 하는 이유는 '커넥티비티(connectivity)'가 디바이스 개발에 초래한 어떤 변화와 관련이 있다. 우선 그 변화에 관해서 알아보도록 하자.

3.1.2 커넥티비티가 초래한 변화

스마트폰이나 휴대용 음악 플레이어 등 우리 주변을 둘러싼 디바이스들은 고도로 디자인된 하드웨어와 이를 제어하는 소프트웨어의 조합으로 만들어진다. 디바이스 개발의 본질은 이 두 요소의 융합을 최대한 이끌어 내는 것이다.

웹 애플리케이션 개발에 종사하는 소프트웨어 엔지니어에게 디바이스 개발은 넘기 힘든 벽으로 느낄 수도 있다. 만약 자신이 어떤 디바이스를 개발한다고 생각했을 때, 다음과 같이 걱정할 수도 있을 것이다.

- 하드웨어에 관한 깊은 지식이 요구되는 것은 아닌지?
- 디바이스를 제어하는 소프트웨어 개발에는 전문 지식이 필요한 것은 아닌지?
- 하드웨어를 개발하기 위해 특별한 개발 환경이 필요한 것은 아닌지?

결론부터 말하면, 이러한 걱정들의 대답은 모두 "그렇다"다. 많은 사람이 알고 있듯이 디바이스를 제어하기 위한 소프트웨어는 '임베디드 소프트웨어'라는 명확한 분야로 정의되어 있다. 그리고 해당 분야의 개발에는 고도의 전문성이 요구된다. IoT 세계에서도 기본적으로 그 본질 자체는 변하지 않는다.

그러면 IoT에 의해 무엇이 달라지는가? 이 질문을 해결하는 키워드가 바로 '커넥티비티'다. 커넥티비티는 디바이스와 시스템 간의 상호 접속과 결합성을 표현하는 단어로서 IoT 디바이스는 네트워크를 통해 외부 시스템과의 '연결'을 지향하고 있다. 그리고 다음과 같은 다양한 기술 혁신을 통해 지금까지 상상치 못했던 종류의 디바이스가 연결되기에 이르렀다(그림 3.1).

- **하드웨어 진화에 의한 디바이스의 소형화 및 고도화**
- **고속·고품질의 네트워크망을 쉽게 이용할 수 있는 환경**

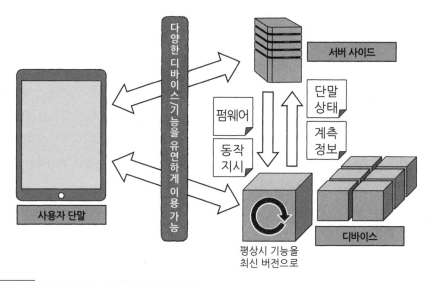

그림 3.1 커넥티비티가 초래한 디바이스의 변화

당연한 이야기지만, 연결성을 갖지 않는 단말은 디바이스가 갖춰야 할 기능이 모두 갖춰지도록 디자인된다. 그리고 한번 출하가 진행되면 제품 사양을 변경할 수 없으므로 오랜 시간과 비용을 들여 개발된다.

한편, IoT 디바이스의 경우에 디바이스 자체는 매우 간단한 구성으로 만들어지고 클라우드 서비스나 스마트폰 등의 외부 디바이스와 결합하는 일체형 서비스로써 제공된다.

이 경우, 디바이스를 이용하는 애플리케이션은 쉽게 업데이트할 수 있으며, 제품 출시 후에도 사용자의 피드백을 통해 소프트웨어(디바이스의 펌웨어 포함)를 개선해 갈 수 있다.

또한, 다수의 디바이스 정보를 클라우드상에서 통합·가공하여 하나의 애플리케이션 인터페이스로서 사용자에게 유용한 정보를 제공할 수 있다.

하드웨어 개발 자체의 비용 경쟁이 격화되는 가운데 디바이스 개발은 디바이스 자체를 고도화해 나가는 것은 물론, 이를 둘러싼 서비스의 최적화된 디자인이 중요시되고 있다.

이런 흐름 속에서 차별화 포인트도 다각화할 것으로 보인다. 디바이스에서 정보를 통합적으로 처리하고 고도의 분석을 서비스로 제공하기 위한 알고리즘이나, 연속적으로 변하는 디바이스의 상황을 실시간으로 반영하는 애플리케이션 구축 등, IoT 디바이스 특유의 차별화 포인트도 나올 것이 틀림없다.

이러한 요구에 최대한 부합하고, IoT 디바이스를 활용한 서비스를 원활하게 개발하기 위해서는 디바이스, 디바이스가 연결하는 클라우드 시스템, 그리고 이들을 이용한 애플리케이션 등 각 구성 요소 개발에 종사하는 엔지니어가 하나의 비전을 공유하면서 개발하는 것이 중요하다. 그 과정에서 빠른 속도로 소프트웨어 개발이 진행됨에 따라, 기존의 하드웨어 개발에서는 생각할 수 없었던 속도로 서비스를 개발·제공해야 한다. 이를 실현하기 위해서는 서비스 개발자와 디바이스 개발자가 서로의 영역을 정확히 이해하는 것이 중요하다(그림 3.2).

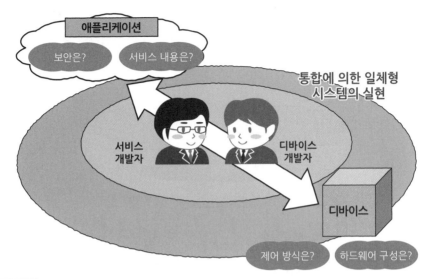

애플리케이션

보안은?　서비스 내용은?

통합에 의한 일체형
시스템의 실현

서비스
개발자

디바이스
개발자

디바이스

제어 방식은?　하드웨어 구성은?

그림 3.2 IoT 디바이스 개발에 관한 상호 이해의 중요성

이번 장에서는 이러한 특성을 내포하는 IoT 디바이스와 이를 이용하여 서비스를 개발할 때의 주의점에 관해 이해하기 쉽도록 디바이스 구조의 주요 요소를 설명하겠다. 또한, 제품·서비스에 관한 평가 및 검토 시에 필요한 '프로토타입(prototype)'에 관해서도 소개하겠다.

3.2 │ IoT 디바이스의 구성 요소

3.2.1 기본 구성

IoT 디바이스에는 다양한 종류가 있지만, 대체로 그림 3.3과 같은 구성이다. 일반적인 디바이스와 마찬가지로 사용자의 조작 또는 디바이스 주변 환경에 관한 변화를 감지하는 입력 디바이스, 정보를 표시하거나 환경에 직접 작용하는 출력 디바이스, 그리고 디바이스의 제어를 담당하는 마이크로 컨트롤러(micro controller) 등이 포함된다. 이와 함께 네트워크 연결이 IoT 디바이스에 빠질 수 없다. 이어서 각각의 요소를 설명하겠다.

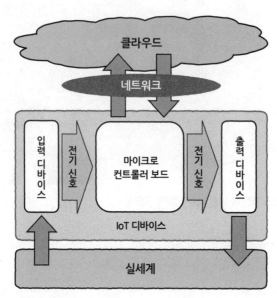

그림 3.3 IoT 디바이스의 기본 구성

◉ 마이크로 컨트롤러

마이크로 컨트롤러는 디바이스 제어를 수행하는 집적 회로(IC, Integrated Circuit) 칩이다. 프로그램을 작성해 넣을 수 있으며, 입력되어 있는 처리에 따라 단자의 상태를 읽을 수도 있고, 연결된 회로에 특정 신호를 출력할 수도 있다.

마이크로 컨트롤러는 프로그램을 저장하거나 임시 데이터를 저장하기 위한 메모리, 연산 처리와 제어를 담당하는 CPU, 외부와의 인터페이스나 타이머 등 필요한 기능을 내장한 주변 회로로 구성되어 있다(그림 3.4).

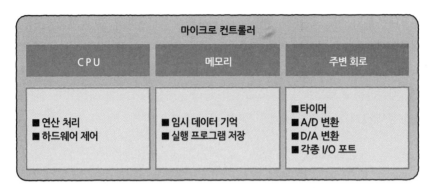

그림 3.4 마이크로 컨트롤러의 구조

　실제로 마이크로 컨트롤러를 사용하기 위해서는 시리얼 포트나 USB 등의 각종 인터페이스와 전원 회로 등이 필요하다. 스스로 디바이스를 제작하고자 한다면 마이크로 컨트롤러와 이러한 요소가 갖춰진 '마이크로 컨트롤러 보드'라는 전자 회로 기판을 사용함으로써 하드웨어를 쉽게 개발할 수 있다. 사양은 제품마다 각양각색이지만, 기본적으로 그림 3.5와 같은 프로세스로 개발을 진행한다.

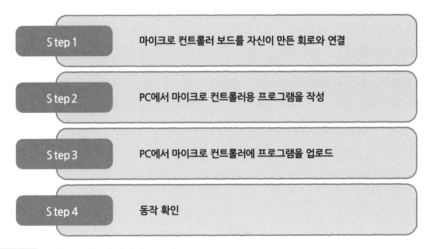

그림 3.5 마이크로 컨트롤러 개발 프로세스

최근 대부분의 전자 제품에는 마이크로 컨트롤러가 사용되고 있다. 예를 들어, 냉장고 내부(그림 3.6)는 사용자에 의해 지정된 온도로 유지되도록 제어된다. 이는 마이크로 컨트롤러 입력 단자에 연결된 온도 센서의 상태를 감지하여, 지정한 온도가 되도록 냉각기를 제어하는 프로그램이 마이크로 컨트롤러에 내장되어 있기 때문이다. 센서를 이용하여 정보를 계측·판별하는 것을 센싱이라고 한다.

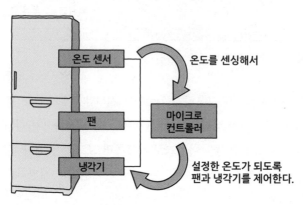

그림 3.6 마이크로 컨트롤러의 사용 예(냉장고)

IoT가 화제가 되는 배경에는 마이크로 컨트롤러 보드의 변화와 관련이 있다. 이전에는 마이크로 컨트롤러 보드를 네트워크에 연결하기 위해서 개발자가 직접 인터페이스를 구현해야 했다. 하지만 최근에는 네트워크 연결 기능을 외부 접속 모듈로 제공하는 유형과 표준으로 내장된 유형이 많아지면서, 디바이스를 쉽게 네트워크에 연결할 수 있게 되었다. 이러한 마이크로 컨트롤러 보드를 이용하면 하드웨어 개발 경험이 전무하더라도 디바이스 개발에 도전할 수 있다.

마이크로 컨트롤러 보드의 종류와 사용법에 관해서는 다음 절에서 자세히 소개하겠다.

◉ 입력 디바이스

디바이스가 주변 상태나 사용자의 조작 등과 같은 정보를 얻기 위해서는 센서나 버튼 등의 전자 부품을 디바이스에 갖춰야 한다.

예를 들어, 스마트폰의 경우 터치 패널(touch panel), 버튼, 카메라, 가속도 센서, 조도 센서 등 실로 많은 센싱 디바이스가 내장되어 있다는 것을 알 수 있다(그림 3.7). 이러한 센서를 사용하면 더욱 꼼꼼하게 주변 상황을 파악할 수 있다. 바꿔 말하면, 센서의 종류나 정밀도에 의해 디바이스의 성능이 어느 정도 정해지므로 센서를 선정하는 것은 디바이스 개발에 있어 매우 중요한 단계다.

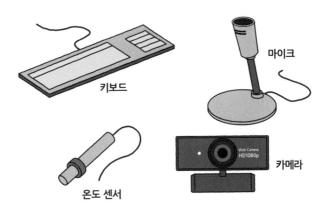

키보드

마이크

온도 센서

카메라

그림 3.7 각종 입력 디바이스

◉ 출력 디바이스

IoT가 지향하는 것은 단순히 상태를 센싱하고, 결과를 보여 주는 것만이 아니다.

인간과 환경에 관한 상호 작용을 하고, 목표의 상태로 세상을 제어하는 것이야말로 진정한 목적이라고 할 수 있다.

디스플레이(display), 스피커, LED 등의 정보 출력용 디바이스는 사용자에게 정보를 피드백하는 데 도움이 된다(그림 3.8). 앞에서도 언급한 것과 같이 작고 간단하게 만드는 것이 중요한 IoT 디바이스에서, 이들을 어떻게 배치하고 어떻게 하면 효과적으로 정보를 전달할 수 있는가가 설계 단계에서 매우 중요한 요소가 된다.

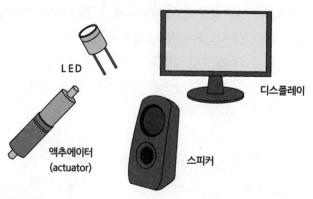

LED

디스플레이

액추에이터
(actuator)

스피커

그림 3.8 각종 출력 디바이스

또한, 액추에이터(actuator)를 디바이스에 도입하여 물리적인 환경에서 이용해 보는 것도 접근 방법의 하나다. 액추에이터란, 입력 신호를 이용하여 시스템을 제어하는 구동 장치를 가리킨다. 서보모터(servomotor)가 대표적인 예로서, 입력된 전기 신호에 의해 각도가 변하도록 모터를 움직이게 할 수 있다. 이 기술은 로봇 기술(RT, Robot Technology)과 밀접한 관련이 있다. 네트워크와 연동하여 제어하는 디바이스는 최근 가장 시선을 끄는 분야 중 하나다(로봇은 8장에서 다룬다).

마이크로 컨트롤러와 연결한 출력 디바이스의 제어 방법은 3.5절에서 설명하겠다.

◉ 네트워크와 접속

IoT 디바이스에 관한 커넥티비티의 중요성은 앞에서 이미 설명했다. IoT 디바이스는 네트워크를 통해 서버와 통신하고 센싱된 정보를 축적·분석하거나 원격으로 디바이스를 제어한다. 따라서 디바이스에는 네트워크에 연결하기 위한 인터페이스가 필요하다.

게이트웨이 장비와 디바이스 간의 연결을 위해 유무선 통신을 이용해야 한다. 각각에는 다양한 방법이 존재한다.

만들고 싶은 디바이스가 실내 환경을 모니터링하는 센서나 카메라와 같은 고정형 디바이스라면 유선 연결을 채용할 수 있다. 배선 처리를 고려해야 하지만, 안정적으로 통신할 수 있다.

한편, 만들고 싶은 디바이스가 웨어러블 디바이스라면 무선 연결을 검토해야 한다.

유선 연결보다 활용 범위는 넓지만, 통신 장애의 원인이 되는 장애물의 영향과 배터리 사용에 관해 검토할 필요가 있다.

어떻게 구성할 것인가는 각 디바이스 특성에 따라 달라진다. 이에 관한 자세한 내용은 3.3절에서 소개하겠다.

3.2.2 마이크로 컨트롤러 보드의 종류와 선택

◉ 마이크로 컨트롤러 보드 선택

디바이스 개발에 있어서 마이크로 컨트롤러 보드의 선정은 매우 중요한 요소다. 개발 환경, 만들고자 하는 시스템, 레퍼런스(reference)에 따라 적절한 마이크로 컨트롤러가 다르다.

앞에서 말한 것과 같이 마이크로 컨트롤러는 프로그램을 내장하므로 하드웨어 자체는 재사용할 수 있다. 프로토타입 용도로 마이크로 컨트롤러를 사는 경우에는 다른 프로젝트에서도 유용하게 사용할 수 있도록 범용 제품을 구입하자.

구체적인 선정 기준은 표 3.1과 같다.

표 3.1 마이크로 컨트롤러 선정 기준

선정 기준	내용
제품 사양	인터페이스, 메모리, 소비 전력 등을 점검한다. 다양한 장비를 이용하는 프로젝트인 경우, I/O 포트(입출력 단자)가 많은 것이 확장하기 쉽다.
비용	입문자라면 고가의 장비를 구입할 필요는 없지만, 어느 정도 범용성 높은 장비를 사는 것이 부품에 관한 추가 비용을 절감할 수 있다.
크기	마이크로 컨트롤러 보드의 크기는 디바이스 크기에 큰 영향을 준다. 크기가 작은 보드를 사용하는 경우에는 I/O 포트도 제한적이므로 사양과 크기의 균형을 고려하는 것이 좋다.
개발 환경	PC와 연결이 쉽거나 개발용 소프트웨어가 포함된 것이 처음에는 사용하기 편하다. 익숙한 프로그래밍 언어를 사용할 수 있는지도 중요하다.
정보 활용	입문자의 경우 웹 사이트나 서적 등에서 정보를 쉽게 얻을 수 있는 것이 좋다. 제품에 대한 설명서의 공개 여부 및 커뮤니티의 활성화 정도가 정보 수집에 유리하다.

디바이스의 변화에 따라 점차 새로운 스타일의 마이크로 컨트롤러 보드가 등장하고
있다(그림 3.9).

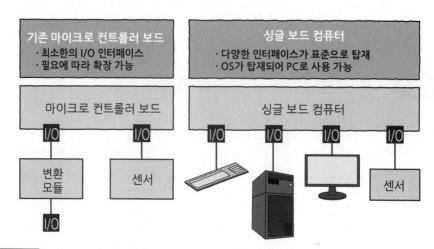

그림 3.9 기존 마이크로 컨트롤러 보드와 싱글 보드 컴퓨터

기존 마이크로 컨트롤러 보드는 원칩(one-chip) 마이크로 컨트롤러를 탑재하여 간단
하고 범용성이 높은 구성을 지향했다. 이에 비해 휴대전화나 스마트폰에서 사용되는
수준의 CPU, I/O 포트, 네트워크 인터페이스 등을 갖춘 '싱글 보드 컴퓨터'는 리눅스
OS상에서 I/O 핀을 제어할 수 있다. 마이크로 컨트롤러 보드와 컴퓨터의 경계가 모호
해지고 있다.

싱글 보드 컴퓨터는 하드웨어 개발 경험이 없는 개발자에게 친숙한 개발 환경을 제
공한다. 이들 제품은 하드웨어 개발을 시작하는 사람들에게 기술적, 심리적, 금전적 부
담을 줄여 준다.

물론, 상품화 공정에 들어가면 대량 생산을 위해 불필요한 사양을 빼고 가격을 낮추
는 것을 고려해야 한다. 이 단계에서 다시 원칩 마이크로 컨트롤러를 이용한 최소한의
구성이 요구되므로 그런 의미에서 임베디드 개발 자체의 어려움과 요구되는 지식에는
변화가 없다. 다만, 싱글 보드 컴퓨터를 이용해 시행착오를 겪을 수 있는 프로토타입의
과정을 빠르게 반복할 수 있다. 특히, 신개념 시스템이 요구되는 IoT 디바이스 개발에

서는 이와 같은 시행착오의 반복이 중요하다.

다음 절에서는 대표적인 마이크로 컨트롤러를 방금 소개한 선정 기준에 따라 소개하겠다.

◉ H8 마이크로 컨트롤러 보드

일본 르네사스 테크놀로지(Renesas Technology)사 제품의 H8 마이크로 컨트롤러 시리즈가 구현된 원칩 마이크로 컨트롤러 보드는 아키하바라(秋葉原, 일본 최대의 전자 상가가 밀집해 있는 지역)나 웹 사이트 등에서 쉽게 살 수 있다. 문서나 설명서가 잘 정리되어 있어 일본에서 오랫동안 사랑받고 있다.

PC와의 연결은 시리얼 통신을 사용하는 것이 일반적이다. 최근 PC에는 시리얼 포트가 없는 경우가 많지만, 이런 경우는 USB/시리얼 변환 케이블로 연결하면 된다. 보드 중에는 시리얼 통신 포트를 직접 구현해야 하는 것도 있지만, 설명서를 참조하면서 마이크로 컨트롤러 보드와 D-SUB 9핀 커넥터를 연결하는 것은 특별히 어려운 작업이 아니다.

개발은 함께 제공되는 소프트웨어로 하는 경우가 많지만, 개발 언어는 C언어가 일반적으로 사용된다. 임베디드 시스템의 개발에도 C언어가 많이 사용된다. 이는 원칩 마이크로 컨트롤러는 일반 PC보다 메모리와 클록(clock) 수 등 사양면에서 제약이 많고, 하드웨어를 효율적으로 사용하기 위한 관점에서 비트 연산과 주소 지정 같은 하드웨어에 밀접한 구현이 필요한 경우가 많기 때문이다.

H8은 임베디드 소프트웨어의 기초를 배우는 입문으로 매우 좋은 선택이며, 어떤 하드웨어도 구축할 수 있다. 한편, 입문자가 단기간에 움직이는 시스템을 만들기에는 다소 어려운 부분도 있다. 그러므로 자신의 기술적인 배경과 목적에 맞게 선택하는 것이 좋다.

◉ 아두이노

그림 3.10 **아두이노 보드**

아두이노(Arduino)는 이 분야에 경험이 전혀 없는 사람이라도 바로 개발을 시작할 수 있는 마이크로 컨트롤러 보드로서 매우 인기가 높다. 예술과 취미 등 다양한 용도로 사용되고 있으며, 부담 없이 사용할 수 있는 플랫폼으로 사랑받고 있다.

아두이노는 단순히 마이크로 컨트롤러 보드만을 가리키는 용어가 아니라 아두이노 보드와 그에 최적화된 통합 개발 환경 '아두이노 IDE(Arduino Integrated Development Environment)'를 가리키는 용어이기도 하다. 아두이노는 '오픈 하드웨어'라는 개념하에 하드웨어에서 소프트웨어에 이르기까지 모든 설계 정보가 공개되어 있으며, 파생 제품도 다양하게 판매되고 있다.

아두이노 보드에는 다양한 사양이 있다. 그중 가장 표준적인 보드는 '아두이노 UNO(Arduino UNO)'다(그림 3.10). 디지털 입출력 단자, 아날로그 입력 단자, USB 포트 등의 간단한 I/O 포트가 작은 기판에 촘촘히 들어 있어, 구입 즉시 디바이스 개발을 시작할 수 있다.

또한, 보드를 확장할 수 있어서 '실드(Shield)'를 결합하여 기능을 추가할 수도 있다. 와이파이 실드, 이더넷 실드, GSM 실드 등을 사용하면 네트워크 환경을 쉽게 구축할 수 있다. 그 밖에도 센서 및 다양한 기능을 가진 실드 제품이 판매되고 있다.

아두이노의 가장 큰 특징은 개발의 용이성에 있다. USB 케이블로 아두이노 보드와 PC를 연결하면 개발 환경이 구축된다. 아두이노 IDE(그림 3.11)에서 프로그램을 작성하여 보드에 전송할 수도 있다. 개발은 C++과 비슷한 아두이노 언어로 작성한다. 많은 샘플 코드가 준비되어 있으므로 소프트웨어 개발 경험이 있다면 쉽게 배울 수 있다.

그림 3.11 아두이노 IDE

이러한 놀라운 사양을 가진 아두이노는 실드를 조합하여 사용하면 크기가 조금 커지는 단점이 있다. 그리고 이 크기가 디바이스 크기의 기준이 되어 버린다. 아두이노는 교육용으로도 만들어졌으므로 범용성을 중시한다. H8 마이크로 컨트롤러 등을 이용하여 최소 구성을 실현하는 것보다 제품화라는 관점에서는 사용하기가 어려운 것이 현실이다.

그러나 프로토타입 도구로서 훌륭함은 말할 필요도 없다. 최소한의 개발 비용으로 하드웨어를 구축할 수 있다는 점에서 최적이라고 할 수 있다. 하드웨어 개발에 관심이 있다면 꼭 한번 이용해 보자.

◉ 라즈베리 파이

그림 3.12 라즈베리 파이 모델 B

라즈베리 파이(Raspberry Pi)는 ARM 프로세서를 탑재한 싱글 보드 컴퓨터로, 영국 라즈베리 파이 재단(Raspberry Pi Foundation)에서 개발하고 있다(그림 3.12). 싱글 보드 컴퓨터 붐을 일으킨 것으로 유명한 제품이지만, 원래는 프로그래밍 교육을 위한 용도로 만들어졌다.

제품군으로는 라즈베리 파이 1 모델 A(Raspberry Pi 1 model A), A+, B, B+, 라즈베리 파이 2 모델 B의 다섯 종류가 있다. 종류별로 탑재된 포트나 메모리 등의 사양이 다르다. 여기에서는 최신 모델인 라즈베리 파이 2 모델 B를 예로 소개하겠다.

라즈베리 파이는 PC로 사용하는 것을 목적으로 설계되어, USB 포트, 음성/영상 입출력, 이더넷 포트 등의 입출력 포트 외에도 마이크로(micro)SD 카드 등의 외부 메모리에 접속할 수도 있다. GPU를 탑재하고 있다는 점에서도 디스플레이 장치를 연결하여 PC로 사용하는 것을 목적으로 함을 알 수 있다. 또한, 데비안(Debian) 계열의 라즈비안(Raspbian) OS 등을 설치할 수 있으며, 파이썬(Python)을 기본적으로 지원하고 있다. 라즈베리 파이 2 모델 B부터는 CPU로 쿼드 코어(quad core)가 탑재되어 윈도(Windows) 10도 지원한다. 다양한 응용 프로그램을 실행할 수 있는 플랫폼으로서 주목받고 있다.

마이크로 컨트롤러 보드로 이용할 때 가장 큰 단점은 아날로그 입력 단자가 없다는 점을 들 수 있다. 센서 등을 직접 연결하는 경우, 아날로그 신호를 입력할 필요가 있지만(자세한 내용은 뒤에서 설명), 라즈베리 파이는 디지털 입력만을 허용한다. 아날로그 신호를 취급하기 위해서는 아날로그 신호를 디지털 신호로 변환하는 A/D 변환 회로를 통해 입력 포트에 연결해야 한다. 전용 보드가 판매되고 있지만, 그만큼 불필요한 비용이 소요된다.

라즈베리 파이 2 모델 B의 가격은 아두이노보다 약간 비싸고, 이어서 설명하는 비글 본 블랙(BBB, Beagle Bone Black)보다는 싸다. 싱글 보드 컴퓨터로서는 저가에 좋은 제품이지만, 마이크로 컨트롤러로 이용하기 위해서는 여러 가지 준비와 노력이 필요하다. 그러나 서적 등 참조할 수 있는 정보는 매우 많으므로 이용해 보는 것도 추천한다.

◉ 비글 본 블랙

그림 3.13 비글 본 블랙

비글 본 블랙은 ARM 프로세서를 탑재한 싱글 보드 컴퓨터로, 텍사스 인스트루먼츠(Texas Instruments)가 중심이 되어 개발하고 있다(그림 3.13). 이 보드는 성능적인 면에서 마이크로 컨트롤러 보드와 PC 요구 사항을 균형 있게 갖추고 있다는 것이 주목할 만하다.

하드웨어로서는 I/O 핀 2×46을 탑재하고 있으며, 512MB의 메모리, 4GB 온보드 플래시 스토리지(onboard flash storage), 이더넷, 마이크로HDMI, USB, 마이크로SD 등 다양한 입출력 포트를 제공한다. 아두이노와 비교하면 연산 처리 능력이 압도적으로 좋고, 더욱 다양하고 자유도가 높은 소프트웨어를 구현할 수 있다.

또한, 소프트웨어로서는 SD 카드에 배포판 리눅스 OS를 설치하고 사용할 수도 있고, 자유롭고 간단하게 개발자가 요구하는 소프트웨어 개발 환경을 갖출 수 있다.

개발 환경은 BBB를 USB로 PC에 연결하고 드라이버를 설치하면, PC의 브라우저에서 IDE(Cloud9 IDE)에 액세스할 수 있다. 이 IDE를 사용하여 Node.js로 간단하게 구현할 수 있다. 또한, 각 입출력 핀의 상태를 명령행(command line)에서 제어할 수 있으므로 스크립트(script)로 구현할 수도 있다.

매우 풍부한 사양이지만, 이번 절에서 소개하는 다른 보드보다 크기가 조금 크다. 따라서 제품으로서 사용하는 것은 고민해 보아야 한다. 가격은 일반적인 마이크로 컨트롤러 보드보다는 약간 비싼 편이다.

또한, 국내에는 참조할 만한 자료가 많지 않다는 점이 입문자에게는 다소 부담이 될 수 있다. 국제적으로 보면 비교적 활발한 개발자 커뮤니티를 가지고 있는 제품이므로, 공식 위키(Wiki) 등을 읽을 수 있는 끈기가 있다면 사용하기에 매력적인 제품이다.

◉ 인텔 에디슨

그림 3.14 인텔 에디슨

인텔 에디슨(Intel Edison)은 IoT 디바이스 개발에서 가장 주가를 올리고 있는 제품이다(그림 3.14). 듀얼 코어(dual core), 듀얼 스레드(dual thread) CPU로서 인텔 아톰(Intel Atom) CPU와 마이크로 컨트롤러로서 100MHz의 인텔 쿼크(Intel Quark)가 탑재된 싱글 보드 컴퓨터다. 이 보드에서 특히 주목할 만한 점은 IoT 디바이스에 특화된 사양을 철저하게 추구하고 있다는 점이다.

라즈베리 파이나 BBB와 마찬가지로 리눅스 OS(Yocto Linux)가 표준 내장되어 있어, PC로서 최소한의 기능이 있으며, 와이파이와 블루투스 4.0이 표준으로 내장되어 있다. IoT 디바이스로서 작은 크기와 커넥티비티의 구비는 필수불가결하다. 전원을 넣기만 하면 SSH로 원격 로그인이 가능한 기능이 35.5×25.0×3.9mm의 매우 작은 크기에 내장되어 있다는 것은 기존의 마이크로 컨트롤러 보드 관점에서는 놀라운 성능이다(그림 3.15).

그림 3.15 인텔 에디슨과 펜의 크기 비교

인텔 에디슨 본체에는 GPIO 핀이 포함되어 있지만, 너무 작으므로 그 상태로 개발하기에는 어렵다. 인텔에서 개발자용 Breakout Board Kit와 Intel Edison Kit for Arduino(아두이노 호환 보드) 확장 보드를 지원하므로 확장 보드와 본체를 조합해서 개발한다(그림 3.16). 확장 보드는 I/O 핀 외에도 SD 카드와 마이크로 USB 포트, 마이크로 SD 포트 등이 탑재되어 있어 외부 디바이스와 쉽게 연결할 수 있다. 또한, 아두이노 호환 보드는 아두이노 UNO와 핀 배치도 완전히 같으므로 아두이노용으로 개발된 보드와 실드를 그대로 장착하여 이용할 수 있다.

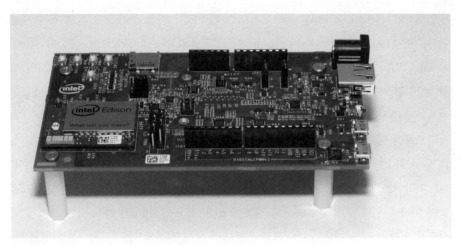

그림 3.16 Intel Edison Kit for Arduino(아두이노 호환 보드)

소프트웨어 개발 환경도 다양성과 편리성을 갖추었다(그림 3.17).

우선 입문자라면 에디슨용으로 커스터마이징(customizing)된 아두이노 IDE가 입문용으로 사용하기 쉬울 것이다. USB 케이블로 에디슨을 PC에 연결하고, IDE에서 코드를 구현한 후 보드에 기록하고 디버깅(debugging)할 수 있다. 아두이노에서 개발 경험이 있다면 아두이노 호환 환경은 매우 친숙할 것이다.

또한, C/C++ 크로스 컴파일러(cross compiler)를 공개하고 있으므로 개발용 PC와 에디슨이 같은 와이파이 네트워크에 있으면, 개발용 PC에서 컴파일한 실행 파일을 SSH를 이용하여 에디슨에 전송할 수도 있다.

그 밖에도 파이썬과 Node.js 등이 표준으로 설치되어 있어, 다양한 선택지로부터 자신의 용도에 맞는 것을 선택할 수 있다. 특히, Intel XDK IoT Edison은 Node.js로 하드웨어 제어를 구현하기 위한 환경으로서 최적의 도구다.

아두이노 IDE 호환 환경
(아두이노 언어)

Intel XDK IoT Edition
(Node.js)

그림 3.17 인텔 에디슨 개발 환경

  에디슨을 활용하는 데 중요한 점은 프로토타입 용도에 한정되지 않는다는 점이다(그림 3.18). 개발의 초기 단계에서는 확장 보드를 이용하여 프로토타입을 수행하고, 어느 정도 사양이 결정되어 생산 단계에 들어가면 제품용 연결 보드를 제작하여, 에디슨 본체를 그대로 탑재할 수 있다. 프로토타입을 제품화하는 과정에서 프로세서가 변경되는 등의 커다란 설계 변경이 발생하지 않는다는 것이 굉장히 중요한 장점이다.

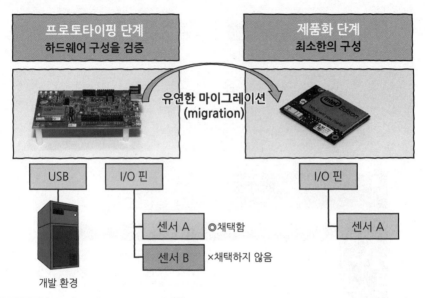

그림 3.18 프로토타입에서 제품화 과정의 유연한 마이그레이션

　이렇듯 매력적인 사양을 가진 에디슨이지만, 다른 보드보다 가격은 다소 비싼 편이다. 또한, 각 핀의 출력 전압이 1.8V로 매우 낮아 다른 디바이스와 직접 연결하여 동작시키는 것은 매우 어렵다. 따라서 연결하는 회로에 관한 고민이 필요하다.

　인텔 에디슨은 이번에 소개한 제품 중에서 최근에 이슈가 되고 있다는 점에서 아직 정보가 부족한 점은 있지만, 활발한 개발자 커뮤니티를 이용하면 많은 정보를 얻을 수도 있을 것이다. 아두이노 호환의 경우, 아두이노 지식과 노하우를 이용할 수 있는 부분도 많을 것이다. 장단점을 제대로 이해하면 에디슨은 IoT 디바이스 개발에서 매우 뛰어난 플랫폼이 될 것이다.

◉ 마이크로 컨트롤러 보드 비교

지금까지 몇 가지 제품들에 관해 살펴보았다. 마이크로 컨트롤러와 싱글 보드 컴퓨터의 경계는 해마다 모호해지고 있으며, 개발 환경도 요구에 맞추어 다양화되고 있다. 이번 절에서 소개한 마이크로 컨트롤러 보드를 비교해 보면 대상으로 하는 영역이 각각 미묘하게 다른 것을 알 수 있다(그림 3.19).

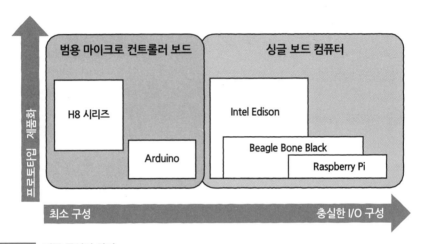

그림 3.19 제품 특성의 차이

프로토타입용으로 적합한 범용성과 확장성의 균형이 뛰어난 제품으로는 아두이노, 인텔 에디슨, BBB 등을 들 수 있다. 한편, 라즈베리 파이는 PC로서의 이용을 지향하고 있으며, 직접 디바이스를 제어할 수 있는 아날로그 I/O 핀이 없다.

또한, H8 시리즈와 같은 기존 마이크로 컨트롤러는 최소한의 구성을 추구한다는 점에서 매우 우수하지만, 네트워크 연결에는 불편함을 감수해야 한다.

이러한 관점에서 IoT 디바이스 개발을 위한 마이크로 컨트롤러 보드로서는 와이파이, 블루투스를 표준 탑재하면서 프로토타입에서 제품화까지 아우르는 인텔 에디슨이 눈에 들어온다(그림 3.20).

그림 3.20 마이크로 컨트롤러 보드 비교

오픈 소스 하드웨어의 대두

아두이노, 비글 본 블랙, 라즈베리 파이 등을 오픈 소스 하드웨어라고 하며, 3D 프린터 등의
생산기술 혁신과 함께 자유성과 용이성을 갖춘 도구로 시선을 끌고 있다. 최근 미국 서해안
을 비롯해 전 세계 하드웨어 스타트업(start-up)이 속속 대두하고 있다. 이에는 이번 장에서
소개한 다양한 제품을 비롯해 사용자 친화적인(정확하게는 개발자 친화적인) 개발 도구의
등장이 하드웨어 개발 프로세스의 혁신에 무시할 수 없는 영향을 주고 있는 것 같다.

3.3 | 실세계와 클라우드 연결

3.3.1 글로벌 네트워크와의 연결

디바이스를 네트워크에 연결하는 방식에는 두 가지가 있다. 하나는 디바이스에서 글로벌 네트워크에 직접 연결하는 방식이고, 또 하나는 로컬 에리어(local area)에 있는 게이트웨이를 통해 글로벌 네트워크에 연결하는 방식이다(그림 3.21). 웨어러블 디바이스와 스마트폰을 블루투스로 페어링(pairing)시킨 후, 스마트폰을 거쳐 서버에 데이터를 전송하는 구성의 라이프로그(lifelog) 계열의 디바이스가 증가하고 있는데, 이것은 후자에 가까운 구성이다.

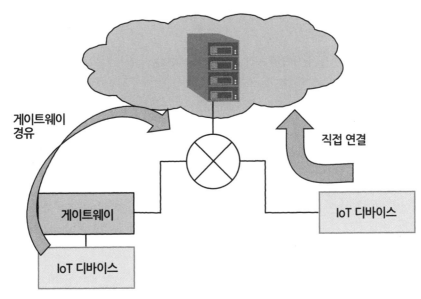

그림 3.21 네트워크 접속 방식

게이트웨이 장비는 IoT 디바이스보다 하드웨어 구성이 풍부하여 데이터의 재전송과 일부 저장 기능을 지원하는 것도 있다. 암호화와 데이터 압축을 구현할 수도 있으므로 안전하게 데이터를 통신하는 경우에는 이 방식이 큰 장점이 있다.

한편, 네트워크에 직접 연결하는 경우에는 IoT 디바이스에서 재전송 처리 등의 오류 처리를 구현해야 한다. 이처럼 검토해야 할 부분이 있지만, 게이트웨이의 존재를 의식하지 않고 시스템을 구축할 수 있으므로 디바이스와 서버의 연동을 간단하게 구축할 수 있다.

3.3.2 게이트웨이 장비와의 통신 방식

IoT 디바이스와 게이트웨이 장비와의 통신 방식으로는 몇 가지 방법이 있다. 어떤 방법이라도 장단점이 있으므로 디바이스의 용도와 특성에 맞게 선택해야 한다.

선택 기준으로는 통신 시 사용할 수 있는 프로토콜과 통신 모듈의 크기, 소비 전력 등이 있다.

다음 절부터 각 연결 방식의 특징에 관해 살펴보겠다.

3.3.3 유선 접속

◉ 이더넷

이더넷 케이블을 이용하여 게이트웨이 장비와 유선으로 연결하는 방식이다. 전파 간섭 등의 우려 없이 안정적으로 통신할 수 있다는 장점과 IP를 이용한 일반적인 통신 프로토콜을 사용하므로 PC와 간단히 통신할 수 있는 것이 특징이다.

단점으로는 싱글 보드 컴퓨터 등 어느 정도 고급 사양의 실행 환경을 가지는 단말이어야 한다는 제한과 크기가 커지기 쉬운 점, 설치 장소가 한정되는 점 등을 들 수 있다.

◉ 시리얼 통신

RS232C 등의 시리얼 통신으로 다른 디바이스와 연결하는 방식이다. 공업 제품에는 시리얼 통신용 포트를 가진 것이 많아, 기존 제품과 연동시키고 싶은 경우에 연결하기 쉽다는 장점이 있다. RS232C의 경우, 디바이스에는 D-SUB 9핀 포트가 사용되는 경우가 많다(그림 3.22). 게이트웨이 장비 역시 같은 시리얼 포트를 가지고 있는 경우, RS232C 케이블로 직접 연결하여 통신할 수 있다. 케이블에는 스트레이트 케이블과 크로스 케이블의 두 가지 종류가 있으니 디바이스의 구성에 맞게 선택하자.

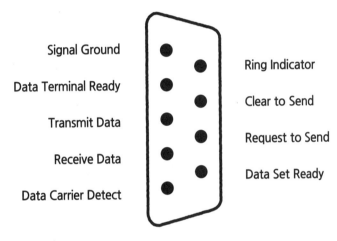

그림 3.22 D-SUB 9핀 포트

한편, 게이트웨이 장비에 시리얼 포트가 없는 경우, 'USB 시리얼 변환 케이블' 등을 이용하여 연결할 수 있다. 게이트웨이 장비에서는 변환 케이블에 내장된 변환 칩용 드라이버가 설치되어야 한다는 점을 주의하자. 변환 칩의 사실상 표준이 되는 FTDI 칩을 지원하는 드라이버가 설치되어 있으면 대응하는 케이블을 찾는 것은 비교적 쉽다(드라이버에 관해서는 다음 절에서 설명).

시리얼 통신을 구현하기 위해서는 통신 속도의 파라미터 '비트 레이트(bit rate)'와 송신할 데이터의 크기를 송수신하는 양쪽 모두에서 설정해야 한다.

C언어, 자바, 파이썬 등 대부분의 프로그래밍 언어는 시리얼 통신 라이브러리를 제공하고 있어 다루기 쉬운 인터페이스 중 하나다.

◉ USB

USB는 친숙한 인터페이스 중 하나다. USB 커넥터에는 다양한 형태가 있지만, 게이트웨이는 PC와 같은 형태인 'A형' 커넥터가 채용되는 경우가 많다. 또한, USB는 여러 가지 규격이 있어 데이터의 전송 속도가 각기 다르다(표 3.2).

표 3.2 USB 규격과 전송 속도, 전원 공급 능력

명칭	최대 데이터 전송 속도	전원 공급 능력
USB1.0	12Mbit/s	–
USB1.1	12Mbit/s	–
USB2.0	480Mbit/s	500mA
USB3.0	5Gbit/s	900mA
USB3.1	10Gbit/s	100mA

USB 접속 디바이스를 이용하기 위해서는 디바이스 드라이버를 설치해야 한다. 따라서 USB로 디바이스를 제어하거나 데이터를 수신하는 경우는 디바이스를 지원하는 드라이버가 제공되는지가 중요하다. 예를 들어, USB 카메라를 게이트웨이에 연결하여 이미지를 전송하려는 경우 PC에서는 단순히 USB 카메라와 해당 드라이버를 설치하면 되지만, 게이트웨이의 OS가 리눅스면 리눅스용 드라이버를 준비하고, 이미지를 취득하는 프로그램을 구현해야 한다.

USB는 PC 같은 범용 장비에는 널리 보급되어 있으며, D-SUB 9핀 포트보다 압도적으로 크기가 작은 것이 특징이다.

무선 접속

◉ 와이파이

와이파이의 AP(Access Point)를 거쳐 네트워크에 연결할 수 있는 방식이다. 모바일 디바이스나 유선으로 접속하기 어려운 환경에서 PC나 스마트폰과 연동시킬 수 있다. 로컬 영역 내의 다른 디바이스와 연동하는 시스템도 비교적 쉽게 구축할 수 있다.

무선 간섭을 방지하기 위해서는 AP 배치에 신경 쓸 필요가 있다. 모든 무선 연결 방식에서 디바이스 측의 애플리케이션은 통신이 차단되는 경우를 가정하여 구현해야 한다. 예를 들어, 데이터를 내부에 저장하고 있다가 접속할 수 있는 시점에서 함께 보내는 등의 연구가 필요하다.

또한, 블루투스4.0(뒤에서 설명)과 비교하면 소비 전력이 크므로 장시간 통신을 수행하는 디바이스로는 적합하지 않다.

◉ 3G/LTE

이동통신사의 통신 회선을 매개로 네트워크에 접속하는 방식이다. 디바이스에 통신사에서 구매한 SIM 카드를 이용하여 통신할 수 있게 된다.

전파권 안에 있다면 어디서든 네트워크에 접속할 수 있으며, 와이파이처럼 AP의 배치에 신경을 쓸 필요는 없다. 대신에 공장, 지하 등 전파가 닿기 어려운 곳에서는 통신할 수 없다.

3G/LTE을 이용하기 위해서는 SIM 카드를 위한 슬롯을 디바이스에 탑재해야 하므로 하드웨어 설계에서 제약이 따른다. 또, 회선 사용료가 계속 발생하므로 월정액 모델의 도입 등 디바이스 자체의 가격과 서비스 이용 형태에도 영향을 준다. 단말 개발에서는 통신사의 심사가 필요한 경우도 있으므로 주의하자.

◉ 블루투스

근거리 무선 통신 규격으로 대부분 스마트폰이나 노트북 PC에 탑재되어 있다.

배터리 내장 형태의 소형 디바이스에서 이용할 목적으로, 전력 소모를 큰 폭으로 낮춘 BLE(Bluetooth Low Energy)를 통합한 블루투스4.0이 2009년에 공개되었다.

디바이스의 구성에 따라서는 수은 건전지 한 개로 몇 년간 구동시킬 수도 있다. 또한, 기존의 블루투스는 와이파이와 같은 2.4GHz 대역을 사용하므로 간섭을 일으키는 것이 문제가 되었지만, 4.0에서 크게 개선되었다.

BLE는 1 대 1 통신 외에도 IoT 디바이스 주변에 있는 BLE 지원 장비에 관해 브로드캐스트(broadcast)로 임의의 메시지를 전송하는 1:N 통신을 할 수 있다. iOS는 이를 이용해서 BLE 발신기(Beacon)의 대략적인 위치와 ID 정보를 취득할 수 있는 'iBeacon' 기능을 iOS7부터 표준 탑재하고 있다(그림 3.23). 이 기능을 사용하면 점포에 다가오는 고객에게 광고나 쿠폰 등을 송신할 수 있어 새로운 O2O(Online to Offline, 웹 사이트나 응용 프로그램 등의 온라인 정보와 오프라인 매장 판매를 연동한 서비스) 서비스로서 주목받고 있다.

그림 3.23 BLE에 의한 브로드캐스트(iBeacon)

또한, 블루투스4.2에서는 IPv6/6LoWPAN의 공식 대응이 발표되어, 게이트웨이를 통해 디바이스가 인터넷에 직접 연결할 수 있다. 이런 특징 등으로 블루투스는 IoT의 주요 통신 프로토콜로 시선을 받고 있다.

블루투스는 활발하게 업데이트되는 통신 규격이다. 그런데 v3.X에서 v4.X으로의 업데이트는 매우 규모가 크고 호환성 문제가 발생했다. 예를 들어, BLE는 v3.0을 지원하는 장비와 연결할 수 없다. 이러한 차이점에 관해 표준을 관리하는 블루투스 SIG(Special Interest Group)에서는 v3.X 이전 장비와 통신을 할 수 있는 것을 'Bluetooth', v4.X에만 대응하는 장비를 'Bluetooth SMART', 모든 버전과 호환 가능한 장비를 'Bluetooth SMART READY'로 구별하고 있다(표 3.3).

표 3.3 블루투스 호환 대응표

버전	Bluetooth	SMART	SMART READY
1.X	○	×	○
2.X	○	×	○
3.X	○	×	○
4.X	×	○	○

BLE 기반의 IoT 디바이스를 게이트웨이에 연결하려면, 게이트웨이는 Bluetooth SMART 또는 Bluetooth SMART READY를 지원해야 하므로 주의가 필요하다. 스마트폰의 경우 아이폰(iPhone)은 4S 이후 버전과 안드로이드(Android)는 4.3(API Level18)부터 BLE를 지원하고 있다. 직접 스마트폰과 연동할 때는 OS 버전을 확인하도록 하자.

◉ IEEE 802.15.4/지그비

IEEE 802.15.4/지그비(ZigBee)는 2.4GHz 대역을 사용하는 근거리 무선 통신 규격이다. 전송 속도가 느리지만, 와이파이와 비교해 전력의 소비가 적다는 특징이 있다.

지그비는 그림 3.24와 같이 다양한 네트워크 형태를 취할 수 있다. 그중에서도 메시 네트워크(mesh network)는 일부 구간이 차단되어도 계속해서 통신할 수 있는 것이 큰 특징이다. 이 방식을 사용하면 대량의 센서를 조합하여 간단하게 센서 네트워크를 구축할 수 있다.

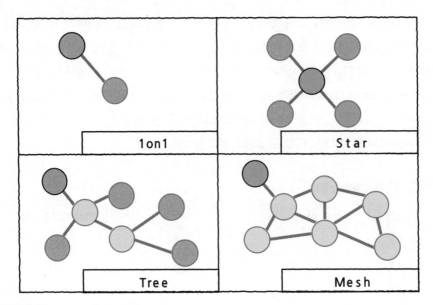

그림 3.24 지그비 네트워크 형태

한편, PC나 스마트폰과 연동하기 위해서는 전용 수신기가 필요하다. 수신기가 표준 탑재된 대부분의 블루투스와 비교하면 큰 단점이다.

◉ 엔오션

엔오션(EnOcean)은 독일 GmbH(www.enocean.com)가 개발한 배터리 없는(batteryless) 무선 전송 기술로 통신 규격뿐만 아니라 센싱 디바이스 자체도 가리키는 이름이다(그림 3.25).

엔오션은 인체 감지 센서, 스위치, 온도 센서, 도어 개폐 센서 등 다양한 종류의 디바이스가 갖추어져 있다. 그리고 모든 디바이스가 에너지 하베스팅(energy harvesting, 주변에서 버려지는 에너지를 모아 전력으로 재활용하는 기술) 기술을 이용하고 있어서 한번 설치하면 배선과 충전의 번거로움이 없다.

송수신 주파수는 315MHz대, 868MHz대, 920MHz대를 사용할 수 있으며, PC나 게이트웨이에서 수신하기 위해서는 수신 전용 모듈을 하드웨어에 탑재하거나 수신용 USB 모듈을 설치해야 한다.

통신 프로토콜은 GmbH와 엔오션의 사양 책정/보급 확대를 논의하는 단체인 엔오션 얼라이언스(EnOcean Alliance)가 정한 방식을 따라야 한다. 수신 모듈을 탑재한 디바이스에는 사양에 맞는 수신용 애플리케이션을 내장해야 한다.

또한, 자가 발전이라는 특성상, 엔오션 디바이스는 저전력화를 위한 연구가 많이 되어 있다. 신호 강도는 낮은 수치로 설정되어 있고, 수신기와의 거리는 원하는 만큼의 큰 값을 설정할 수 없다. 센서로부터 수신기에 데이터를 보내는 타이밍의 간격은 큰 값으로 설정되어 있다. 예를 들어, 변화를 검출하는 데 1초 이내의 지연밖에 허용하지 않는 때에는 적합하지 않다. 사용할 때는 이러한 조건들과 충전을 위한 자연광이 충분한지 설치 환경을 충분히 검토해야 한다.

하지만 엔오션은 유지 보수로부터 자유롭다는 특징이 있으며, 활용 방법에 따라서는 매력적인 선택이다.

그림 3.25 엔오션 디바이스

전파 인증 취득

　무선 통신을 하는 디바이스를 개발하고 실제로 그것을 사용하는 경우, 나라마다 전파법 인증(기술 기준 적합 증명 등)을 취득해야 한다. 케이스별로 필요한 절차가 다르므로, 제품 판매를 검토하는 경우에는 전문가와 상담할 것을 추천한다(자세한 것은 제5장에서 설명).

3.4 │ 실세계 정보를 수집

3.4.1 센서의 정의

　센서는 주변 환경의 물리적인 변화를 전기적 신호의 변화로 감지하는 장치다. 인간은 오감으로 환경의 변화를 감지하는데, 디바이스에서는 센서가 그 역할을 담당한다.
　센서는 표 3.4와 같이 다양한 종류가 있다.

표 3.4　대표적인 센서

종류	용도
온도 · 습도 센서	주변의 온도 · 습도를 계측하여 전기 신호로 변환한다. 도입 예 실내 환경 측정(가정 내, 공장, 비닐하우스 등)
광 센서	빛의 변화를 감지하여 전기 신호로 변환한다. 도입 예 방범용 조명, 자동 제어 블라인드
가속도 센서	센서에 가해진 가속도를 측정하여 전기 신호로 변환한다. 도입 예 스마트폰, 피트니스 트래커(fitness tracker)
역각 센서	센서에 가해진 힘을 측정하여 전기 신호로 변환한다. 도입 예 수술용 집게

표 3.4 대표적인 센서(계속)

종류	용도
거리 센서	센서와 장애물과의 거리를 측정하여 전기 신호로 변환한다. 적외선이나 초음파를 쏘아 반사되는 것을 측정한다. 2차원 평면을 스캔할 수 있는 레이저 레인지 스캐너 등도 있다. 도입예 자동차
이미지 센서	카메라도 넓은 의미에서는 센서의 일부다. 최근에는 거리 센서와 조합하여 물체의 3D 형상을 측정할 수 있는 고급 센서도 등장하고 있다(자세한 내용은 제4장에서 설명). 도입예 얼굴 인식, 스마트폰

각각의 유형에도 다양한 방식이 있어 어떤 센서를 사용할지 결정하는 것은 디바이스 개발에 관련된 모든 개발자의 고민이다. '이렇게 하면 틀림없다'와 같은 정해진 방법은 없지만, 센서의 구조와 특성에 관한 이해 없이 디바이스를 만드는 것은 불가능하다.

센서 기술은 나날이 발전하고 있다. 새로운 디바이스에 관한 아이디어는 '이런 것을 이런 방법으로 측정할 수 있게 되었다'라는 기술 혁신으로부터 태어난 것은 적어도 없다. 센서에 관한 지식을 익히는 것은 기술자뿐만 아니라 제품 기획 및 영업 전략의 관점에서도 매우 중요하다.

이번 절에서는 센서가 주위의 상황을 어떻게 측정하는지에 관한 기본적인 방법을 배우면서 '센서란 무엇인가'라는 주제를 깊이 생각해 보자.

3.4.2 센서의 구조

이번 절에서는 다음과 같은 두 가지 센싱 방법을 소개한다.

① **물리적 특성을 이용하는 센서**
② **기하학적 변이를 이용하는 센서**

◉ 물리적 특성을 이용하는 센서

센서에는 각각의 용도에 따라 다른 검출 소자가 내장되어 있다(그림 3.26). 검출 소자란, 주위 환경의 변화에 따라 전기적 특성이 변화하는 물질이다.

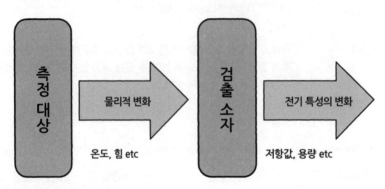

그림 3.26 **물리적 특성을 이용하는 센서**

검출 방법에는 크게 두 종류가 있다.

첫 번째는 환경의 변화가 출력 전압의 변화로 나타나는 유형이다. 예를 들어, 역각 센서의 경우, 스트레인 게이지(strain gauge)라는 금속으로 만들어진 역각 소자가 그 역할을 담당한다(그림 3.27). 센서에 힘이 가해지면 스트레인 게이지가 미미하게 변형한다. 금속에는 신축에 따라 저항값(출력 전압)이 변화하는 성질이 있으므로 스트레인 게이지에 일정한 전류가 흐르면 옴의 법칙(전압=저항×전류)에 따라 변화가 출력 전압에 나타난다.

예를 들어, 스트레인 게이지를 교량과 고층 건축물의 기둥 등에 설치하면 건물의 미세한 변형을 감지할 수 있다. 그 데이터를 서버에 통합하면 인프라를 지속해서 모니터링할 수 있다.

이러한 센서는 넓은 의미에서 가변 저항기(다이얼을 돌려 저항값을 증감시킬 수 있는 유형의 저항기)와 같은 존재다. 비슷한 특성을 이용하는 것으로는 CdS(광 센서)와 온도 센서 등이 있다.

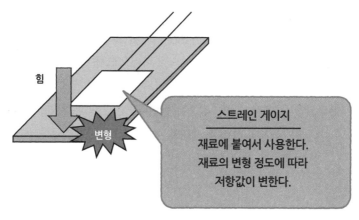

스트레인 게이지(저항값이 변하는 형태의 센서)

두 번째는 환경의 변화가 출력 전류의 변화로 나타나는 유형이다. 예를 들어, 빛에 반응하는 포토 다이오드(photo diode)는 빛이 닿으면 태양 전지와 같이 두 개의 단자 사이에 기전력(electromotive force)이 발생하여 전류가 흐르는 반도체 소자다(그림 3.28). 변이는 전류의 변화로 출력되지만, 실제로는 연산 증폭기라는 IC를 이용하여 전류 변화를 전압 변화로 변환한다. 결국, 첫 번째 사례와 마찬가지로 전압의 변화로 출력된다.

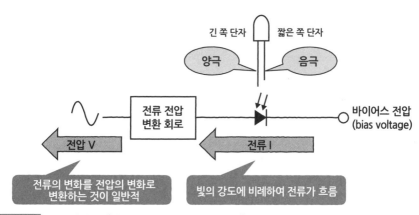

그림 3.28 포토 다이오드(전릿값이 변화하는 형태의 센서)

포토 다이오드는 앞서 소개한 CdS와 비교해서 빛의 변화에 반응하는 속도, 즉 응답성이 빠르다는 특징이 있다. 전류 전압 변환 회로가 필요하므로 구성이 약간은 비대해지지만, 정확한 측정이 필요한 경우에는 포토 다이오드가 채용되는 경우가 많은 듯하다.

무심코 사용하고 있는 센서이지만, 깊숙이 들여다보면 물질의 특성을 교묘하게 이용하는 것을 알 수 있다. 센서의 특성을 제대로 이해해서 적절한 센서를 선택하는 것이 중요하다.

◉ 기하학적 변이를 이용하는 센서

거리센서는 장애물과의 기하학적인 관계를 이용해서 거리를 측정하고 있다. 적외선 거리 센서를 예로 들어 설명하겠다(그림 3.29).

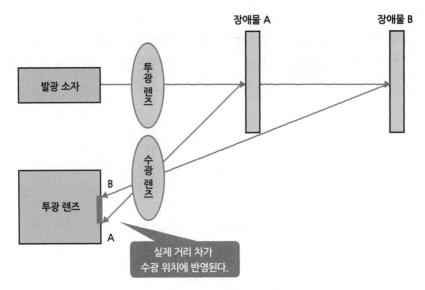

그림 3.29 거리 센서의 구조

적외선 거리 센서는 레이저를 투사하는 부분과 장애물로부터 반사광을 흡수하는 수광(受光) 소자가 있다. 이 수광 소자는 빛이 닿았는지 아닌지를 나타내는 ON/OFF 정보뿐만 아니라, 수광 소자의 어느 위치에 닿았는가에 관한 정보까지 측정할 수 있다.

이 값으로부터 그림 3.29와 같이 기하학적인 관계를 이용하여 거리를 측정한다.

실제로 거리 센서에는 INPUT, GND, OUT이라는 세 개의 단자가 있다. INPUT과 GND에 각각 전원을 연결하면 거리 측정 결과가 OUT 단자에 전압 변화로 나타난다. 센서마다 전압값과 거리의 상관관계 그래프가 미리 준비되어 있어서 이와 조합해서 실제 측정 결과를 얻을 수 있다(그림 3.30).

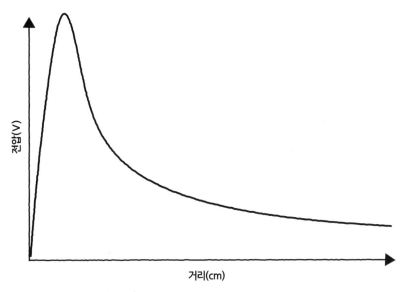

그림 3.30 출력과 거리와의 관계

3.4.3 센서를 이용하는 프로세스

지금까지 센서의 구조를 소개했다. 이어서 센서를 디바이스에 내장하고 이용하기 위해 어떻게 하면 좋은지 보겠다.

센서의 출력을 수신하여 디바이스를 제어하는 것이 이미 소개한 마이크로 컨트롤러다. '마이크로 컨트롤러를 이용하여' 전기 신호를 다루려면 어떻게 해야 할까?

그것을 이해하기 위해서는 센서가 출력하는 전기 신호의 특성을 이해해야 한다. 모든 센서는 일반적으로 다음과 같은 특성이 있다.

- 밀리볼트(mV, milivolt) 수준의 극소 신호다.
- 일정한 노이즈(noise)를 포함한 아날로그 신호로 출력된다.

이러한 조건에서 센서 신호로부터 원하는 정보를 얻기 위해서는 '신호 처리'라는 사전 처리가 필요하다. 그림 3.31을 보자.

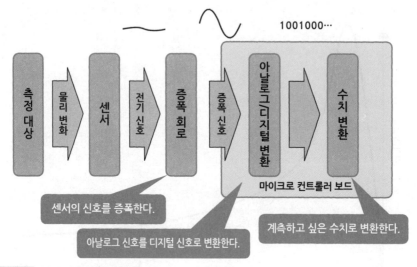

그림 3.31 센서 신호 처리 프로세스

각 단계에서 어떤 처리를 하고 있는지 자세히 살펴보자.

3.4.4 센서 신호를 증폭한다

센서의 극소(아주 작은) 신호를 이용하기 위해서는 마이크로 컨트롤러에서 읽을 수 있는 크기로 증폭해야 한다. 이를 위해 필요한 것이 증폭 회로다.

증폭 회로의 핵심은 OP 앰프(Operational Amplifier, 연산 증폭기)라는 IC 칩이다. 이것의 정체는 트랜지스터(transistor, 전류의 흐름을 제어하는 소자) 등을 이용한 복잡한 회로를 조립한 것으로, 신호 증폭 외에도 아날로그 연산에 사용되고 있다.

그림 3.32는 간단한 예로서, 이는 '비반전 증폭 회로'라고 불리는 것으로, 입력 신호를 극성은 그대로 증폭해서 출력한다. 삼각형으로 그려져 있는 것이 OP 앰프로서, 각 단자에 저항 등의 소자를 연결하고 있는 것을 알 수 있다.

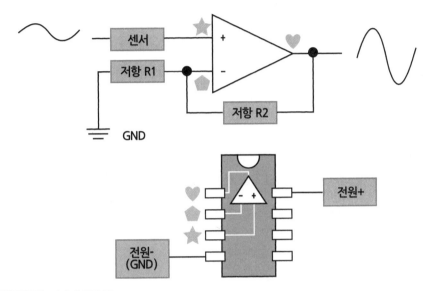

그림 3.32 비반전 증폭 회로

어느 정도 신호를 증폭시킬 것인지는 OP 앰프에 연결된 저항의 비(比)로 표현된다.

이 배율을 조절하는 것은, 이른바 '감도'를 조절하는 것과 같아서 배율을 높게 할수록 작은 변화를 검출할 수 있다. 한편, 노이즈와 같은 검출하고 싶지 않은 미세한 신호까지 민감하게 반응하게 되므로 적절한 값을 설정해야 한다. 가변 저항을 이용하면 회로를 구성한 후부터 감도를 조절할 수 있다. 미세한 변화를 검출하고 싶은 경우, 이 같은 방법으로 세부 조절하는 것이 좋다.

그 밖에도 같은 OP 앰프를 이용하여 다양한 형태로 신호를 증폭시키는 방법으로 다음과 같은 것이 있다.

- **반전 증폭 회로** ➡ 극성을 반전(±를 역으로)하여 증폭한 값을 출력한다.
- **차동 증폭 회로** ➡ 두 입력 전압의 차이만을 증폭하여 출력한다.

이용하는 센서 및 필요한 정보에 맞게 적절한 증폭 회로를 만들어 이용하자.

3.4.5 아날로그 신호를 디지털 신호로 변환

센서에서 얻는 측정값은 전기 신호를 연속된 값으로 표현한, 즉 아날로그 신호다. PC에서 이 값을 처리하기 위해서는 아날로그 신호를 디지털 신호로 변환하는 아날로그/디지털(A/D) 변환을 해야 한다. A/D 변환 처리는 다음의 3단계로 나눌 수 있다.

- 표본화(샘플링) ➡ 아날로그 입력을 정해진 주기로 구분하여 값을 취득
- 양자화 ➡ 샘플링된 값을 이산값(discrete value)에서 근사값으로 표현
- 부호화(인코딩) ➡ 양자화된 값을 2진수화

간단히 도표를 보면서 이해해 보자(그림 3.33).

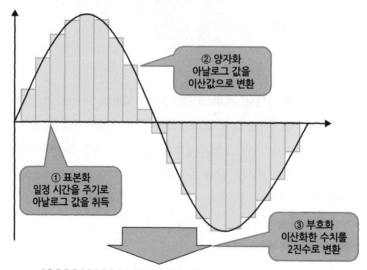

10000101001010010101010100101010

그림 3.33 A/D 변환 구조

마이크로 컨트롤러를 선정할 때 A/D 컨버터 성능을 보는 것은 중요하다. 다양한 지표가 있지만, 우선 샘플링 주파수와 분해 능력을 점검해 봐야 할 것이다.

샘플링 주파수는 얼마의 간격으로 샘플링을 할 수 있는가를 나타내는 지표다. 입력 신호의 주파수에 관해서 너무 낮은 샘플링 주파수를 적용하면 그림 3.34처럼 원래의 파형과 전혀 다른 파형을 측정하게 된다. 이러한 파형을 에일리어스(alias, 가짜 파형)라고 한다. 구체적으로는 입력 신호의 최고 주파수에 관해 두 배 이상의 주파수로 샘플링하면 에일리어싱(aliasing)을 예방할 수 있다.

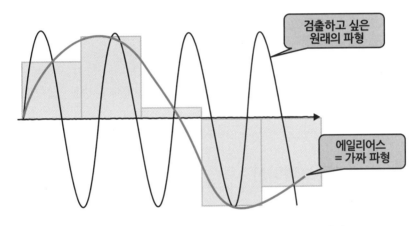

검출하고 싶은 원래의 파형

에일리어스 = 가짜 파형

샘플링 주파수가 너무 낮은 경우 에일리어스가 나타난다.

그림 3.34 샘플링 주파수와 에일리어스의 관계

한편, 분해 능력은 아날로그 신호를 얼마나 미세하게 분리할 수 있는가를 나타내는 지표로서 '최대 몇 분할을 할 수 있는가'의 형태로 표현된다. 예를 들어, 8bit A/D 컨버터의 경우 2^8=256으로 나눌 수 있으며, 이것이 바로 분해 능력이다(그림 3.35). 한 예로, 이 A/D 변환기로 범위가 10V의 신호를 처리하는 경우 39mV 미만의 전압 차이는 측정할 수 없다.

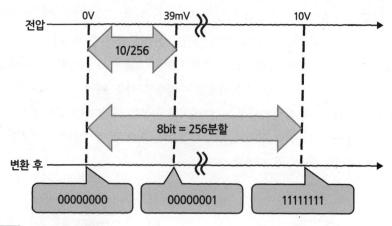

그림 3.35 분해 능력 계산법

  센서의 특성을 충분히 고려하여 적절한 샘플링 주파수와 분해 능력을 갖춘 A/D 컨버터를 선택하자.

3.4.6 센서 캘리브레이션

  캘리브레이션(calibration, 교정)이란, 측정하려는 상태값과 센서 출력값의 관계를 비교하고, 정확한 측정 결과를 얻을 수 있도록 분석하고 조정하는 작업이다.

  지금까지 살펴본 것처럼 센서는 전기 신호(전압)로 측정한 결과를 출력한다. 원시 전기 신호의 상태로는 측정하려는 파라미터를 알 수 없으므로 측정값을 파라미터로 변환하는 공식이 필요하다. 예를 들어, 적외선 거리 센서의 경우 출력 전압과 거리와의 관계 그래프가 필요하다.

  시판되는 센서 중에는 자세한 설명서가 제공되는 것도 있다. 설명서에는 이러한 그래프도 포함되어 있으므로 센서를 사용하는 경우에는 반드시 살펴보자.

  그러나 실제 센서에는 개체 간의 차이가 있다. 또한, 전자 보드의 온도에 의해 측정값이 변해 버리는 센서도 적지 않다. 이러한 오차 요인에 관해서 안정적인 센싱을 위해 실시하는 것이 캘리브레이션이다. 포텐셔미터(potentiometer, 저위차계)를 예로 생각해 보자(그림 3.36).

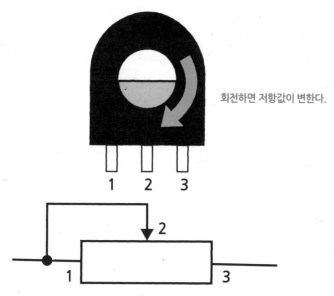

회전하면 저항값이 변한다.

1 2 3

2

1 3

그림 3.36 포텐셔미터

포텐셔미터는 가변 저항기의 일종으로, 본체에 있는 손잡이를 돌리면 단자 사이의 저항값이 변한다. 출력 전압과 손잡이의 각도와의 관계식을 구할 수 있다면, 이 센서를 이용하여 레버의 기울기나 로봇의 관절 각도 등을 구할 수 있다. 이때, 캘리브레이션은 다음과 같은 순서로 진행한다(그림 3.37).

① 기준이 되는 값(여기에서는 각도)을 가능한 한 많이 정하여, 그때의 출력 전압과 회전 각도와의 관계를 그래프에 작성한다.

② 플롯(plot) 중심을 지나는 곡선의 근사식을 구한다.

이로 인해 개체 간의 차이와 재현성의 오차를 최대로 배제한 관계식을 얻을 수 있다. 또한, 앞서 기판 온도의 영향에 관해 말했지만, 예를 들어 기판이 몇 ℃일 때 어느 정도의 차이가 발생하는지와 같은 영향의 크기가 일정한 경우, 온도 센서와의 조합으로 그 영향을 보정할 수 있다. 기판 온도를 의도적으로 변화시켜 출력 전압이 어떻게 변화하는지를 기록하면 방금 구한 관계식에 보정항으로서 영향을 줄 수 있다.

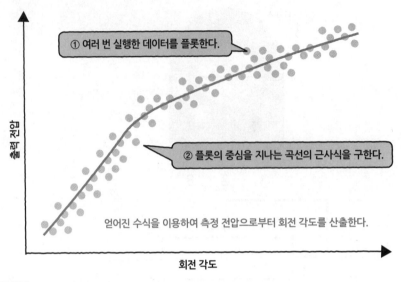

그림 3.37 캘리브레이션의 모습

이처럼 센서로 정확히 측정하기 위해 철저한 사전 준비가 필요하다. 캘리브레이션의 실시 여부에 따라 측정 정밀도는 전혀 달라진다.

대부분은 캘리브레이션을 하기 위해 도구나 환경이 필요하다. 앞서 포텐셔미터의 경우, 정확하게 측정하려면 측정 기준이 되는 손잡이의 회전 각도를 계측하는 고정밀도 센서가 추가로 필요하다. 어떻게 하면 가능한 한 번거로움 없이 정확한 기준치를 얻을 수 있을지는 개발자의 아이디어에 따라 달라지므로, 센서에 적합한 캘리브레이션 방법을 모색해 보자.

3.4.7 센서의 선택

◉ 목적 · 조건 알기

디바이스를 디자인할 때 고려해야 할 점은 다양하지만, 웨어러블 디바이스와 설치형 디바이스 등 일상에서 사용하는 경우가 많은 IoT 디바이스의 경우, 작고 간단한 구성이 요구된다. 따라서 디바이스 기획 단계에서 다음과 같은 사항을 충분히 상정하는 것이 중요하다.

- 디바이스를 이용하여 어떤 상태를 실현하고 싶은가?
- 그 상태를 실현하기 위해서는 어떤 물리량을 계측할 필요가 있는가?
- 해당 디바이스는 어떤 환경에서 어떻게 사용되는가?

　하드웨어 개발에서는 한번 제품을 만들면 수정하는 데 큰 비용이 들게 마련이다. 사전에 충분한 시뮬레이션을 진행하고, 요구 사항과 이용 조건을 명확히 해 두는 것이 중요하다. 대상 사용자·고객에게 활용해 보는 것도 효과적인 접근법이다(그림 3.38).

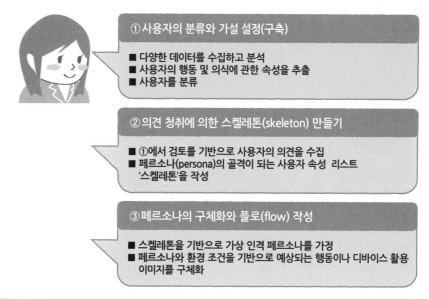

① 사용자의 분류와 가설 설정(구축)
- 다양한 데이터를 수집하고 분석
- 사용자의 행동 및 의식에 관한 속성을 추출
- 사용자를 분류

② 의견 청취에 의한 스켈레톤(skeleton) 만들기
- ①에서 검토를 기반으로 사용자의 의견을 수집
- 페르소나(persona)의 골격이 되는 사용자 속성 리스트 '스켈레톤'을 작성

③ 페르소나의 구체화와 플로(flow) 작성
- 스켈레톤을 기반으로 가상 인격 페르소나를 가정
- 페르소나와 환경 조건을 기반으로 예상되는 행동이나 디바이스 활용 이미지를 구체화

그림 3.38 페르소나 분석에 의한 디바이스 활용 이미지의 구체화

◉ 방법 알기

　목적과 이용 조건이 밝혀진 단계에서 후보가 되는 센서를 선택해야 한다. 따라서 3.4.2절에서 설명한 센서의 기본 원리를 이해하고, 센서의 성능 지표에 관해 정확한 지식을 익히고, 비교·검토할 수 있는 능력이 중요하다. 표 3.5와 그림 3.39는 일반적으로

이용되는 성능 지표다.

표 3.5 센서의 성능 지표

종류	개요
분해 능력	어느 정도까지 세세한 변화를 감지할 수 있는가?
영점	출력이 0V일 때 측정 대상의 크기
오프셋	측정 대상이 0일 때 출력
감도	측정 대상에 관해서 어느 정도 민감하게 센서가 반응하는가?
측정 범위	검출할 수 있는 값의 범위
재현성	같은 변화에 관해 반복 측정한 경우의 오차 크기
동작 환경	센서의 동작이 보장되는 환경 조건. 온도나 습도 등
환경 의존성	온도 등의 외부 변화의 영향의 구체적인 크기

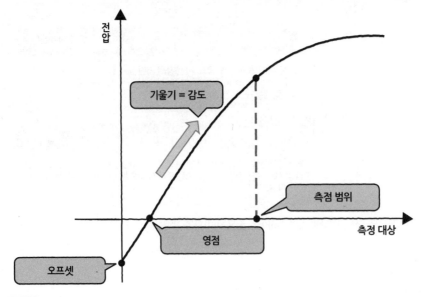

그림 3.39 센서의 성능 지표

각 센서는 그 특성을 나타내는 설명서가 있다. 대부분의 설명서는 조사의 웹 사이트에 공개되어 있으며, 이러한 성능 지표를 확인할 수 있다. 사전에 분석한 이용 목적과 조건에 부합되는 센서를 선택하도록 하자.

3.5 | 실세계에 피드백

3.5.1 출력 디바이스 사용 시 중요한 것들

지금까지 디바이스 개발에서 센서를 이용하는 방법을 살펴보았다. IoT 디바이스는 센서에서 수집한 정보를 클라우드 시스템과 연동하여 처리하고, 그 결과를 기반으로 디바이스를 이용하는 사용자 및 환경을 최적의 상태로 만드는 것이 사명이다. 이런 일련의 과정 중에서 디바이스를 이용하는 사용자 및 환경을 최적의 상태로 만드는 부분을 담당하는 것이 '출력 디바이스'다.

디바이스 개발에서 출력 디바이스의 효과적인 활용은 매우 중요한 설계 관점의 하나다. 스마트폰만 하더라도 스피커, 디스플레이, 바이브레이터, LED 등 다양한 출력 디바이스가 탑재되어 있다는 것을 알 수 있다.

출력 디바이스를 활용하는 데 몇 가지 중요한 단계가 있다(그림 3.40). 특히, 중요한 것은 앞서 언급한 센서 설계와 출력 디바이스 설계는 밀접하게 연관되어 있으므로 이들을 통합적으로 시행할 필요가 있다는 점이다.

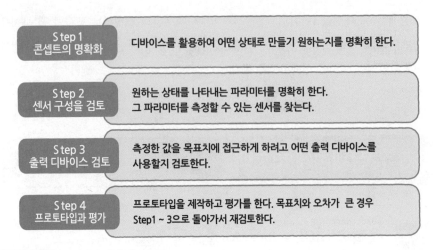

그림 3.40 디바이스의 설계 검토 흐름

출력 디바이스를 설계할 때 개발자의 고민은 '개발한 디바이스를 어떻게 평가할 것인가'라는 점이다(그림 3.41). 디바이스의 유용성을 확인하려면, 제어하고 싶은 상태의 목표치에 실제 측정한 값이 어느 정도 근접했는지 확인해야 한다. 그 외에도 디자인성, 환경 적응성 등 다각적인 관점에서 평가할 필요가 있다. 그중에는 단순히 수치화하기 어려운 지표도 포함되어 있다. 디바이스 개발의 진정한 어려움은 이러한 모호한 요건을 어떻게 명확히 할 수 있는가에 있다.

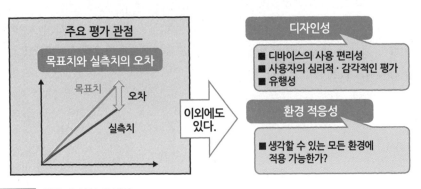

그림 3.41 출력 디바이스의 평가

디바이스를 적절하게 평가하고, 그 결과를 설계·개발에 피드백하기 위해서는 실제로 만들고 테스트하는 과정, 즉 프로토타이핑 사이클을 최대한 빠르게 하고, 사용자의 의견을 제품에 반영하는 것이 중요하다.

이번 절에서는 디바이스 제작이란 작업을 경험해 보는 데 주안점을 두고, 접근하기 쉬운 LED와 모터를 활용하는 방법을 예로 들어 설명한다. 물론, 출력 디바이스라는 것을 포괄적으로 설명하기 위해 LED와 모터의 예만으로 충분하지는 않지만, 이를 활용하여 다른 요소를 이용하는 데에 유익한 도움을 얻을 수 있을 것이다.

그러면 출력 디바이스를 취급하는 기술에 관해 살펴보자.

3.5.2 드라이버의 역할

이번 절에서는 마이크로 컨트롤러에서 출력 디바이스를 제어하는 데 필요한 구성을 살펴보겠다.

마이크로 입출력 포트는 센서로부터 신호를 받을 수 있는 동시에 신호를 출력할 수 있다. 그런데 '당장 마이크로 컨트롤러 포트에 모터를 이용해서 동작시켜 보자'라고 생각해도 그리 간단치 않다는 것이 어려운 점이다.

일반적으로 마이크로 컨트롤러의 출력은 3.3V나 5V의 낮은 전압이며, 게다가 매우 낮은 전룻값이다. 작은 LED 한 개를 반짝 반짝 점등시키는 정도라면 문제없지만, LED의 수가 증가했을 경우나 모터를 구동해야 한다면 이처럼 빈약한 출력은 문제가 될 수 있다.

여기서 중요한 것이 드라이버다. 드라이버의 개념은 수도꼭지에 비유할 수 있다. 마이크로 컨트롤러 자체는 수도꼭지를 열고 잠그는 기능만을 수행하고, 실제로 디바이스에 흐르는 전류는 마이크로 컨트롤러 출력과는 별개의 전원을 준비하여 전류를 공급한다.

가장 단순한 드라이버 회로는 전류의 흐름을 제어하는 전자 부품인 트랜지스터를 이용한 스위칭 회로를 들 수 있다.

트랜지스터에는 NPN형과 PNP형이 있으며, 이미터(E, Emitter), 컬렉터(C, Collector)

베이스(B, Base)라는 세 개의 단자가 있다. NPN형과 PNP형은 전류가 흐르는 루트가 다르다. 여기에서는 NPN형을 예로 설명하겠다(그림 3.42).

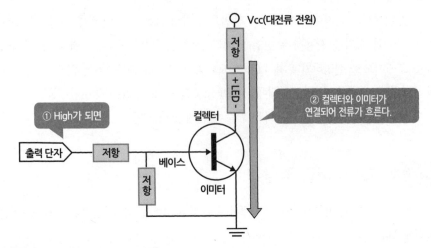

저항
+ LED -

Vcc(대전류 전원)

① High가 되면

② 컬렉터와 이미터가
연결되어 전류가 흐른다.

출력 단자
저항
베이스
저항
컬렉터
이미터

그림 3.42 트랜지스터를 이용한 스위칭 회로

베이스에 연결한 마이크로 컨트롤러의 출력이 Low(0V)의 경우에는 컬렉터-이미터 사이에 전류가 흐르지 않는다. 한편, 베이스를 High로 해서 전류를 흘려 주면, 컬렉터에서 이미터로 전류가 흐른다. 이 구조는 스위치와 매우 비슷하다. 베이스에 가하는 전류에 의해 컬렉터-이미터 사이의 ON/OFF를 제어할 수 있다. 여기서 중요한 것은 트랜지스터는 베이스에 가한 전류의 변화가 매우 작아도 ON/OFF를 전환할 수 있다는 점이다. 컬렉터에 커다란 전원을 연결해 주면, 결과적으로 베이스의 전류를 크게 증폭하여 출력할 수 있다. 그림 3.42의 예에서는 마이크로 컨트롤러의 출력에 따라 LED를 점등시킬 수 있다.

또한, 드라이버는 연결되는 디바이스에 맞게 전용 IC 칩으로 되어 있는 것도 많다. 예를 들어, DC 모터를 이용하는 경우에는 모터 드라이버라는 IC를 사용한다(그림 3.43). 모터 드라이버는 제어 입력 단자에 주어진 신호를 기반으로 출력 포트에 연결된 모터를 정지, 정회전, 역회전시킬 수 있다. 개중에는 아날로그 신호에 따라 회전 속도를 제어할 수 있는 것도 있다(아날로그 신호의 취급에 관해서는 다음 절에서 설명).

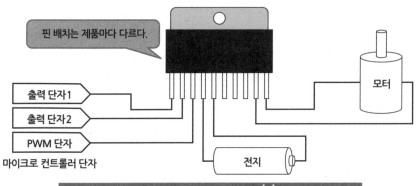

출력 단자1	출력 단자2	PWM 단자[※]	모터 회전
High	Low	회전 속도	정회전
Low	High	회전 속도	역회전
Low	Low	—	정지
High	High	—	브레이크

※PWM은 디지털 신호를 아날로그 신호로 변환하는 방식 중 하나(자세한 내용은 3.5.4절에서 설명).

그림 3.43 모터 드라이버 이용 방법

여기서 마이크로 컨트롤러 제어에 이용되는 전원을 제어 전원이라고 하고, 모터를 구동하기 위해 이용되는 전원을 구동 전원이라고 한다. 모터 드라이버를 사용함으로써 구동 전원 관리와 모터의 간편한 제어가 가능해진다.

3.5.3 정확한 전원 만들기

앞 절에서 디바이스의 전원 특성에 관한 내용을 이야기했다. 전원의 취급은 전자 회로 설계 중에서도 특히 주의해야 할 부분이다.

모든 IC, 센서, 모터, LED에는 정격 전압과 최대 전류 등의 파라미터가 정해져 있고, 이는 제품의 설명서에 명시되어 있다. 정격 전압보다 높은 전원을 연결하면 발열이나 화재의 원인이 된다. 디바이스의 사양을 정확하게 이해하고, 안전하고 안정성 높은 회로를 구축하는 것이 중요하다.

따라서 자주 이용되는 것이 3단자 레귤레이터(three terminal regulator)라는, 전원을 조정하기 위한 전자 부품이다(그림 3.44). 여기에는 Vin/Vout/GND라는 세 개의 단자가 있다. 3단자 레귤레이터는 입력된 전압에 관해 내부에서 전압 변환을 하고, 일정한 전압을 출력한다. 제품마다 3.3V, 5V, 12V 등의 출력 전압과 최대 전류가 지정되어 있으므로 회로 구성에 맞게 선택하여 안정적인 전원을 쉽게 구성할 수 있다.

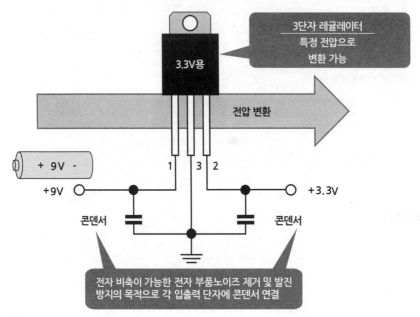

그림 3.44 3단자 레귤레이터

  3단자 레귤레이터를 사용할 때 주의할 점은 발열이다. 3단자 레귤레이터는 특히 고온이 되는 경향이 있어서 다른 소자에 영향을 미친다. 제품에 따라서는 방열판이 제공되는 것도 있다. 열 방출이 잘 되는 구조를 만들어 주는 것이 중요하므로 회로에 내장하는 경우에는 다른 부품과 떼어 놓거나 열 방출용 구멍을 본체에 내는 등의 연구가 필요하다.

디지털 신호를 아날로그 신호로 변환

앞에서 '모터 회전 속도를 제어하기 위해서 아날로그 신호를 사용한다'고 설명했다. 또한, A/D 변환에 관해서는 3.4.5절에서 살펴보았다. 여기에서는 그 반대의 작업, 즉 디지털 신호를 아날로그 신호로 변환하는 '디지털/아날로그(D/A) 변환'에 관해서, 그리고 그 대표적인 방법인 PWM 방식에 관해서 설명하겠다.

펄스 폭 변조(PWM, Pulse Width Modulation) 방식은 출력 LOW/HIGH를 고속으로 전환하여 아날로그 신호를 펄스화하는 방식이다. 이 방식은 많은 마이크로 컨트롤러에서 이용되고 있다.

스위치를 누르고 있는 중에만 회전하는 모터를 상상해 보자. 이 모터의 회전 속도를 제어하기 위해서는 어떻게 하면 좋을까?

가장 간단한 방법은 스위치를 연타하는 방법으로 누르는 시간을 조정하는 것이다. PWM 방식은 바로 그 원리를 이용하고 있다. 일정 시간 T초마다 스위치를 W초 누르는 경우, 출력 전압의 파형을 상상해 보자(그림 3.45). 스위치를 누르는 동안 출력 전압은 High가 되며, 그 외의 시간은 Low가 된다. 이 요철과 같은 파형이 'PWM 신호' 패턴이다. 여기서 T를 주기, W를 펄스 폭이라고 하며, 주기 동안 High가 되는 시간을 나타내는 비율(즉, W/T)을 듀티비(duty ratio)라고 한다.

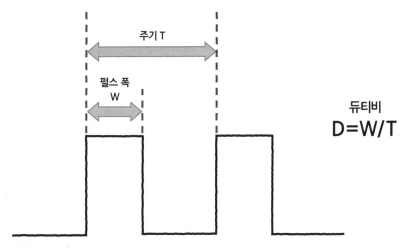

그림 3.45 PWM 방식의 듀티비 산출 방법

정확한 아날로그 신호를 출력하기 위해서는 D/A 변환기를 사용해야 하지만, PWM 신호를 유사한 아날로그 신호로 사용할 수 있다. 마이크로 제어 중에는 임의의 듀티비 PWM 신호를 출력할 수 있는 것이 많다. 듀티비를 변화시켜 모터의 회전 속도와 LED의 밝기를 제어할 수 있다.

그림 3.46은 LED의 밝기를 제어하는 구성의 예로, 듀티비가 높을수록 High가 되는 시간이 길어지고 LED가 밝게 빛난다.

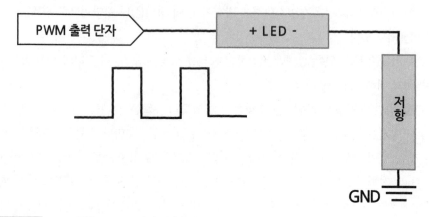

그림 3.46 PWM 방식으로 LED 밝기 제어하기

3.6 | 하드웨어 프로토타입

3.6.1 프로토타입의 중요성

프로토타입이란, 제품을 설계·개발하는 과정에서 이론적인 검토뿐만 아니라 실제로 동작하는 테스트 버전(= prototype)을 반복 작성하고, 피드백을 얻으면서 제품 사양에 관한 상세화를 추진하는 개발 프로세스다.

이것은 소프트웨어 개발, 하드웨어 개발의 공통된 부분으로서 프로젝트의 초기 단계에서 제품의 사양이 명확하게 되어 있는 것은 거의 없다. 개발에 관련된 모든 사람은 마케팅, 의견 청취, 토론 등을 통해 요구 분석 및 제품 이미지를 상세화하는 과정에서 여러 가지 문제에 부딪친다(그림 3.47).

그림 3.47 설계·개발 단계의 고민

예를 들어, 개발자는 시장의 특성이나 업무에 관한 이해도가 부족할 수밖에 없다. 사용자의 요구를 제대로 파악하는 것은 어렵고, '현재 보유하고 있는 기술'을 기반으로 개발해 나가게 될 것이다. 그러면 시장과 사용자의 요구로부터 거리가 먼 제품을 만들어 버리기도 한다. 또한, 목표 사양에 관해 설계 단계에서 기술적으로 명확하지 않은 경우도 종종 발생한다. 이런 경우, 개발자는 추후의 공정에 큰 부담을 갖게 된다. 개발 측으로서는 고객에 관해 '가능 여부' 또는 '가능하지만 비용이 발생한다'와 같은 판단 기준을 넘기면서 제품을 상세화하려고 한다. 하지만 그것을 구체적으로 어떤 형태로 표현하느냐는 개발자의 고민 중 하나다.

프로토타입은 이런 문제점을 해결하려는 방법으로서 제품의 기능과 요소 일부를 테스트하고, 이에 관해서 개발자·사용자가 각각 피드백을 진행한다. 물론, 개발자와 사용자의 입장은 전혀 다르므로 얻을 수 있는 정보도 다양하다(그림 3.48).

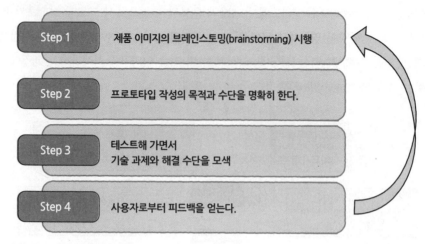

프로토타입 프로세스

우선, 개발자는 제품을 만들면서 그 동작을 확인하고 자신의 설계에 관해서 제품이 예상대로 동작하는지 디버깅한다. 그 과정에서 발견한 새로운 문제점을 정리하고, 검토가 필요한 부분을 리스트로 만든 후, 해결책을 검토한다. 실제 제품 개발에 들어가기 전에 이러한 검토를 함으로써 조금 전에 언급한 개발 공정에서의 위험을 줄일 수 있다. 그리고 성과 일부를 재사용함으로써 개발 기간을 단축할 수 있다.

한편, 사용자는 이론적인 설명과 비교하면서 실제 프로토타입을 사용해 봄으로써 다양한 피드백을 얻을 수 있다. 새로운 제품일수록 효과가 크고, 사용자의 피드백은 개발자가 의식하지 못했던 관점과 과제를 부각해 주는 경우가 종종 있다. 그러한 의미에서 프로토타입은 개발자, 사용자, 시장 사이의 커뮤니케이션 도구라고 할 수 있다.

3.6.2 하드웨어 프로토타입의 주의 사항

프로토타입을 할 때 주의해야 할 사항 두 가지가 있다.

첫 번째는 프로토타입의 목적을 명확히 하는 것이다(그림 3.49). 프로토타입은 아이디어 창출이라는 명목으로 진행되는 경우가 많아서, 목적이 명확하지 않으면 산출물이 되지 않은 채 사라지는 경우가 종종 있다. 만들면서 생각하는 것도 중요하지만, 일단 프로토타입 검증 항목은 최대한 축소하고, 그것을 실현하기 위한 최소한의 구성을 취하는 것을 염두에 두자. 디자인 검증인지, 기술 검증인지, 기능 검사인지, 목적에 따라 프로토타입의 형태는 미묘하게 달라지는 것이다. 한 번에 이것들을 모두 검증하는 것이 아니라 개별 목적에 특화한 프로토타입을 만들고, 각각의 제약 조건을 명확하게 해가도록 하자.

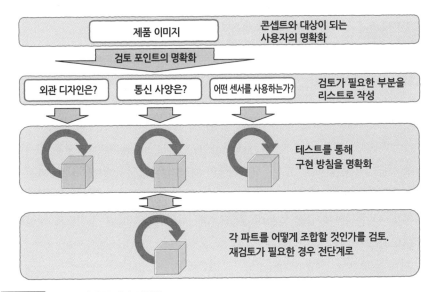

그림 3.49 프로토타입 목적의 명확화

 두 번째는 속도와 비용에 관해서 강하게 의식하는 것이다. 소프트웨어 개발보다 하드웨어 개발에 비용도 시간도 많이 발생한다(그림 3.50). 하나의 기능을 구현하기 위해 여러 가지 파트가 필요하고, 그것들을 일일이 구하기 위한 시간과 노력을 계산해야 한다. 파트의 고장도 자주 발생하고, 그때의 복구 작업에도 큰 노력이 필요하다. 또한, 평가 과정에서 사양 변경이 필요해지면 제품 크기와 케이스 디자인 등도 재검토해야 하는 경우도 많아, 재설계·재개발에 큰 비용이 소요된다. 계획은 여유를 갖고 세우고, 한정된 자원으로 목표를 달성하는 최소한의 구성을 만들어 내는 데 주력하자.

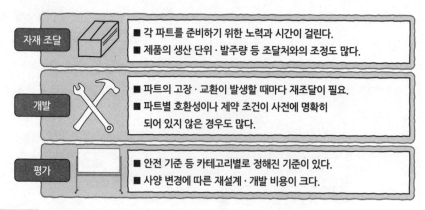

그림 3.50 하드웨어 개발 비용

IoT 디바이스 개발에서는, 응용 프로그램의 개발도 병행하여 서둘러 해야 할 일이 많을 것이다. 소프트웨어 측 개발자는 하드웨어 개발의 이러한 특성을 충분히 이해하고 유연하게 대응해야 한다. 또한, 하드웨어의 담당자는 애플리케이션 개발 과정에서 발생한 다양한 요구 사항을 프로토타입에 잘 반영시키면서 빠르게 이미지를 형상화하도록 하자. 이 톱니바퀴가 잘 맞물려 굴러갈 때, 디바이스 개발은 성공으로 이어진다 (그림 3.51).

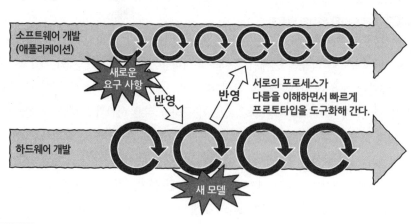

그림 3.51 응용 프로그램과 하드웨어의 완벽한 통합

3.6.3 하드웨어 프로토타입 도구

하드웨어 프로토타입에 필요한 도구를 일부 소개한다.

먼저, 프로토타입에는 쉽게 프로그램을 바꾸면서 검증을 할 수 있는 마이크로 컨트롤러 보드가 필요하다. 기본적으로 이번에 소개한 보드 중 어느 것을 선택해도 문제 없지만, 빠르고 간편하게 만들 수 있는가가 판단 기준이 된다. 그런 관점에서 볼 때 두 개의 보드를 추천한다.

우선, 아두이노로서 표준적인 구성의 아두이노 UNO에는 이더넷 포트는 없지만, 실드와 조합하여 신속하게 네트워크 인터페이스를 추가할 수 있다. 무선 통신을 탑재하려면 와이파이 실드와 XBee 실드를 사용하자.

또한, 아두이노 호환 보드를 가진 인텔 에디슨도 기본적으로 사용법은 비슷하다. 와이파이가 표준으로 탑재되어 있다는 점에서 인텔 에디슨이 IoT 디바이스의 프로토타입에 적합하다고 할 수 있다. 아두이노와 비교하면 본체 가격은 조금 비싸지만, 실드를 구매할 필요가 없으므로 전체적인 비용은 차이가 없을 것이다. 필요한 모든 것이 갖추어져 있다는 것은 프로토타입을 실시하는 데 매우 중요한 점이다.

또한, 이들 마이크로 컨트롤러 보드에 연결하는 전자 회로를 만드는 데 도움이 되는 것이 브레드보드(breadboard)다. 전자 회로 제작에 거부감이 있는 사람들에게 이유를 물으면 "기판의 납땜이 어려울 것 같아서"라고 대답하는 경우가 적지 않다. 그러나 브레드보드를 사용하면 납땜을 하지 않고 회로를 제작할 수 있으므로 부담이 없다.

브레드보드는 표면에 무수한 홈이 있어 여기에 소자를 삽입하여 회로를 만든다. 그림 3.52에 표시된 선처럼 각각의 홈은 내부에서 연결되어 있다. 점퍼선(도선)과 함께 사용하면 빠르게 회로를 만들어 낼 수 있다. 양옆의 홈은 전원을 연결한다. 또한, 중앙의 홈은 IC를 꽂기에 좋은 배치로 되어 있다.

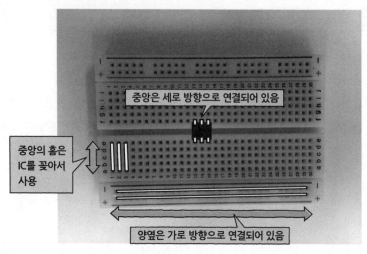

중앙은 세로 방향으로 연결되어 있음

중앙의 홈은
IC를 꽂아서
사용

양옆은 가로 방향으로 연결되어 있음

그림 3.52 브레드보드 사용

　납땜질의 능숙함 여부와 관계없이 프로토타입 초기에는 브레드보드를 사용하는 것이 대부분이다. 일단 브레드보드상에서 회로를 만들고 동작 검증을 충분히 한 다음, 실제로 기판 위에 구현한다. 센서와 액추에이터의 동작 확인 등 제품의 성능도 이때 점검해 간다. 필요한 구성을 먼저 점검함으로써 완성된 회로의 크기도 훨씬 작아지고 동작도 안정성이 높아질 것이다

Column

보드 제작에 도전!

브레드보드는 매우 유용한 도구이지만, 그 기능을 본체에 설치한 경우, 어느 정도의 크기가 될지, 그리고 그 사용감이 어떨지를 체크하기 위해서는 실제 보드를 제작해 볼 필요가 있을 것이다. 이를 위한 방법은 두 가지가 있다.

하나는 유니버설 보드(universal board)라는 범용 보드에 소자를 납땜해 나가는 방법이다. 학교에서의 수업과 일반 납땜 이미지는 이러한 방법이다.

방금 전에 이야기한 점퍼 케이블 대신 주석 도금선(tinned wire)과 비닐 피복 전선을 사용하여 소자 사이를 연결한다. 만드는 보드의 수가 적은 경우에 이 방법은 매우 간편하지만, 그 수가 증가함에 따라 힘이 든다는 것이 신경 쓰이는 부분이다.

그리고 또 하나는 프린트 보드(printed wiring board)를 사용하는 방법이다. 프린트 보드는 보드의 표면에 홈과 그들을 연결하는 선의 패턴이 형성되어 있어, 소자를 홈에 끼우고 납땜으로 고정하면 회로가 완성된다. 같은 보드를 여러 장 만들지 않아도 된다면 이 방법이 간단하다.

프린트 보드의 제작은 다음과 같은 단계로 진행된다.

① 보드의 배선 패턴을 설계하기

② 설계대로 보드를 가공하기

우선, 배선 패턴을 작성하기 위한 전용 CAD 소프트웨어가 필요하다. EAGLE은 전자 회로 설계용으로 뛰어난 소프트웨어로서 많은 개발자가 사용하고 있다. 회로도를 작성하면 배선 패턴을 어느 정도 자동화할 수 있다. 외산 소프트웨어이므로 처음에는 접근하기 쉽지는 않겠지만, 인터넷에 많은 정보가 있으므로 입문자도 사용하는 데 어려움이 없을 것이다.

입문자들에게 장벽은 ② 보드를 만드는 단계다. 프린트 보드를 만드는 방법은 보드를 깎는 방법과 보드의 표면을 녹이는 방법(etching)이 있다. 어떤 방법을 이용하든 몇 가지 도구를 준비해야 할 필요가 있으며, 일부는 약품을 사용할 필요도 있다. 따라서 주저할 수밖에 없을 것이다. 저자가 추천하는 가장 쉬운 방법은 이 공정을 외주로 맡기는 것이다. 사실, ①에서 만든 CAD 데이터를 보내면 프린트 보드를 만들어 주는 업체가 꽤 존재한다(업체마다 크기와 매수의 제한이 있으므로 주의하자). 어느 정도 결정된 수의 보드를 작성할 필요가 있는 경우에는 이러한 방법을 고려하는 것도 좋을 것이다.

3.6.4 프로토타입을 마치며

프로토타입을 진행하고, 제품의 이미지가 명확하게 된 단계의 다음은 제품화를 위한 검토 단계다. 프로토타입을 통해 얻은 다양한 지식과 함께 하나의 제품으로 마무리하게 된다(그림 3.53).

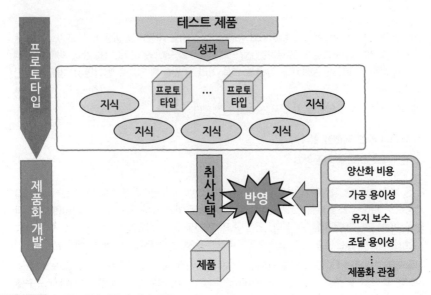

그림 3.53 프로토타입 이후의 개발 흐름

  기능 사양은 물론, 부품 비용, 가공 비용, 유지 보수성 등 다양한 관점에서 설계를 검증해야 한다. 양산화 및 제조 공장도 검토해야 한다.

  또한, IoT 디바이스의 경우, 무선 통신을 사용하는 경우가 많으므로 라이선스를 취득해야 할 수도 있다. 취득에는 시간이 걸리므로 설계 단계에서 조건과 일정을 확인하면서 진행해야 할 것이다.

  효과적인 프로토타입을 활용할 수 있다면, 이러한 구체적인 설계를 진행하는 단계에서는 조건이나 기준이 포괄적으로 문서로 만들어져 있을 것이다. 하드웨어 개발을 성공시키는 단계 중에서 프로토타입의 중요성을 실감하는 부분이다.

고급 센싱 기술

4.1 | 확장하는 센서의 세계

　지금까지 '센서는 온도나 습도와 같은 단순한 데이터를 취득하는 전자 부품'이라는 이미지로 설명해 왔다. 물론, 온도 센서나 가속도 센서 등은 간단한 데이터를 취득하기 위한 작은 부품이며, 스마트폰 등의 전자 기기를 구성하는 요소의 하나로서 인식할 수 있다.

　그러나 부품의 소형화 및 고성능의 소형 프로세서의 등장으로 지금까지 데이터로서 다루기 어려웠던 정보를 간단히 얻을 수 있는 고성능의 센서가 등장하고 있다. 이러한 센서는 부품이라기보다 작은 의미에서의 '디바이스' 또는 여러 요소가 복잡하게 연계된 '시스템'이라는 형태로 제공된다(그림 4.1). 이번 장에서는 이러한 고성능 센서에 관해 알아보겠다.

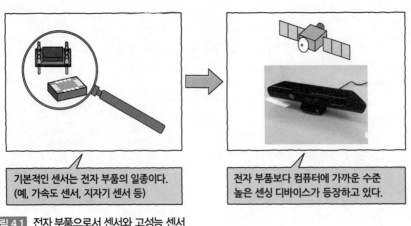

기본적인 센서는 전자 부품의 일종이다.
(예, 가속도 센서, 지자기 센서 등)

전자 부품보다 컴퓨터에 가까운 수준
높은 센싱 디바이스가 등장하고 있다.

그림 4.1 　전자 부품으로서 센서와 고성능 센서

4.2 | 고급 센싱 디바이스

우선, 센싱을 위한 '디바이스'를 이야기해 보자.

지금까지 살펴본 것처럼 센서를 이용하면 사람과 환경 등의 정보를 취득하는 디바이스를 만들 수 있다. 예를 들어, 3장에서 마이크로 컨트롤러의 사용 예로 냉장고가 등장했었다. 단순히 냉각기와 팬을 동작시키는 것뿐만 아니라 온도 센서가 수집한 정보를 기반으로 온도를 제어할 수 있다. 용도에 따라서는 온도 설정을 변경할 수 있으며, 절전에도 효과가 있을 것이다.

그러면 '고급 센싱 디바이스'란 무엇일까? 이것은 복수의 센서나 프로세서를 조합하여 더욱 복잡한 정보를 취득할 수 있게 한 새로운 형태의 센서다. 센서는 더는 하나의 전자 부품이 아닌, 고급 정보 획득 능력을 갖춘 한층 편리한 기기가 되었다. 그러나 이러한 고급 센싱 디바이스를 이용할 때는 주의를 해야 한다. 왜냐하면, 센서가 고도화됨에 따라 필요 이상으로 정보를 취득할 가능성이 있기 때문이다(그림 4.2).

그림 4.2 고도의 센서는 강력하지만, 부가적인 문제에도 신경을 써야 한다.

가속도 센서를 탑재한 스마트폰이 사람의 움직임을 감지하는 경우나 사무실이나 백화점의 화장실 전기가 자동으로 점등·소등하는 경우도 있다.

이렇게 간단한 센서를 이용하여 최소한의 정보를 얻는 것은 센서를 활용한 시스템의 설계에서 매우 훌륭한 방법이다. 소량의 정보를 이용하여 목적을 달성한다면 대량의 센서나 고도의 처리를 수행하는 컴퓨터도 불필요하며, 개인의 사적 영역을 침해할 가능성도 줄어들기 때문이다.

이런 점에서 고급 센싱 디바이스를 활용하는 경우에는 의도치 않은 정보를 고려해야 한다.

조금 부정적인 면을 언급했지만, 고급 센싱 디바이스는 일반 센서보다 많은 정보를 센싱할 수 있다는 장점이 있다. 따라서 지금까지의 센서만으로는 실현될 수 없었던 서비스를 실현할 수 있게 하는 매력이 있다. 나날이 발전하는 센싱 디바이스가 우리의 삶을 풍요롭게 해 줄 것은 분명하다. 그러면 대표적인 센싱 디바이스를 살펴보자.

4.2.1 RGB-D 센서

사람이나 물건까지의 거리를 측정할 수 있다면 편리한 서비스를 할 수 있을 것이다. 방이나 가구의 크기를 자동으로 계산해서 배치까지 생각해 준다면, 새로운 가구를 사는 데 무척 편리할 것이다. 주방에 들어가면 자동으로 조명이 켜지고, 거실의 조명은 자동으로 꺼진다면 얼마나 좋을까? 지금까지는 이런 일을 센서로 실현하는 데 많은 어려움이 있었다.

통상 물체의 위치를 얻기 위해서는 거리 센서를 이용한다. 그러나 거리 센서는 어떤 한 점의 거리 정보를 취득할 뿐이다. 또한, 센서가 측정한 것이 물건인지 사람인지를 판별하기 어렵다. 일반적인 카메라와 이미지 처리를 조합하면 불가능한 기술도 아니지만, 기본적으로 촬영한 정보에 거리 정보는 포함되어 있지 않다. 따라서 이 두 가지를 동시에 구현하는 것은 매우 어려웠다. 하지만 최근에는 이런 과제를 달성할 수 있는 RGB-D 센서라는 센싱 디바이스의 활용이 퍼지고 있다(그림 4.3).

빨강‥38
초록‥38
파랑‥38
거리‥231

빨강‥188
초록‥200
파랑‥219
거리‥108

빨강‥103
초록‥228
파랑‥126
거리‥052

이미지를 구성하는 데이터에 색 정보뿐만 아니라 거리가 포함된다.

그림 4.3 RGB-D 센서에서 얻은 이미지는 각 픽셀에 거리 데이터가 포함된다.

'RGB'는 빨강(Red), 초록(Green), 파랑(Blue)을 말한다. 이 3색을 베이스로 다양한 색상을 표현할 수 있다. 컴퓨터 등에서 색을 표현하는 경우에 널리 사용되는 것으로 RGB 색상 모델이라고 한다. 최근에 PC용 도형 묘사 등을 하는 애플리케이션에서는 'R' 'G' 'B'의 세 파라미터로 색감을 조절하는 방법이 일반적이다.

그러면 RGB-D는 무엇일까? 'RGB'는 앞서 설명과 같이 세 가지 원색을 나타내고, 'D'는 Depth의 D를 뜻한다. Depth라는 것이 조금 이해하기 어려운 표현이지만, '센서에서 (센서가) 포착한 물체까지의 거리'라고 생각하면 된다. 비트맵(bitmap) 형식과 같은 기존의 이미지 데이터는 대부분은 모든 픽셀(pixel)에 관한 색 정보를 가지고 있다. RGB-D는 거리 정보까지 포함된 것이다. 즉, RGB-D 센서는 기존의 카메라 기능에 피사체의 거리까지 측정할 수 있는 디바이스라는 것이다.

3장에서 거리 센서의 구조를 설명했다. RGB-D 센서는 거리 센서와 카메라의 조합이라고 생각하면 된다. RGB-D 센서를 실현하는 방법에는 여러 가지가 있다. 여기에서는 RGB-D 센서에 사용되는 일반적인 구조와 그 특징에 관해 설명하겠다.

◉ 스테레오 카메라

카메라를 사용해서 피사체까지의 거리를 계산하는 기술은 오래전부터 연구됐다. 그 중에서도 스테레오 카메라(stereo camera)는 가장 역사가 오래된 기술이다. 필름 형태도 있고, 컴퓨터에 연결하여 사용하는 형태도 있다. 어느 형태이건 그림 4.4처럼 두 개의 렌즈를 가지고 있으며, 인간의 눈처럼 양안 시차(왼쪽 눈의 영상과 오른쪽 눈의 영상이 서로 차이가 나는 것)를 이용하여 거리를 파악한다.

그림 4.4 스테레오 카메라의 개관

인간은 공간을 입체적으로 인식하기 위해, 두 눈이 포착한 이미지의 차이를 이용하는 것으로 알려졌다. 일반적인 스테레오 카메라도 이와 비슷한 원리를 이용한다. 여기에서는 그 원리를 확인하면서 스테레오 카메라의 구조에 관해 생각해 보겠다.

그림 4.5처럼 두 눈으로 물체를 볼 때 양쪽 눈이 포착하는 영상은 약간 다르다. 그것은 양쪽의 눈 사이가 몇 cm의 위치 차이가 있기 때문이다. 이 차이로부터 물체를 입체적으로 파악하는 데 필요한 정보를 얻을 수 있다. 우리의 뇌에서는 미묘하게 다른 두 개의 위치로부터 포착한 영상이 합성되어 입체적인 영상으로 처리된다.

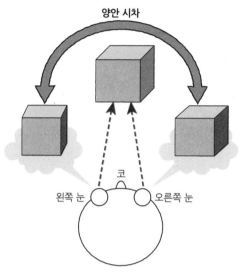

양쪽 눈이 찍은 서로 다른 영상은 뇌에서 합성된다.

거리는 어떻게 알 수 있을까? 멀리 있는 물체와 가까이 있는 물체를 찍을 때, 우리 눈에는 어떤 일이 일어나고 있다(그림 4.6).

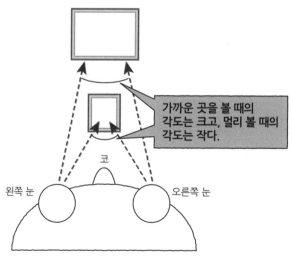

가까운 곳을 볼 때의 각도는 크고, 멀리 볼 때의 각도는 작다.

거리에 따라 시선이 만드는 각도가 다르다.

멀리 있는 물체를 볼 때와 가까운 물체를 볼 때, 두 눈의 시선에서 만들어지는 각의 크기는 다르다. 멀리 있는 물체를 볼 때의 각도는 작고, 물체가 가까우면 각도는 커진다. 이처럼 뇌는 이미지에 눈의 움직임 정보를 가미하여 원근감을 느낄 수 있다.

이에 비해 스테레오 카메라에서 두 개의 카메라 각도는 통상 고정되어 있다. 그림 4.7처럼 좌우의 카메라로 촬영된 이미지의 차이를 계산하여, 촬영한 이미지의 거리를 산출하고 있다. 우선 한쪽 카메라로 촬영된 이미지를 세밀하게 나눈다. 그런 다음 이미지 처리 기술을 이용하여, 분할된 이미지가 다른 쪽의 카메라로 촬영한 이미지의 어느 부분에 해당하는지 조사한다. 이렇게 하면 이미지의 어느 부분이 다른 쪽 카메라의 어디에 해당하는지를 알 수 있다. 같은 장소를 촬영했지만, 촬영한 카메라의 위치가 다르므로 약간의 차이가 생긴다. 이 차이로부터 기하학적인 계산을 통해 이미지 거리를 계산할 수 있다. 또한, 나눈 이미지마다 각각 같은 처리를 반복하여 이미지의 모든 거리를 계산하면, 전체 이미지의 거리 분포를 만들 수 있다.

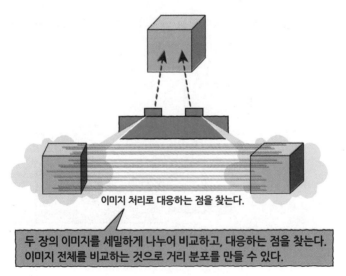

이미지 처리로 대응하는 점을 찾는다.

두 장의 이미지를 세밀하게 나누어 비교하고, 대응하는 점을 찾는다.
이미지 전체를 비교하는 것으로 거리 분포를 만들 수 있다.

그림 4.7 스테레오 카메라의 구조

스테레오 카메라는 두 대의 카메라를 이용하여 거리를 계산한다. 기본적으로 두 카메라로 촬영된 장소라면 계산할 수 있다. 단, 두 개의 이미지 사이에 같은 모양이 너무 많이 있거나 투명한 유리처럼 이미지에 촬영되지 않는 부분이 있으면 그 거리를 측정할 수 없다. 그리고 거리 측정의 정밀도를 올리기 위해서는 두 카메라의 거리 관계와 카메라 사양을 기반으로 파라미터를 결정해야 한다.

또한, 스테레오 카메라를 이용한 거리 계산이 기술적으로 성숙함에 따라 최근 자동차에 탑재되는 어시스트 기능(앞에 가는 차량에 가까워지면 자동으로 감속하는 기능)에 채용되는 예도 있다.

◉ 도트 패턴 판정 방식

스테레오 카메라는 두 대의 카메라를 이용하는 방법이었지만, 카메라 한 대로 거리를 측정하는 방법이 있다. 그것이 도트 패턴(dot pattern) 판정 방식이다. 도트 패턴 판정 방식은 표적이 되는, 도트 패턴이라는 모양을 여러 번 투영하고, 그 변화를 이용해 물체의 깊이 관계를 검출하는 기법이다.

도트 패턴 판정 방식은 RGB-D 센서가 아니라 깊이(D)만을 검출하는 기술이다. 하지만 촬영에 카메라를 이용하므로 이미지와 조합할 수 있다. 그림 4.8을 보면 도트 패턴 판정 방식을 사용하기 위해서는 도트 투영부, 도트 인식부, 판정 디바이스의 세 가지 구성 요소가 필요하다. 일반적으로 이러한 모듈을 하나의 디바이스로 제작하여 판매하고 있으므로 다루기는 어렵지 않다.

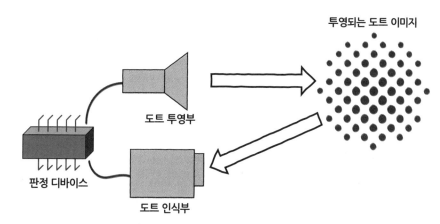

그림 4.8 도트 패턴 판정 방식의 구성 요소

도트 패턴 판정 방식의 원리를 살펴보자.

우선, 투영부가 발광(發光)하고, 대상이 되는 도트 패턴을 비춘다. 보통 이 도트의 투영에는 적외선이 사용되므로 우리가 육안으로는 볼 수 없다. 그림 4.9의 왼쪽 그림은 투영된 도트 패턴 이미지를 나타낸다. 이처럼 물체(예를 들면, 방 안에 있는 벽)에 도트 패턴이 투영되면 인식부는 이를 감지한다. 인식부에는 일반적으로 적외선을 검출할 수 있는 카메라 모듈이 사용된다. 이때, 투영된 도트 패턴을 촬영하면 평면상에 비치고 있으므로 왜곡 없이 인식된다.

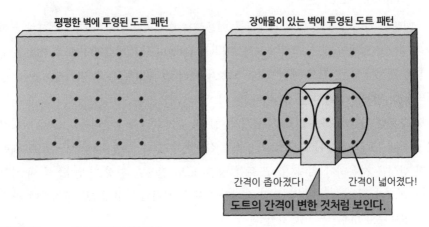

그림 4.9 도트 패턴 판정 방식의 원리

여기에서 그림 4.9의 오른쪽처럼 벽 앞에 물체를 둔다. 이렇게 하면 도트 패턴을 투영한 장소에 깊이의 변화가 발생한다. 이번에는 인식된 패턴에 변화가 나타났다. 물체가 있는 부분만 도트가 가깝게 투영되므로 투영부 옆에 있는 도트 인식부에서 보면 도트 사이의 거리가 바뀌는 것으로 인식한다. 즉, 도트 패턴 판정 방식에서도 시차를 이용하고 있다. 도트를 투영하는 모듈과 도트를 인식하는 모듈은 별도의 부품이므로 설치 위치가 다르다(우리의 오른쪽 눈과 왼쪽 눈이 같은 위치에 존재할 수 없는 것과 같다). 따라서 벽 앞에 놓인 물체의 거리에 따라 도트 위치가 달라진다.

도트 패턴 판정 방식에서는 인식을 위한 카메라는 한 대밖에 없지만, 판정 디바이스는 원래의 도트 패턴을 기억하고 있다. 따라서 예상되는 패턴과의 차이를 발견하는 것으로 물체의 깊이를 판정할 수 있다. 또한, 도트 패턴 판정 방식은 스테레오 카메라와 마찬가지로 투명 유리가 있으면 정확한 거리를 판정할 수 없다. 하지만 적외선 도트 패턴이 인식할 수 있는 곳이면 같은 모양이 있는 장소에서도 거리를 측정할 수 있다.

◉ Time of Flight

RGB-D 디바이스의 구조에서 마지막으로 소개할 것은 TOF(Time of Flight)라는 방식이다. 직역하면 '비행 시간'으로, 원리는 빛을 발사하고 반사되어 돌아올 때까지의 시간으로 거리를 구하는 방법이다.

지금까지 설명한 스테레오 카메라와 도트 패턴 판정 방식은 외부 조건(판독하기 어려운 환경 - 태양광, 조명, 그림자 등)에 민감하다는 단점이 있다. 따라서 야외에서 사용하기보다는 실내에서 이용하는 것을 전제로한 제품이 많다. 그러나 TOF 방식은 외부 조건에 강한 데다 정확도도 높고, 최근 가장 주목받는 방식의 RGB-D 센서다.

TOF 방식의 원리는 매우 간단하다. 하지만 원리를 설명하는 것과 그것을 디바이스로 개발하는 것은 전혀 다른 이야기다. 이런 훌륭한 디바이스가 제품화된 것은 엔지니어의 노력 덕분이다. 여기에서는 그 기본이 되는 아이디어를 살펴보겠다.

TOF 방식의 센서는 특수 센서를 내장한 카메라부와 발광부로 나뉜다. 카메라부는 일반적인 디지털카메라처럼 렌즈의 안쪽에 수광 소자를 가지고 있다. 이 소자가 수광하여 이미지의 각 도트가 무슨 색인지 기억하여 하나의 사진이 만들어지는 것이다. 디지털카메라는 그것으로 끝이지만, TOF 방식의 경우 각 도트에 거리 정보가 추가된다.

거리의 정보를 얻기 위해서는 빛이 반사되어 돌아올 때까지의 비행 시간(TOF, Time of Flight)을 조사한다. 즉, 발광부가 빛을 쏜 순간(발광 시점)부터 수광 소자의 각 도트가 빛을 캐치(catch)할 때까지의 시간을 재면, 각 수광 소자가 어느 정도 거리에 있는 물체를 나타내는지 확인할 수 있다(그림 4.10). 실제로 빛의 반사 시간을 측정하기 위해서는 발사한 빛과 반사된 빛의 위상차(두 개 파동의 차이)를 조사하는 것과 개념이 같다.

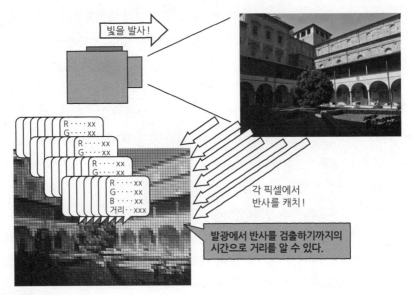

그림 4.10 **TOF 방식의 원리**

또한, TOF 방식에는 이외에도 초음파를 이용하는 것이 있다. 초음파의 경우는 빛을 이용한 것과 달리 투명한 유리 등으로도 거리를 측정할 수 있다.

4.2.2 Natural User Interface

RGB-D 센서는 어떤 용도로 이용되고 있을까?

가장 널리 보급된 RGB-D 센서의 이용 용도는 NUI(Natural User Interface)라는 종류의 디바이스다. NUI는 인간의 몸짓과 음성을 이용한 사용자 인터페이스라는 뜻이다. NUI를 실현하는 데 RGB-D 센서 기술이 널리 이용되고 있다.

◉ 마이크로소프트 키넥트

현재 여러 업체에서 RGB-D 센서가 발매되고 있다. 그중에서도 가장 유명한 제품은 마이크로소프트의 '엑스박스 360 키넥트 센서(Xbox 360 Kinect Sensor)(이하 키넥트)'다(그림 4.11).

그림 4.11 엑스박스 360 키넥트 센서

키넥트는 마이크로소프트의 게임기 '엑스박스 360'의 컨트롤러 중 하나로, RGB-D 센서의 붐을 일으키는 데 한 몫을 한 제품이다. 사용자의 몸 전체를 이용한 동작 인식과 음성 인식 기능을 갖춘 것으로서, '비디오 게임은 컨트롤러(양손을 이용하여)를 가지고 한다'라는 상식을 뒤집는 것이었다.

지금까지도 댄스 게임의 매트형 컨트롤러와 같이 손을 사용하지 않는 컨트롤러는 존재했지만, 물리적으로 컨트롤러를 만질 필요가 없다는 점에서 지금까지의 컨트롤러와 차별화된 것이라 할 수 있다.

정확한 정보는 공개되어 있지 않지만, 초기 키넥트는 내부에 프라임센스(PrimeSense)사의 센서 모듈을 내장하고 있으며, 3차원 공간을 인식하기 위해 도트 패턴 판정 방식을 활용하고 있다.

후속 기종의 '엑스박스 원 키넥트(Xbox One Kinect) 센서'에서는 TOF 방식을 채용하고 있지만, 키넥트의 대단함은 거리 측정만이 아니다. 키넥트는 거리 이미지에서 사람의 위치와 자세를 검출할 수 있다. 기존 매트형 컨트롤러를 사용한 게임에서는 손의 위치를 확인할 수 없지만, 키넥트는 양손, 양발의 위치까지 활용하는 게임을 만들 수 있게 되었다. 키넥트의 센싱 기술에 관한 자세한 내용은 공개되어 있지 않아서 소개할 수 없지만, 앞으로 이처럼 더욱 직관적인 센서가 등장할 것으로 기대된다.

◉ 립 모션 컨트롤러

키넥트의 등장은 지금까지의 센서에 관한 상식을 뒤집는 충격이 있었다. 그리고 그 새로운 센서 시대의 도래를 결정지은 것이 '립 모션 컨트롤러(Leap Motion Controller)(이하 립)'다. 립은 립 모션(Leap Motion) 사가 2012 년에 발표한 소형 사용자 인터페이스 디바이스다. 외관은 약 8cm의 직육면체다(그림 4.12).

그림 4.12 립 모션 컨트롤러

립을 책상에 놓으면, 위쪽으로 반경 50cm 정도의 범위에서 손가락의 움직임을 빠르고 정밀하게 추적한다. 그 정밀도는 최대 0.01mm로 되어 있다(그림 4.13).

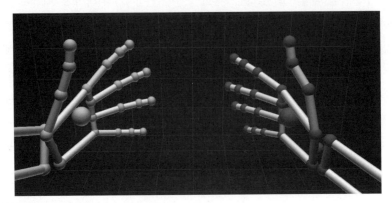

그림 4.13 립 모션 컨트롤러에서 찍은 양손

립은 어떻게 손가락의 움직임을 파악하는 것일까?

립은 본체에서 발사된 적외선 빛과 그 빛의 반사를 파악하는 두 대의 카메라를 탑재하고 있다(그림 4.14). 즉, 적외선으로 사람의 손을 찍고, 스테레오 카메라와 같은 원리로 사람의 손을 파악한다. 촬영에 적외선을 이용하고 있으므로 실내 조명 등의 외부 조건에 관해서도 매우 강력한 구조로 되어 있다.

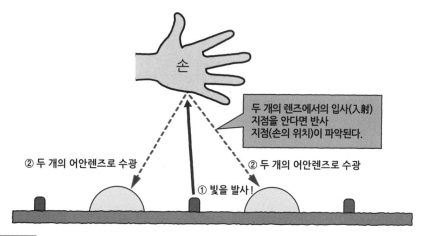

그림 4.14 립 모션 컨트롤러의 원리

여기서 소개한 동작 인식을 하는 NUI는 간단하게 사람의 움직임을 인식할 수 있다. 또한, 키넥트는 RGB-D 센서로도 쉽게 다룰 수 있으므로 실험 목적의 이용에도 추천한다.

4.3 | 고급 센싱 시스템

지금까지 설명한 것처럼 센서는 반드시 하나의 전자 부품뿐만 아니라 '디바이스로서의 센서'로도 사용된다는 것을 알 수 있었다. 현대의 센서는 그 수준에 그치지 않는다. 여러 디바이스가 연동하여 정보를 얻는 구조, 즉 '시스템으로서의 센서'로도 존재한다.

4.3.1 위성 측위 시스템

'측위'는 위치를 측정한다는 뜻이다. '위성 위치 시스템'이라고 부르면 딱딱하고 어려운 말 같지만, GPS(Global Positioning System)라는 말은 들어 본 적이 있을 것이다. GPS는 내비게이션이나 스마트폰에서도 이용되고 있으며, 엔지니어뿐만 아니라 일반인들에게도 유명한 센서다. 또한, GPS가 인공위성을 이용하여 위치를 측정하는 센서인 것도 알 것이다.

전자 부품으로서의 센서를 이야기하는 중에 어느새 우주 규모의 센서까지 발전했다. 여기에서는 GPS의 구조에 관해 생각해 보려고 한다. 우주 규모라는 이야기에 너무 거창하게 느낄 수 있겠지만, GPS 측위의 기본 원리는 중학교 수준의 수학 지식만 있으면 이해하기 쉬우므로 걱정하지 않아도 된다.

◉ GPS 구성 요소

당장 GPS의 원리에 관해서 다루고 싶지만, 우선은 시스템의 구성 요소를 이해하도록 하자. 구성 요소를 이해하는 것은 시스템의 동작을 이해하는 데 매우 중요한 역할을 한다. 그림 4.15를 보자.

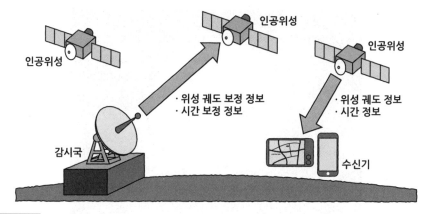

인공위성

인공위성

인공위성

· 위성 궤도 보정 정보
· 시간 보정 정보

· 위성 궤도 정보
· 시간 정보

감시국

수신기

그림 4.15 GPS의 구성 요소

먼저, GPS의 힘을 빌리려면 전용 '수신기'가 필요하다. 수신기는 기능에 따라 크기와 가격이 다양하다. 작은 스마트폰에 사용되는 것에서부터 정밀한 토지 측량을 수행하는 데 필요한 기능을 내장한 것까지 다양하다. 수신기는 전파를 수신하는 장비로서 안테나와 전파 분석 장비로 나눌 수 있다. 여기서는 그렇게까지 자세한 설명을 하지는 않지만, 수신기에는 현재의 시간을 알 수 있는 '시계'가 내장되어 있다는 것은 기억해 두자.

이어서 '인공위성'을 빼놓을 수 없다. GPS는 항상 24기 이상의 인공위성이 지구를 감싸듯 돌고 있다(그림 4.16). 기본이 되는 궤도상을 24기가 담당하지만, 실제로는 GPS용 인공위성은 30기 전후가 운용되고, 25기째 이후의 위성은 신뢰성과 정확성 향상에 도움이 된다.

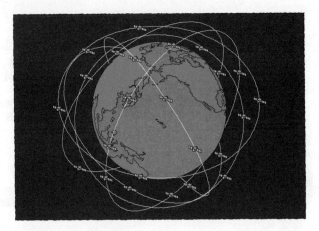

그림 4.16 지구 궤도를 도는 GPS 인공위성

  그리고 잊어서는 안 되는 것이 지상에서 위성의 상태를 감시하는 '감시국'이다. 감시국은 GPS의 중요한 구성 요소 중 하나로서 위성의 시간 차이를 수정하거나 궤도를 확인한다. GPS는 원래 미국 정부가 군사 목적으로 운용하기 시작하여 현재도 미군에 의해 운영되고 있다.

  그러면 GPS의 원리를 살펴보자. 우선, 그림 4.17의 상황을 상상해 보자.

그림 4.17 장애물이 없는 이상적인 공간에서 GPS 수신기를 가지고 있다면 어떨까?

당신은 지금 초원 한가운데 있다. 주위에 건물은 전혀 없다. 평소와 같은 빌딩가의 번잡함에서 벗어나 매우 기분이 좋을 것이다. 밤이 되면 별이 반짝이는 아름다운 밤하늘이 보일 것이다. 그리고 당신은 GPS '수신기'를 가지고 있다. 이 수신기를 사용하여 자신의 위치를 알아보자.

수신기를 켜면 수신기는 위성이 보내는 전파를 수신하기 시작한다. 오해하지 말아야 할 것은 GPS 수신기는 어디까지나 위성으로부터 전파를 수신하는 것에 지나지 않는다는 것이다. 수신기에서는 위성에 어떤 정보도 송신하지 않는다는 점에 주의하자. 따라서 GPS 이용자가 증가해도 처리 능력에는 한계가 없다.

지구 주위를 24기의 GPS용 인공위성이 돌고 있다면, 절반은 지구 반대편을 날고 있다고 생각할 수 있다. 또한, 나머지 12기 중 절반 정도는 지평선 가까운 곳을 날고 있는지도 모른다. 이렇게 하여 통상 관측할 수 있는 인공위성의 수는 많아야 6기 정도다.

그러면 위성이 보내는 전파에는 어떤 정보가 포함되어 있을까? 휴대전화나 와이파이와 마찬가지로 GPS 인공위성이 전송하는 전파에도 의도적으로 만들어진 데이터가 포함되어 있다. 그중에서 특히 중요한 것은 다음의 두 가지 정보다.

- **전파를 발신한 정확한 시간**
- **우주 공간에서의 위성 위치**

첫 번째, 정확한 시간 – 이것이 바로 GPS의 가장 중요한 요소다. 시간 조절을 자동으로 해 주는 '전파시계'는 이미 일반화되었지만, 최근에는 더욱 편의성을 높인 'GPS 전파시계'라는 것까지 판매되고 있다. 이러한 제품이 실현 가능한 것은 GPS용 위성이 매우 정확한 시계인 '원자시계'를 탑재하고 있기 때문이다. 여기에서는 원자시계에 관한 자세한 설명은 생략하겠지만, 관심 있다면 인터넷 등에서 검색해 볼 수 있다.

두 번째, 위성 위치 – 이것을 머릿속에 그려 보는 것은 조금 어려울지도 모른다. 조금 전 GPS의 구성 요소를 설명하는 가운데 감시국이라는 것이 등장했다. 감시국의 역할을 기억하고 있는가? 감시국은 위성의 궤도를 점검하는 역할을 한다. 자세히 말하자면 위성의 위치를 계산하고, 그 정보를 위성으로 입력한다. 우주 공간에서 (x, y, z)의 좌표계로 표현되는 위치라고 생각하면 된다. 우주 공간 안에서 자신의 위치가 어디인지 위성은 전파를 통해 보내오는 것이다.

이제 필요한 정보가 빠짐없이 정리되었다. 이제 계산 방법을 살펴보자.

◉ GPS에 의한 측위 방법

GPS 측위 계산은 한마디로 표현하자면 구면(球面)의 교차점을 찾는 작업이다. 우선, 구면 대신 동전이라고 생각하면서 감을 잡아 보자. 앞서 언급했던 초원으로 돌아가 보자.

당신이 지금 가지고 있는 수신기가 위성으로부터 전파를 수신했다. 물론, 인공위성을 육안으로 찾는 것은 어렵다. 그러나 인공위성이 얼마나 떨어진 궤도에 있는지 짐작할 수 있다. 현재 가지고 있는 GPS 수신기에 '시계'가 있다는 것을 떠올려 보자. 그리고 인공위성의 전파에는 어떤 정보가 들어 있었는가? 전파에는 '전파를 발신한 정확한 시간'이 들어 있다. 즉, 수신기는 '위성으로부터 전파가 어느 정도의 시간 만에 날아왔는지'를 알고 있다. 시간에 속도를 곱하면 거리가 구해지므로 수신기는 전파의 전달 속도(광속, 2.99792458×10^8 m/s)를 이용하여 수신기와 위성 간의 거리를 구할 수 있다.

이제 당신과 수신기의 위치는 '위성을 중심으로 묘사한 원둘레상의 어딘가'까지로 좁힐 수 있다(그림 4.18).

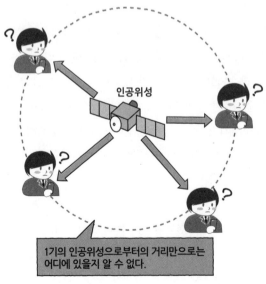

인공위성

1기의 인공위성으로부터의 거리만으로는 어디에 있을지 알 수 없다.

그림 4.18 1기의 인공위성으로부터의 거리만으로는 가능성이 너무 크다.

물론, 이것만으로는 위치를 파악할 수 없다. 스마트폰의 지도 애플리케이션 또는 내비게이션과 함께 활용하고 있는 GPS는 '선상 어딘가에'가 아니라 분명한(오차는 있지만) 어느 곳을 보여 준다. 여기에서 '구의 교차점'이라는 아이디어가 필요하다. 앞서 생각한 것은 1기의 위성으로부터 전파를 수신한 경우다. 그러나 실제로는 지구 주위를 24기의 GPS용 인공위성이 둘러싸고 있다는 것은 앞에서 설명한 바와 같다. 이제 수신기가 2기의 위성으로부터 전파를 수신했다면 그림 4.19와 같이 된다.

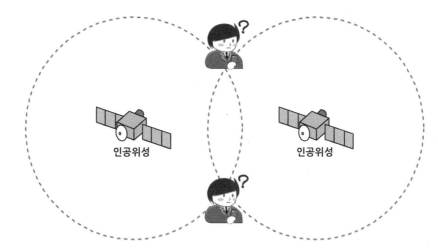

그림 4.19 복수의 위성으로부터의 거리를 알면 후보가 압축된다(2차원 평면).

2기의 인공위성으로부터 수신기까지의 거리는 다를 것이 예상되므로, 원의 크기(반경)는 다르다. 각각의 원둘레가 당신(수신기)이 존재할 가능성이 있는 장소가 된다. 당연히 당신이 실제 있는 위치는 두 원둘레의 교차점이 된다. 교차점이 두 개인 경우라 하더라도 하나의 교차점은 지구에서 보면 인공위성의 반대편에 있으므로 어느 쪽이 현재 위치인지를 판단하는 것은 어렵지 않다.

지금까지는 2차원 평면상으로 생각해 왔지만, 실제로 이것은 3차원 공간이 되며 개념은 똑같다(그림 4.20).

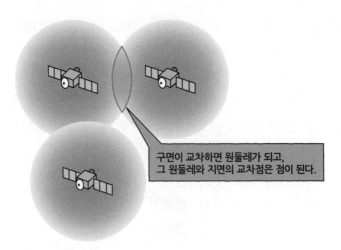

구면이 교차하면 원둘레가 되고,
그 원둘레와 지면의 교차점은 점이 된다.

그림 4.20 3차원으로 생각하면, 3기의 위성으로부터의 거리를 알면 후보는 두 개가 된다.

인공위성에서 본 수신기의 위치는 구면의 어딘가에 있다고 추측된다. 그 영역은 인공위성을 2기 사용하면 구와 구를 교차하는 원으로 좁혀지고, 여기에 인공위성 1기를 추가하면 원둘레와 구면의 교차점이 되어, 가능성은 두 곳으로 좁혀진다. 평면의 예와 같이 한쪽 점은 위성의 반대편에 있으므로 어느 쪽 교차점이 수신기의 위치인가를 판단할 수 있다.

지금까지는 2차원에서 3차원으로 단계적으로 이야기를 진행해 왔다. 다음으로는 '실세계'에서의 계산을 생각해 보자. '어라! 지금까지 해 온 3차원의 이야기를 그대로 적용할 수 없는 거야?'라고 생각하는 독자가 있을지도 모르겠다. 물론, 우리의 세계는 3차원이다. 그러나 지금까지의 설명에서 생략한 것이 있다. 그것은 '수신기 내부 시계의 오차'다. 여기서 다음을 떠올려 보자.

- **GPS 수신기는 내부에 시계가 내장되어 있다**
- **인공위성은 '원자시계'라는 정확한 시계가 내장되어 있다**
- **지상 감시국은 인공위성의 시계 오차를 수정하고 있다**

여기서 수신기와 위성은 큰 차이가 있다. 인공위성 시계는 항상 정확한 시간을 표시하지만, 수신기의 시계는 그렇지 않다는 것이다(그림 4.21).

수신기의 시계는 위성의 시계보다
정밀도가 낮고 오차가 있다.

그림 4.21 위성과 수신기의 시계 오차

지금까지 배운 것을 정리하는 겸 수식으로 생각해 보자. 약간은 어렵게 느낄지도 모르겠지만, 중학교 수준의 수학적 지식만 있으면 충분히 이해할 수 있는 내용이다. GPS의 구조를 이해하는 데 중요하므로 천천히 생각해 보면서 읽어 나가자.

그러면 다시 초원으로 돌아가 보자. 그림 4.22와 같이 당신은 수신기를 가지고 초원의 위치 O에 서 있다. 그리고 지금 4기의 인공위성 A, B, C, D가 상공의 궤도를 돌고 있다.

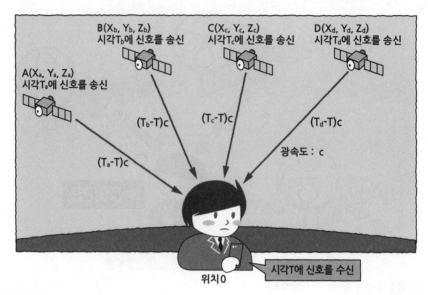

B(X_b, Y_b, Z_b)
시각T_b에 신호를 송신

C(X_c, Y_c, Z_c)
시각T_c에 신호를 송신

D(X_d, Y_d, Z_d)
시각T_d에 신호를 송신

A(X_a, Y_a, Z_a)
시각T_a에 신호를 송신

$(T_b-T)c$

$(T_c-T)c$

$(T_d-T)c$

광속도 : c

$(T_a-T)c$

시각T에 신호를 수신

위치O

그림 4.22 수신기의 위치를 구하기 위한 계산식

이때 GPS를 이용하여 당신이 서 있는 좌표 $O(X_o, Y_o, Z_o)$를 구하고 싶은 것이다. 문자만으로 된 공식이므로 알 수 없는 값과 이미 알고 있는 값을 구별해 보자.

인공위성 4기의 위치는 이미 알고 있다. 이것은 감시국에서 항상 인공위성의 궤도를 파악하고 수정을 하고 있기 때문이라고 설명했다. 즉, 인공위성 4기의 위치는 다음과 같다는 것은 이미 알고 있는 값이 된다.

$A(X_a, Y_a, Z_a)$
$B(X_b, Y_b, Z_b)$
$C(X_c, Y_c, Z_c)$
$D(X_d, Y_d, Z_d)$

이외에도 이미 알고 있는 값이 있을까? 수신기가 전파를 수신한 시간과 각각의 위성이 전파를 송신한 시간도 알 수 있을 것이다. 각각의 시간을 다음과 같이 정의하자.

수신기가 전파를 수신한 시간, T

A가 전파를 송신한 시간, T_a

B가 전파를 송신한 시간, T_b

C가 전파를 송신한 시간, T_c

D가 전파를 송신한 시간, T_d

이들도 모두 이미 알고 있는 값이 된다.

그리고 송신되는 전파는 빛과 같은 속도가 된다. 따라서 빛의 속도 c와 전파의 송신·수신 시간을 알면 위성에서부터 수신기까지의 거리를 알 수 있다.

A에서 수신기까지의 거리, $(T_a-T)c$

B에서 수신기까지의 거리, $(T_b-T)c$

C에서 수신기까지의 거리, $(T_c-T)c$

D에서 수신기까지의 거리, $(T_d-T)c$

여기에서 거리를 구하는 다른 방법을 생각해 보자. 예를 들어, A에서 수신기까지의 거리를 AO로 하면 피타고라스의 정리를 이용하여 다음처럼 나타낼 수 있다.

$$AO^2=\{(T_a-T)c\}^2=(X_a-X_o)^2+(Y_a-Y_o)^2+(Z_a-Z_o)^2$$

여기에서 구하고 싶은 값은 당신이 서 있는 O의 좌표 (X_o, Y_o, Z_o)의 세 개라는 것을 알 수 있다. 수학을 잘하는 독자라면 '그래! 변수가 세 개니까 B와 C에서 같은 식을 만들어 연립방정식을 풀면 $O(X_o, Y_o, Z_o)$가 구해진다'라고 바로 떠올릴지도 모르겠지만, 여기에 함정이 있다. 그것은 수신기의 시계 오차다.

앞의 식이었던 아래 식이 성립하기 위하여는 T_a, T_b, T_c, T_d와 T가 같은 시계로 계측될 필요가 있다.

A에서 수신기까지의 거리, $(T_a-T)c$

B에서 수신기까지의 거리, $(T_b-T)c$

C에서 수신기까지의 거리, $(T_c-T)c$

D에서 수신기까지의 거리, $(T_d-T)c$

T_a, T_b, T_c, T_d를 계측하고 있는 위성 내부의 시계는 엄격하게 관리되고 있으므로 물리적으로 별개의 시계지만, 그 시간은 일치한다고 생각할 수 있다. 그러나 수신기의 시계는 그렇지 않다. 수신기가 전파를 수신한 시간 T는 어디까지나 '수신기의 시계가 가리키는 시간'이다.

GPS용 위성은 고도 20,200Km의 궤도를 돌고 있으므로 초속 30만Km의 전파를 발사하면 1초 이내로 수신기까지 닿는다. 극단적인 예로, 만약 수신기의 시계가 10초 늦는다면 수신한 전파에 포함된 T_a, T_b, T_c, T_d는 미래의 시간을 가리키는 것이다.

그럼, 어떻게 하면 좋을까?

사실 이것은 간단한 문제다. 수신기의 시계가 가지는 오차 τ를 미리 식에 넣어 두면 된다. 즉, 수신기가 전파를 수신한 정확한 시간은 $T-\tau$로 표시된다. 이것을 이용하면 수신기와 각 위성까지의 거리는 다음과 같이 재작성된다.

$$[\{T_a - (T-\tau)\}c]^2 = (X_a-X_0)^2 + (Y_a-Y_0)^2 + (Z_a-Z_0)^2$$

$$[\{T_b - (T-\tau)\}c]^2 = (X_b-X_0)^2 + (Y_b-Y_0)^2 + (Z_b-Z_0)^2$$

$$[\{T_c - (T-\tau)\}c]^2 = (X_c-X_0)^2 + (Y_c-Y_0)^2 + (Z_c-Z_0)^2$$

$$[\{T_d - (T-\tau)\}c]^2 = (X_d-X_0)^2 + (Y_d-Y_0)^2 + (Z_d-Z_0)^2$$

왜 4기의 위성을 전제로 한 것인지 알겠는가? 그렇다. 현실에서 미지수는 X_0, Y_0, Z_0의 세 개가 아닌 오차 τ를 포함한 네 개가 존재하는 것이다. 네 개의 미지수를 구하기 위해서는 수식도 네 개 필요하다. 따라서 4기의 인공위성과 수신기의 관계식을 준비할 필요가 있었다. 이 네 개의 식을 연립방정식으로 풀면 현재 위치 O를 구할 수 있다.

실제로 현실 세계에서 GPS 수신기가 측위를 수행하기 위해서는 4기의 위성으로부터 전파를 수신할 수 있는 환경이 필요하다.

이상이 GPS 측위의 기본적인 계산 방법이다. 복잡해 보이는 우주 규모의 시스템도 원리는 어려운 것이 아니다. 또한, GPS와 같이 여러 개의 기준점으로부터의 거리를 이용하여 현재 위치를 구하는 방법도 GPS에 한정된 이야기는 아니다. 정확한 시간 측정이 전제가 되므로 일반적인 디바이스에서 정밀도 높은 값을 얻는 것은 어렵지만, 잠시 후에 그와 같은 위치 측정 기술에 관해서도 언급하겠다.

그 전에 위성 측위의 최근 동향에 관해 잠시 언급해 두겠다.

● GPS에서 GNSS로

최근 GPS를 대신하여 GNSS(Global Navigation Satellite System)라는 표현이 사용되는 경우가 많아졌다. GPS는 수신기를 가지고 있는 사람이라면 누구나 그 혜택을 누릴 수 있다. 그러나 GPS는 어디까지나 미국이 보유한 인공위성을 이용한 위성 측위 시스템의 머리글자일 뿐이다. 현재는 이 외에도 다양한 위성 측위 시스템이 존재하고 있다. 이처럼 다양한 위성 측위 시스템을 총칭하여 GNSS라고 하며, 그중에서 미국판이 GPS다. 다음 절에서 소개하는 준천정위성(QZSS, Quasi-Zenith Satellite System, 주로 일본 지역을 대상으로 이용 가능한 지역 항법 위성 시스템) 등 특정 지역에 한해 사용할 수 있는 위성 측위 시스템을 RNSS(Regional Navigation Satellite System)라고 한다.

GPS 외에 유명한 GNSS로는 러시아의 GLONASS(Global Navigation Satellite System)가 있다. GLONASS의 기원은 소비에트연방 시대까지 거슬러 올라간다. GPS와 마찬가지로 당시 소비에트연방 정부는 GLONASS를 미사일 유도 등에 사용되는 고정밀 위치 측위 시스템으로 자리매김하고 그 정비를 진행했다. 1990년대에는 충분한 수의 인공위성 발사를 마친 것으로 알려졌다. 이후 소비에트연방 붕괴를 거쳐 GLONASS의 운용은 러시아 정부에 인계되지만, 충분한 유지 보수를 수행할 수 없어서 GLONASS는 그 가치를 잃어 갔다.

그러나 21세기에 들어서면서 러시아 정부는 GLONASS의 재정비 계획을 발표하고, 필요한 위성 수를 정비했다. 현재는 GLONASS도 일반 사용자가 이용할 수 있는 상태로 되었으며, 대응하는 수신기도 보급하고 있다. 예를 들어, 애플(Apple) 사이트에서 최신 아이폰 사양을 확인해 보면, GPS와 GLONASS를 모두 지원하고 있다는 것을 알 수 있다.

이처럼 여러 GNSS에 대응하는 것을 'GNSS 대응'이나 '멀티 GNSS화' 등으로 표현한다. 이외에도 유럽연합(EU, European Union)의 갈릴레오(Galileo)나 중국의 베이더우(北斗) 등 세계 규모에서 사용할 수 있는 위성 측위 시스템이 정비되고 있다.

◉ GNSS시대의 이점

세계 각국이 GNSS 위성을 배치하면 우리에게는 어떤 이점이 있을까?

가장 큰 이점은 '정밀도의 향상 및 측위 가능한 영역이 넓어진다'라는 점이다. 여기까지 읽은 독자 여러분은 이미 'GPS로 현재 위치를 알기 위해서는 위성 4기의 전파가 필요하다'라는 것을 알고 있을 것이다. 그리고 GPS 인공위성은 지구 전체에 24기가 있으므로, 측위 시에 실제 이용할 수 있는 위성은 고작 6기 정도라는 것도 알고 있을 것이다. 언제나 GPS를 이용하는 곳이 초원 한가운데라면 좋겠지만, 실제로는 스마트폰을 이용하여 GPS 내비게이션 기능이 있는 지도를 사용하는 것은 도시에서 방문하려는 빌딩을 찾을 때나, 처음 가는 곳을 찾을 때 등일 것이다. 이처럼 건물에 둘러싸인 장소에서는 GPS 위성 4기를 포착하기조차 어려울 때가 많다. 위성의 궤도상, 건물에 가려져 있지 않은 곳에 항상 위성 4기가 모여 있는 것은 기대할 수 없다.

하지만 지금은 GNSS 시대다. 여러분이 가지고 있는 스마트폰이나 휴대전화에 이미 복수의 GNSS를 지원하는 수신기가 탑재되어 있을지도 모른다. 탑재되어 있다면 GPS 위성 1기의 전파만을 수신할 수밖에 없는 상황에서라도 GLONASS 위성과 갈릴레오 위성을 조합하여 4기 이상의 위성을 확보할 가능성이 있다. 전 세계에서 사용하는 GNSS라는 훌륭한 기술을 세계 각국이 협력하는 것이기에 더욱 매력을 느끼게 된다.

4.3.2 일본의 준천정위성

준천정위성은 어떤 위성일까? '준천정(準天頂)'이란 생소한 한자어겠지만, '대략 바로 위에 있다'라고 해석할 수 있다.

대략 바로 위에 위성이 있다고 치고, 왜 그런 것이 필요할까? 앞에서 설명한 것처럼 지구의 주위에는 24기의 GPS 위성이 있다. 또한, GLONASS 등이 배치되어 점점 사용하기 쉽게 되었다. 그런 상황에서 일본이 독자적으로 인공위성을 배치하는 목적은 어디에 있을까?

그것은 입지 조건과 GNSS의 상생에 있다. GPS는 도심이나 산간 지역 등 다양한 장소에서 사용되므로 GNSS화로 인해 위성의 수가 증가하면 전파를 보조하기 쉬울 것이다. 그러나 실제로는 수가 증가하는 것만으로는 완벽하지 않다. 왜냐하면, 빌딩 사이에 들어가면 결국 인공위성을 잡는 것이 어려워지기 때문이다.

이 문제를 해결하기 위해 머리 바로 위에 위성이 있으면 좋을 것 같다는 생각이다(그림 4.23).

그림 4.23 준천정위성으로 측위 가능성이 커진다.

현재 일본은 이미 준천정위성 시스템을 구성할 첫 위성인 '미치비키(Mitsibiki)'를 배치하고, 실험하고 있다. 일본의 준천정위성은 GPS와 호환성을 가지며, GPS와 함께 사용함으로써 측위 정밀도를 유지할 수 있는 영역을 넓히고 있다.

또한, 준천정위성은 재난 시에 통신위성의 역할로도 계획되어 있다.

심지어 준천정위성에는 지금까지 설명한 위성 측위와는 다른 방식의 기술이 탑재된다고 한다. 이것이 실현되면 오차가 수cm 이내가 될 것으로 알려졌다. 이러한 기술이 보급되면 농업용 트랙터가 밭을 온전히 유지하면서 자동 주행하는 등의 다양한 분야에서 혁신을 일으킬 것이다.

GNSS화나 준천정위성 덕분에 빌딩 숲이나 산속에서도 GNSS의 혜택을 누릴 수 있을 것이다. 그렇다면 실내에서는 어떨까?

예를 들어, 지하철 역내의 지하상가와 같이 복잡한 구조로 되어 있는 장소야말로 GNSS를 활용하고 싶은 곳이다. 하지만 지하에는 위성으로부터의 전파가 닿지 않으므로 길 찾기에 활용할 수 있을 정도로 정확한 위치 정보를 얻을 수 없다. 이는 비단 지하에 한정된 이야기가 아니라 박물관이나 백화점 등 모든 건물 내에서의 문제라고 할 수 있다(그림 4.24).

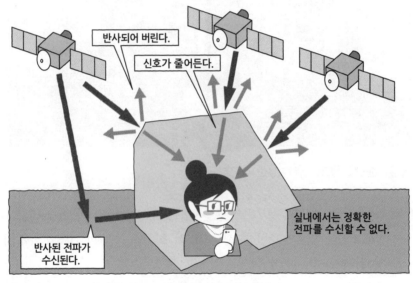

그림 4.24 실내에서는 인공위성의 전파를 제대로 받을 수 없다.

IT와 로봇 분야에서는 오래전부터 위치를 추정하려는 방법이 연구됐다. 이 장의 앞에서 소개한 RGB-D 센서도 위치 추정 연구에 활용되고 있다. 그러나 기술적인 문제와 서비스는 다른 이야기다. 기술적으로 가능하다고 하더라도, 작고 저렴한 디바이스를 만들 수 없다면 좀처럼 보급하기 힘든 것이 현실이다. 그런 가운데 실외용 측위 디바이스로서 보급되는 GPS의 구조를 개량하여 실내에서도 사용할 수 있게 하려는 시도가 있다. 그것이 바로 실내 측위 시스템(IMES, Indoor Messaging System)이라는 기술이다(그림 4.25).

IMES의 최대 기술적 특징은 GPS와의 호환성이다. GPS에 사용되는 전파와 같은 주파수 대역에 메시지를 싣는 기술을 이용하는 것으로 인해, 기존 GPS 수신기의 소프트웨어만 변경하면 IMES에 대응할 수 있다. 그러나 GPS와는 크게 다른 점도 있다.

그림 4.25 실외에서는 GNSS, 실내에서는 IMES를 사용한다.

그림 4.25의 활용 이미지를 보자. 한 대의 수신기에서 GPS와 IMES를 모두 지원한다면 실외에서는 GPS로 길 안내를 받다가 실내로 이동하면 자동으로 IMES로 전환되어 계속해서 원활한 안내를 받을 수 있다. 이때, GPS 위성과 IMES 전송 단말에서 나오는 전파는 같은 주파수 대역을 이용하지만, 내부 데이터 형식이 다르다. 앞서 설명했듯이 GPS 전파에는 위성의 위치와 시간 데이터가 포함되어 있으며, 4기 이상의 위성으로부터 수신한 데이터를 이용하여 위치를 산출한다. 한편, IMES의 단말로부터 송신된 데이터는 IMES 단말의 위치 정보다. 설치되기 전에 미리 각 단말 좌표나 몇 층인가와 같은 정보를 설정하게 된다. 그러면 IMES 전송 단말은 해당 장소의 위치 정보를 계속해

서 송신하고, 부근을 통과하는 수신기에 위치 정보를 제공하게 되는 것이다.

이 구조에서 알 수 있듯이, IMES 수신기의 위치 정밀도는 설치 간격과 전송하는 전파의 세기에 의존하게 된다. 길 안내에는 문제없어 보이지만, 몇 cm의 정확도를 제공하는 것은 어렵다고 생각된다

IMES는 일본우주항공연구개발기구(JAXA, Japan Aerospace eXploration Agency) 등의 연구 기관에서 개발이 진행되고 있다. 아직 일반에 보급되지는 않았지만, 검증 실험을 통해 순조롭게 성과를 내는 것 같다. 장차 IMES가 보급되면 실외에서 실내에 이르기까지 스마트폰 등으로 원활한 길 안내 서비스를 받을 수 있게 될지도 모른다.

4.3.4 와이파이를 이용한 위치 측위 기술

내비게이션을 평소 이용하는 사람은 GPS라는 주제가 상당히 친숙하다. 그러면 전파를 이용한 위치 측정에서 또 다른 친숙한 시스템에는 어떤 것이 있을까? 이번 절에서는 집, 사무실, 대학 같은 다양한 장소에서 자주 볼 수 있는 와이파이를 활용한 위치 측위 기술을 소개하겠다.

◉ 수신 신호 강도(RSSI)

우선, 가장 간단한 방법을 생각해 보자. 그것은 와이파이 신호의 세기를 이용하는 것이다. 여러분은 휴대전화 통화·통신이 잘되지 않을 때, 화면에 표시되는 안테나의 세기를 확인하곤 할 것이다(그림 4.26).

그림 4.26 수신 신호 강도

알고 있는 바와 같이 이미지가 뜻하는 것은 전파(신호)의 수신 상태다. 수신 상태는 장애물 등에도 영향을 받지만, 거리에 비례하여 약해지는 특성이 있다. 즉, 휴대전화는 기지국에서 멀수록 수신 신호가 약해진다. 이 성질을 이용하면 대략의 거리와 위치를 알아낼 수 있을 것이다(그림 4.27).

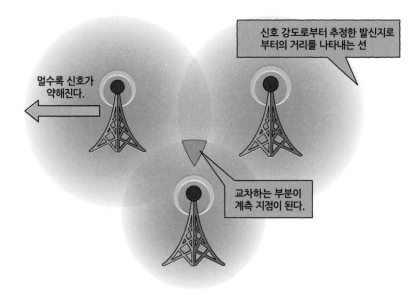

신호 강도로부터 추정한 발신지로부터의 거리를 나타내는 선

멀수록 신호가 약해진다.

교차하는 부분이 계측 지점이 된다.

그림 4.27 '수신 신호 강도 = 거리'라고 생각하면 위치가 구해지는 것은 아닐까?

수신 신호가 약해지면 전파의 발신지에서 멀어지고 있다는 것을 알 수 있다. 또한, 전파의 발신지가 세 개 있다면 그 강도의 차이에서 위치를 파악할 수 있다.

그러나 실제로 이런 방법을 그대로 적용해도 기대하는 만큼의 정밀도는 얻을 수 없다. 적용 환경에 따라 다르지만, 전파의 반사와 간섭 등의 영향으로 신호 강도와 거리의 비례 관계가 무너지고 마는 것이다.

◉ 와이파이 핑거프린트

와이파이를 이용한 위치 측위는 불가능할까?

와이파이는 가정을 비롯해 사무실이나 쇼핑몰 등 다양한 곳에서 활용되고 있으므로, 와이파이를 사용하여 위치를 추정할 수 있다면 많은 사람이 이용할 수 있을 것이다. 최근 와이파이를 이용한 위치 추정 기술이 활발히 연구·개선되고 있다. 그중에서도 강력한 것이 '핑거프린트(fingerprint)'라는 기술이다.

핑거프린트라는 단어에서 뭔가 고유의 정보를 사용하는 것이라고 상상할 수 있다. 와이파이의 핑거프린트라는 아이디어에는 다양한 변종들이 있지만, 일반적으로는 '어느 지점에서의 전파 상태'를 의미한다.

앞서 등장한 세 개의 전파 발신지를 활용한 위치 추정 아이디어의 문제는 벽에 의한 반사로 전파 상태에 문제가 생기기 때문이었다. 이 '전파 교란'을 핑거프린트로 기록하여 둠으로써 위치를 추정하는 기술이 주목받고 있다.

구체적인 방법을 살펴보겠다. 그림 4.28은 실내에 여러 개의 와이파이 액세스 포인트(access point)를 설치한 상태를 보여 준다. 각각의 와이파이 액세스 포인트에서 송신된 전파가 각 지점에서 신호 강도가 어떻게 되는지를 측정하고 데이터베이스에 기록한다.

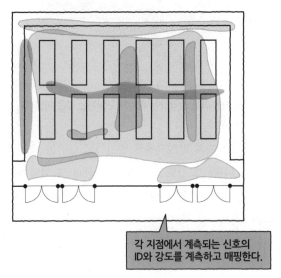

각 지점에서 계측되는 신호의 ID와 강도를 계측하고 매핑한다.

그림 4.28 각 지점에서의 전파 상황을 기록해 두고 비교한다.

실제로 측위를 수행할 때는 스마트폰 등 와이파이를 지원하는 디바이스에서 현재 위치의 신호 상태를 계측하고, 데이터베이스에 등록된 내용에서 가까운 것을 찾는다.

이로써 현재 자신의 위치를 알 수 있다.

이 방법은 사전 측정에 노력이 필요하지만, 오차 1m 이하 정밀도의 서비스도 등장하고 있다. 사전 측정에 관해서도 시뮬레이션(simulation)에 의한 측위 등이 실현되면 적용하기 쉬운 기술이 될 것이다.

4.3.5 비콘

수신 신호 강도를 이용한 위치 추정 기법으로, 최근 이슈가 된 '비콘(beacon)'이라는 것이 있다. 비콘은 산에서 조난 구조할 때 자주 나오는 단어다. 위험한 장소에 가는 등산객에 미리 비콘을 갖추도록 하고, 만약 조난당했을 때에 구조자는 수신기를 들고 신호가 강해지는 곳을 찾는다.

최근 이슈가 되는 비콘은 3장에서 소개한 BLE(Bluetooth Low Energy)라는 저전력 통신 규격을 이용한 새로운 기술이다. 최근 아이폰에서 '아이비콘(iBeacon)'이라는 이름으로 비콘을 사용하는 방법이 제공되고 있다. 기본적인 사용법은 조난 구조용 비콘과 다르지 않다. 예를 들어, 브랜드숍을 상상해 보자(그림 4.29).

그림 4.29 비콘을 활용한 서비스 이미지

명품은 고가이므로 소비자에게 제품의 훌륭함을 이해시켜야 구매까지 이루어질 것이다. 매장 점원의 설명에도 한계는 있다. 매장 근처에 다량의 설명문을 붙이는 것도 매장 이미지에 좋지 않다. 제품마다 충분한 설명을 제공하는 좋은 방법으로 비콘 기술이 유용하다.

우선 각 제품(또는 진열대)에는 비콘 발신기를 설치한다. 이 상태에서 발신기의 전원을 넣으면(대부분의 기기는 배터리를 넣는다), BLE 규격의 신호를 보낸다. 이 신호는 미리 정해진 ID밖에 들어가 있지 않다.

다음으로, 매장을 방문한 고객에게 BLE를 지원하는 스마트폰 전용 앱을 실행하도록 한다. 고객이 상품, 즉 신호의 발신기 근처에 가면 스마트폰이 신호를 수신한다. 그러면 앱이 수신한 신호에 포함된 ID를 이용하여 서버에서 가져온 상품 정보를 표시한다.

이처럼 비콘은 사용자에게 스마트한 정보를 제공할 수 있다. 여기에서 예를 든 제품 설명의 사례 외에도 매장을 방문한 고객에게 쿠폰을 선물하거나 수신한 비콘의 ID로부터 현재 위치를 알려 주는 서비스도 생각할 수 있을 것이다.

주의해야 할 것은 비콘은 발신기에 의해 출력하는 전파 강도가 다를 수 있으며, 수신기가 되는 스마트폰이 케이스와 가방 등으로 덮여 있는 경우 전파가 약해질 수 있다는 점이다. 앱을 개발할 때에는 사전에 테스트를 수행한 것을 바탕으로 발신기의 신호 강도를 선택해야 한다. 또한, 수신기도 어느 정도 강도의 신호를 수신할 때 작동을 할지, 그리고 복수의 신호를 수신하고 있는 경우에는 어떤 행동을 취해야 할 것인지 등 다양한 상황을 고려해 설계해야 한다.

4.3.6 위치 정보와 IoT의 관계

이 장에서는 RGB-D 센서를 시작으로 위치 정보를 측정하는 센서에 관해 다양하게 다루어 왔다. 마지막 정리로서 위치 정보와 IoT의 관계를 생각해 보자.

IoT 세계에서 위치 정보는 어떻게 사용되는 것일까?

GNSS와 와이파이 핑거프린트처럼 사용자에게 현재 위치를 알려 주는 기술이 우리의 생활을 편리하게 해 주는 예는 많다. 예를 들어, 길 안내 서비스는 스마트폰의 등장으로 많은 사람이 현재의 위치와 주변 지도를 볼 수 있게 되었다. 10년 전에는 생각지도 못한 진보다. 또한, 스마트폰을 분실한 때에도 원격에서 잠금장치를 잠그거나 스마트폰의 위치 정보를 전송시킬 수도 있게 되었다. 그런데 이러한 사례는 IoT의 세계와는 관계가 깊어 보이지는 않는다. 하지만 이렇게 위치 정보를 쉽게 얻을 수 있게 된 덕에 IoT 세계는 현실성을 더해 가고 있다.

IoT와 M2M이라는 기술은 대량의 센서를 설치하여 대량의 데이터를 수집하거나, 디바이스가 양방향 통신하는 것을 이용해 새로운 서비스를 실현코자 하는 배경을 지니고 있다. 이는 댐의 저수량을 관제하는 시스템일 수도 있고, 멸종 위기종의 모니터링에 사용할 수도 있다. 또는, 운송 경로 최적화나 해양에서의 해일 감시 시스템일지도 모른다. 어떤 경우라도 서비스를 제공하려면 위치 정보를 빼고는 생각할 수 없다.

멸종 위기종의 보호나 운송 경로 최적화처럼 위치 정보 자체가 큰 가치를 가질 수도 있고, 저수량 관제 또는 해일 감시처럼 계측 포인트의 파악이나 디바이스의 관리를 위해 위치 정보가 필요한 예도 있다. 위치 정보 관련 기술은 언뜻 복잡하고 활용 분야가 떠오르지 않는 면도 있지만, IoT 세계를 지탱해 주는 중요한 기술이다.

IoT 서비스
시스템 개발

5.1 | IoT와 시스템 개발

IoT(Internet of Things)는 말 그대로 사물이 인터넷에 연결되는 것 혹은 그 구조를 뜻한다. IoT로 인해 현실 세계의 정보를 센싱하거나 피드백을 할 수 있게 되었지만, 이런 IoT를 시스템화한다는 것은 어떤 뜻일까? 센서 데이터가 데이터베이스에 축적되는 것을 말하는가, 아니면 클라우드에서 자동으로 에어컨이나 조명을 제어하는 것을 말하는가?

필자는 센서를 비롯한 각종 디바이스를 활용하여 지속해서 문제를 해결하는 구조를 만드는 것으로 생각한다. 즉, 센서를 이용하여 계측하는 것뿐만 아니라, 측정된 데이터의 모니터링과 분석을 통해 에너지 손실이 있는 부분을 찾아내거나 장비의 고장을 예견하는 등의 새로운 정보나 가치를 창출하는 것이다. 그리고 일시적인 것이 아니라, 비용면이나 운용면에 근거하여 지속해서 운영해 나갈 수 있는 구조를 만들 수 있는 것이 시스템화라고 생각한다.

IoT 서비스는 디바이스가 주체가 되는 시스템이므로 개발에 있어 디바이스만의 유의할 점이 있다. 이번 장에서는 아키텍처(architecture)와 IoT 디바이스를 이용하여 필자가 실제로 개발한 IoT 시스템을 소개한다. 또한, 개발 사례를 통해 디바이스를 이용한 시스템 특유의 문제와 과제에 관해 설명하겠다.

5.1.1 IoT 시스템 개발의 과제

1장에서 언급한 바와 같이 IoT 서비스는 많은 잠재력이 있지만, 정작 IoT 시스템을 개발하고자 할 때 직면하는 다양한 어려움이 있다. 이번 절에서는 시스템을 도입하려는 이용자와 시스템 개발자의 측면에서 이런 다양한 어려움에 관해 다루려고 한다.

우선, 이용자로서는 서비스 도입 효과를 사전에 예측하기 어렵고, 원래 새로운 것을 도입하는 것 자체가 쉽지 않다. IoT 서비스에서는 센서 데이터를 비롯한 다양한 데이터를 수집하고, 현황 파악과 분석을 수행하지만, 그 효과는 실제 해보지 않으면 알기 어려운 면도 있으며, 반드시 들인 비용만큼의 효과가 나오는 것도 아니다.

한편, 시스템 개발자로서의 어려움은 이 책에서 다루는 기술의 다양함을 보면 알 수 있듯이 요구되는 기술 범위가 일반 웹 개발보다 폭넓다는 점이다(그림 5.1).

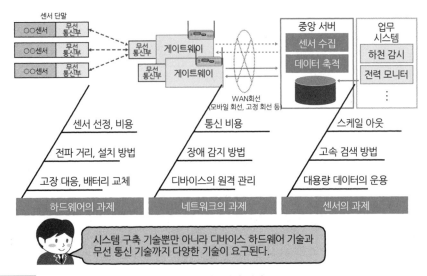

그림 5.1 ┃ **IoT의 시스템은 폭넓은 분야의 기술로 이루어져 있다**

작은 규모의 IoT 서비스라고 하더라도 서버에서 동작하는 애플리케이션을 포함하여, 디바이스를 구성하는 하드웨어, 임베디드 소프트웨어, 디바이스와 센서를 연결하는 게이트웨이, 무선 통신 기술, 네트워크 등 필요로 하는 지식이 다양하다. 물론 모든 것을 파악하고 있어야 개발할 수 있는 것은 아니다. 하지만 각 영역에 관한 기술적인 개념과 구조를 파악하고 있어야 개발과 운용에서 발생할 수 있는 문제점을 방지할 수 있다.

5.1.2 ┃ IoT 시스템 개발의 특징

IoT 서비스를 개발하는 데 잊어서는 안 되는 것은 'IoT 서비스는 디바이스가 관련된 서비스'라는 점이다.

IoT 데이터를 활용하는 빅 데이터 분석은 축적된 대량의 데이터와 로그를 대상으로 하므로 반드시 디바이스가 필요한 것은 아니다. 그러나 IoT 서비스에서는 디바이스(사물)가 반드시 서비스와 관련된다. 그리고 디바이스가 시스템 전반의 주체로서 그림 5.2와 같은 IoT 서비스만의 특징이 존재한다.

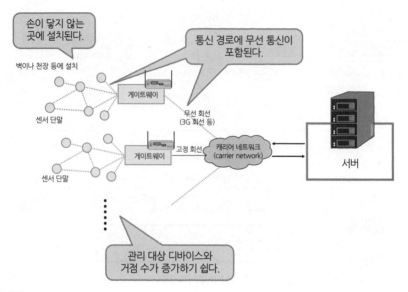

그림 5.2 **IoT 시스템만의 특징**

그림 5.2에는 당연한 것만 있을 뿐이지 않은가. 그러나 뜻밖에 이러한 특징을 고려하지 않고 개발을 진행하면, 운용 단계에서 장애 대응이나 단말 유지 보수 시에 예상치 못한 비용이 발생할 수 있다는 점을 염두에 두어야 한다.

◉ 관리 대상 디바이스와 거점 수가 증가하기 쉽다

IoT 서비스는 센서를 비롯한 복수의 디바이스와 그것들을 연결하는 게이트웨이로 구성되어 있다. 디바이스는 운용 상황에 따라 종류와 수가 증가하는 경향이 있다.

예를 들어, 빌딩이나 상업 시설 내부의 온·습도, CO_2(이산화탄소) 농도와 같이 환경을 센싱하는 경우, 층의 장소에 따라 측정값이 가지각색이므로 특정 장소가 아닌 다양한 장소에서 센싱을 하게 된다. 즉, 한 공간 내에 여러 개의 센서가 설치된다.

또한, 운용 중에는 디바이스 종류와 수가 증가하는 경우가 많다. 예를 들어, 우선 센서를 설치하여 모니터링을 하지만, 측정 결과로부터 충분한 정보를 얻지 못하고, 기대했던 효과를 볼 수 없는 때도 있다. 이 같은 경우, 더욱 상세한 측정을 위해 측정 포인트를 늘리거나 다른 관점에서 분석하기 위한 새로운 센서를 설치하게 된다. 여기서 효과가 생기면 다른 층이나 시설로 확대할 수 있다. 거점 증가 시 설치된 센서와 같은 수의 센서가 설치될 수도 있고, 때에 따라서는 비약적으로 센서의 수가 증가할 수도 있다. 일정한 효과를 얻은 뒤에도 사용자의 증가에 따라 디바이스가 확대되어 가는 등 이유는 다양하다.

◉ 사람의 손이 닿지 않는 곳에 설치되어 있다

사무실이나 상업 시설에 설치되는 디바이스나 게이트웨이는 보통 천장이나 벽과 같이 손이 닿지 않는 곳에 설치되어 운용되는 경우가 많다. 따라서 설치 후 디바이스 운용은 쉽지 않다. 설치 장소를 변경하거나 단말기의 소프트웨어를 변경하기 위해서는 디바이스 담당자에게 작업을 의뢰해야 할 뿐만 아니라, 때에 따라서는 관리자들 또는 공사 업체와 일정을 조율해야 한다.

◉ 무선 통신 부분이 존재한다

간과하기 쉬운 부분이 데이터 통신 경로에 무선 통신을 이용하는 것이다. 3장에서 소개한 바와 같이 센서와 게이트웨이 사이는 주로 무선 통신이 사용된다. 또한, 게이트웨이와 캐리어(carrier) 망을 연결하는 액세스 회선 등에서도 3G/LTE 등의 무선 통신이 이용된다.

물론, 해당 구간을 유선으로 연결할 수도 있지만, 센서 등의 디바이스를 다양한 장소에 추가 설치하려면 무선 통신을 선택하는 경우가 많아진다. 일반적으로 무선 통신은 유선 통신보다 통신 품질이 낮다. 예를 들어, 장애물과 같은 현장의 환경 변화에 따라 통신 회선에 문제가 생길 수 있으며, 주변 전파에 의한 간섭으로 회선이 불안정해질 수도 있다.

5.2 | IoT 시스템의 개발 흐름

IoT 서비스의 비용 대비 효과 산출은 이론적으로만 설명하기 어려우며, 데이터 수집·분석을 반복하여 수행하지 않으면 도입 효과를 제대로 파악할 수 없다. 서비스 개발에서도 디바이스가 중심이 되는 서비스이므로 요건 실현을 위한 디바이스를 조달해야 한다. 그러나 충분한 양의 디바이스를 바로 조달하거나 만들기는 쉽지 않다.

따라서 스몰 스타트(small start)로 사전 검증을 하는 것이 중요하다. 초기부터 대규모 시스템을 구축하는 것이 아니라 프로토타입을 통해 시스템 도입의 효과를 검증하는 것이다. 또한, 요구 사항에 맞는 여러 종류의 디바이스를 이용하여 비교 선정 및 운용 수단을 검토해야 한다. 따라서 IoT 서비스 시스템 개발은 '가설 검증', '시스템 개발', '운용 유지 보수'의 3단계로 진행하는 것이 중요하다(그림 5.3).

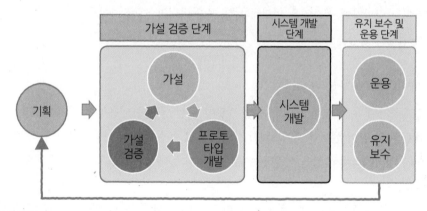

그림 5.3 IoT 시스템 개발 플로

5.2.1 가설 검증 단계

소규모의 프로토타입을 구축하여 서비스 도입에 따른 효과 검증과 IoT 서비스를 실현하기 위한 기술 검증을 수행한다. 효과 검증에서는 센싱된 데이터를 통해 비용에 상응하는 가치 있는 정보가 생성되는지 확인한다. 또한, 프로토타입 시스템을 이용자에게 사용해 보도록 하여, 실제 어떻게 사용되는지 확인하고 요구 사항을 조절해 간다.

IoT 서비스를 구성하는 서버와 디바이스 가운데, 특히 기술 검증에서는 디바이스에 관해 신중한 사전 검증을 해야 한다. IoT 서비스는 디바이스를 이용한 센싱과 피드백이 주체가 되므로 디바이스가 목표로 한 동작을 달성하지 못하면 시스템 자체가 성립되지 않기 때문이다. 따라서 가설 검증 단계에서 센서 디바이스의 선정은 중요하다. 이 단계에서 다음과 같은 부분을 검토해야 한다.

디바이스·선정

- **디바이스 요건 정의**
- **디바이스 조사, 조달, 제작 및 동작 검증**
- **디바이스 설치에 관한 설계**
- **디바이스의 유지 보수/운용 설계**

서비스 프로토타입 개발 및 운영

- **캐리어 네트워크 선정**
- **게이트웨이/서버 측 시스템의 프로토타입 개발**
- **디바이스, 시스템의 테스트 운용으로부터 과제 산출**

도입 효과 검증

- **센서, 액추에이터의 도입 효과 검증**

5.2.2 시스템 개발 단계

실제 서비스를 위한 개발을 진행한다.

가설 검증 단계에서 프로토타입 개발과 검증 결과를 바탕으로 실제 환경에서 사용하는 디바이스의 조달과 서버 시스템의 개발을 진행한다. 특히, 디바이스와 거점 추가 등의 확장성이나 취득된 데이터의 저장 용량과 저장 기간 등의 데이터 운용에 관해서는 서비스 운용 중에 대응할 가능성이 크므로 여러 이해 관계자와의 연계가 중요하다.

사전 검증 단계에서 구축한 프로토타입을 그대로 확장하는 경우에는 사전 검증 단계부터 실제 환경으로의 마이그레이션을 고려해서 시스템 품질의 확보와 디바이스 추가에 대응하기 쉬운 시스템 설계를 해 두자.

5.2.3 유지 보수와 운영 단계

IoT 서비스의 운용에서는 정보 시스템과 더불어 설치 디바이스와 게이트웨이의 운영 관리를 수행한다.

아래와 같이 디바이스의 운영 관리 이상 상태의 감지·복구뿐만 아니라 상황에 따라 디바이스의 파라미터 설정 변경이나 수리·교환에 따른 대응, 신규 디바이스 추가 등을 수행한다.

- 디바이스의 상태 모니터링 설정 변경이나 수리·교환
- 신규 디바이스 추가 지원
- 시스템 상태 감시
- 축적된 데이터의 운용
- 데이터 수집·활용

Column

수익 셰어

안정적인 IoT 서비스 도입을 위해 스몰 스타트의 사전 검증부터 시작하는 방법을 설명했지만, 다른 수단으로서 수익 셰어(revenue share)형의 계약을 맺는 방법도 있다.

수익 셰어는 제휴 방법의 하나로서 위험을 공유함으로써 이익을 분배하는 방법이다. 시스템 도입 시 기존과 같이 개발을 위탁하고 정해진 금액을 지급하는 것이 아니라, 시스템을 통해 발생한 수익의 일부를 개발자에게 지급하는 계약 형태다. 발주하는 입장에서는 투자 비용을 낮추는 것으로 시스템 도입의 위험을 낮출 수 있다.

센서 네트워크와 M2M 시스템을 비롯한 IoT 시스템에서도 이러한 수익 셰어형 계약 형태가 도입되고 있다. 일례로 에너지 절약 시스템 구축 비용을 줄이고, 시스템 도입의 영향으로 절약된 전기 요금·수도 요금의 일부를 개발자에게 배분하는 사업이 시작되고 있다.

5.3 | IoT 서비스 시스템 개발 사례

그러면 IoT 시스템의 개발 예를 살펴보자.

5.3.1 플로어 환경 모니터링 시스템

◉ 시스템 개요

먼저 소개할 시스템은 사무실을 대상으로 한 업무 환경 개선을 목표로, 플로어(floor) 환경 모니터링을 실시한 사례다(그림 5.4). 일반적으로 업무 환경이 쾌적해지면 작업 능률이 오르는 것으로 알려져 있다. 업무 환경이라면 인간관계, 노동 시간 등 다양한 요소가 영향을 받겠지만, 해당 시스템은 위생 환경적인 면을 모니터링한 사례다.

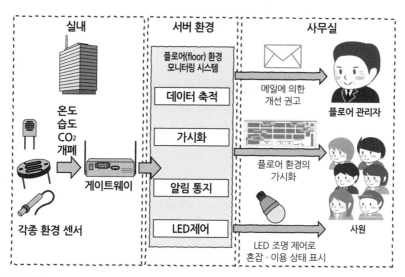

그림 5.4 플로어 환경 모니터링 시스템 개요

모니터링 시스템은 실내에 무선 환경을 이용하는 센서를 설치하고, 실시간으로 수집·계측된 데이터를 보여 주고 있다. 측정 결과에 따라 어떤 판단을 해야 할지 도움이 되기 위해 웹 화면에 정보를 표시하고, 계측된 상황별로 LED 조명을 제어하는 것이다.

구체적으로는 다음과 같은 모니터링을 하고 있다.

1. **적절한 에어컨 설정을 위해 내부 온도 계측**
2. **인플루엔자 예방을 위해 불쾌지수 측정**
3. **집중력 저하 방지를 위해 CO_2 농도 측정**
4. **화장실 대기 시간 단축을 위한 화장실 혼잡 제어**

1. 적절한 에어컨 설정을 위해 내부 온도 계측

사무실 에어컨 설정은 여름에는 28℃, 겨울에는 22℃로 설정하도록 권장하고 있다. 그러나 28℃로 설정했다고 해도 실제로 실내 온도가 28℃를 넘는 더위를 느낄 수 있으며, 좌석의 위치에 따라 온도 차이가 있다. 따라서 실내 환경의 온도를 측정하고 결과를 가시화하고 있다.

2. 인플루엔자 예방을 위해 불쾌지수 측정

가을과 겨울은 독감이 유행하기 쉬운 계절이다. 온도와 습도를 통해 산출되는 불쾌지수 지표는 인플루엔자 감염과 연관성이 있으므로 직원들의 독감 예방을 위해 불쾌지수를 지속해서 모니터링하고 임계값을 초과하면 알림을 통해 대처할 수 있게 한다.

3. 집중력 저하 방지를 위해 CO_2 농도 측정

업무 능률 향상의 관점에서 CO_2 농도와 사람의 집중력은 관련 있다고 알려졌다. 미국의 한 연구팀 실험에 의하면 이산화탄소 농도가 1000ppm을 초과하면 사고력이 저하되고, 2500ppm에 달하면 현저하게 떨어진다고 한다. 또한, 일본 후생노동성(우리나라의 보건복지부에 해당하는 일본의 행정기관)이 정하는 건축물 환경 위생 관리 기준에서도 거실의 CO_2 농도는 1000ppm 이하로 유지하는 것이 바람직하다고 되어 있다. 따라서 CO_2 농도 센서를 이용하여 실내 CO_2 농도를 모니터링하고 있다. 플로어나 방과 같은 밀폐된 공간에서는 사람의 호흡으로 인해 CO_2 농도가 상승한다. 계측된 값을 보면 사무실 내의 인원수나 환기 장치의 작동 상황에 따라 CO_2의 농도가 변화한다는 것을 알 수 있다(그림 5.5). CO_2 농도가 높은 경우에는 환기하도록 권장하고 있다.

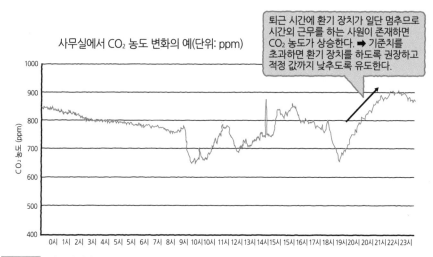

그림 5.5 사무실에서 CO_2 농도 변화

4. 화장실 대기 시간 단축을 위한 화장실 혼잡 제어

업무 환경 개선을 위해 조사를 한 결과, 남자 화장실이 붐빈다는 의견이 있었다. 업무 중에 화장실에 가고자 할 때, 화장실이 붐빈다면 다시 자리로 돌아와야 하므로 업무 능률이 저하된다.

한 번뿐이라면 몰라도 몇 번이고 왕복해야 하는 상황이 발생하면 낭비되는 시간뿐만 아니라 스트레스도 느끼게 될 것이다. 이를 개선하고자 개폐 센서를 이용하여 혼잡 상태를 계측한 후, 웹 화면을 통해 혼잡 상황을 가시화함과 동시에 LED 조명을 제어하여, 웹 브라우저를 열지 않고도 현재 혼잡 상황을 실시간으로 확인할 수 있도록 하고 있다.

◉ 시스템 구성

이 시스템은 환경 센서를 비롯해 무선 디바이스와 게이트웨이, 중앙 서버 환경으로 구성되어 있다(그림 5.6).

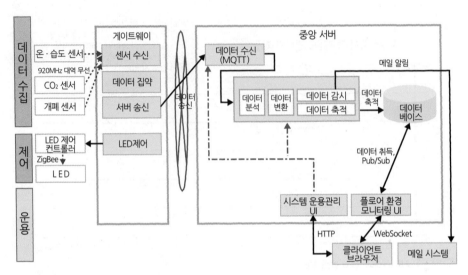

그림 5.6 플로어 환경 모니터링 시스템

센서 디바이스로는 온·습도 센서, CO_2 센서, 개폐 센서, 적외선 센서을 이용하고 있으며, 액추에이터 디바이스로는 LED 조명을 이용하고 있다. 게이트웨이는 각 센서를 집약함과 동시에 LED 조명을 제어하는 기능을 담당한다.

중앙 서버 환경은 게이트웨이에서 전송된 데이터를 수신하는 메시지 큐(message queue)열과 수신 데이터를 분석·처리하는 스트림 처리 파트, 데이터 저장을 위한 데이터베이스로 구성되어 있다. 애플리케이션은 데이터베이스와 연동하고 있으며, 2장에서 소개한 발행/구독(Publish/Subscirbe)을 이용하여 실시간으로 웹 화면에 표시하고 있다. 또한, 스트림 처리에서는 각 기능을 모듈화하고, 센서 데이터를 모니터링하여 일정 조건에 메일로 알리도록 하고 있다.

에너지 절약 모니터링 시스템

◉ 시스템 개요

　다음으로 소개할 시스템은 상업 시설과 사무실의 에너지 절약을 목표로 각종 시설의 에너지 절약 상태에 관한 모니터링을 한 사례다(그림 5.7).

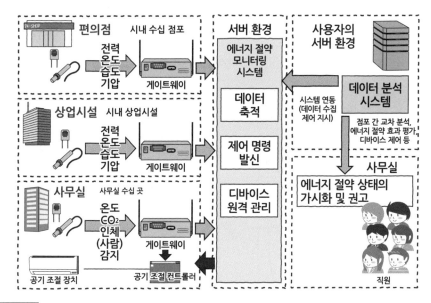

그림 5.7　에너지 절약 모니터링 시스템 개요

　해당 시스템에서는 시내 수십 곳의 시설과 특정 지역 사무실들을 대상으로 각종 환경 센서를 설치하고, 각 시설의 에너지 절약 상황 가시화 및 에너지 절약을 실현하기 위한 개선 조치를 하고 있다. 이를테면, 상업 시설에서는 다양한 장소에 센서를 설치하고, 플로어 내 국소적 장소의 온도, 습도, 전력을 측정했다. 계측된 데이터를 기반으로 플로어가 지나치게 낮은 온도(혹은 높은 온도)가 되면 이를 조기에 발견하고, 소비 전력의 가시화와 그에 따른 대책을 기반으로 에너지 절약을 실현하고 있다. 또한, 사무실에서는 머무는 인원수를 계측하고, 그에 맞는 최적의 상태로 공기 조절 장치 및 환기 장치를 제어하고 있다.

또한, 각 시설에서 측정한 데이터를 횡단 분석을 하기 위해 클라우드 서버 환경으로 데이터를 집약하고 있다. 그리고 집약된 데이터를 사용자 시스템에서 분석하고, 시설마다 전력 소비량을 가시화하여, 직원에 관한 권고 및 공기 조절 장치를 원격 제어하고 있다.

◉ 시스템 구성

5.3.1에서 소개한 플로어 환경 모니터링과 마찬가지로 각종 환경 센서와 게이트웨이, 그리고 중앙 서버 환경으로 구성되어 있다(그림 5.8).

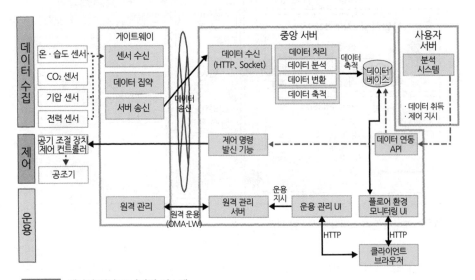

그림 5.8 에너지 절약 모니터링 시스템

센서에는 온·습도 센서, CO_2 센서, 기압 센서, 전력 센서를 이용하고 있다.

중앙 서버 환경에서는 데이터를 수신하는 데이터 수신 파트, 수신 데이터를 처리하는 처리 파트, 데이터를 축적하는 데이터베이스로 구성되어 있다. 수신 파트에는 게이트웨이와 서버 간의 통신 프로토콜로 HTTP, 소켓(socket)을 포함한 다양한 종류의 프로토콜을 사용하고 있다. 또한, 이 시스템은 데이터 수집과 디바이스 제어 명령 전송은 중앙 서버에서 수행하고, 수집된 데이터의 분석은 사용자 서버 시스템에서 수행하고 있는 구성이다. 따라서 API(Application Programming InterfaceI)를 이용하여 시스템 간을 연동하고 있다.

디바이스와 게이트웨이가 멀리 떨어진 장소에 설치되어 있으므로 운용 관리는 원격으로 하고 있다. 즉, 장애가 발생했을 때 시스템 관리자는 원격으로 게이트웨이 설정, 로그 정보 확인, 그리고 소프트웨어 업데이트가 가능하게 되어 있다.

5.4 | IoT 서비스 개발의 포인트

이번 절에서는 지금까지의 개발·운용 경험을 바탕으로 IoT 서비스에서 고려해야 할 개발 포인트에 관해 '디바이스', '아키텍처', '네트워크', '보안', '운용·유지 보수'라는 다섯 가지 관점에서 다루어 볼 것이다.

5.4.1 디바이스

◉ 디바이스 선정

IoT 서비스에서 디바이스 선정은 매우 중요하다. 디바이스의 특성에 따라 가능한 것과 불가능한 것이 있으므로 사전에 목적을 명확히 하고 목적을 달성할 수 있는 디바이스를 선택해야 한다.

◉ 센서 특성

조금 전 플로어 환경 모니터링에서 설명한 화장실 이용 상태 감시의 예를 들어 보겠다. 이 사례에서는 화장실 이용 상황을 실시간으로 감지하고, 복수의 화장실 이용 비율에 따라 LED의 색상을 제어한다. 따라서 화장실 이용 상황을 취득할 수 있는 센서를 정하고, 각 센서마다 감지 특성, 환경 특성, 비용 특성의 비교 검토를 수행했다(표 5.1).

표 5.1 센서별 특성

센서	검출 특성		환경 특성				비용 특성	
	검출 속도	검출 정밀도	밀폐 되지 않는 환경	문이 존재 하지 않는 환경	화장실 칸의 넓이	발생하는 확실성	소비 전력	가격
거리	사람이 있는 상태 에서 바로 변화	높음	○	○	×	○	○	○
개폐			○	×	○	○	○	○
카메라			○	○	○	○	×	×
열센서			○	○	○	○	×	×
플로(flow) 센서			○	○	○	○	○	×
움직임 (사람감지)		중간	○	○	○	△	×	△
소리		낮음	△	△	△	△	△	△
조도			○	○	○	×	○	○
CO₂	사람이 있다면 계속 변화	높음	×	×	×	○	○	△
냄새		낮음	×	×	×	×	○	×
실온			×	×	×	×	○	○
습도			×	×	×	×	○	○

결과적으로, 실시간성이 높고, 간단하고 가격이 저렴한 센서로서 거리, 개폐, 움직임 감지를 선택했다. 각각을 시험한 결과, 화장실에서 사람의 움직임은 뜻밖에 적으므로 움직임(인체 감지) 센서는 검출률이 나쁘고, 거리 센서는 점으로 계측할 수밖에 없으므로 설치하고자 하는 위치를 정하기 어렵다는 검증 결과가 나왔다. 개폐 센서는 화장실

사용 여부에 따라 실시간으로 정밀한 이용 상태를 감지할 수 있었으므로 개폐 센서를 이용하기로 했다.

센서 단말의 선정에서 고려할 점은 주로 표 5.2에 정리했다. 특히, 설치 및 운영도 고려한 시스템 개발의 관점에서 보면, 전원을 유지하는 방법 및 데이터 취득 방법과 확장성 등을 중심으로 보게 될 것이다.

표 5.2 센서 검토 사항

고려 사항	내용
센서 특성	검출 특성, 환경에 따라 사용 가능 여부 파악
전원	AC 전원, 배터리, 충전, 자율적 발전
베터리 수명	배터리와 충전식의 경우 교체(충전) 빈도
전송 I/F	유선: 시리얼, 이더넷 무선: 와이파이, 블루투스, 지그비
전송 빈도	검출된 데이터가 전송되는 타이밍과 빈도
데이터 취득 방법	검출된 데이터 취득 방법. 수신기에서 검출한 데이터의 추출 방법(I/F 포맷) 등
확장성	센서 단말의 확장 용이성. 무선의 경우, 중계기 설치로 설치 범위의 확대가 가능한가
크기	센서의 크기, 모양
가격	센서 가격
지원	센서 지원 및 구매 용이성

이번 사례에서는 화장실 문에 설치하므로 케이블 없는 운용도 고려하여 자율 전원 센서를 선택했다. 또한, 대상 수가 증가할 때에도 간단하게 추가할 수 있는 확장성과 개폐 센서뿐만 아니라 온·습도 센서나 적외선 센서 등 라인업이 갖추어져 있어 향후 활용하기 쉬운 장점이 있었다.

◉ 측정 오차

센서를 사용하는 경우에는 내장된 센서가 계측하는 방법을 이해한 후, 센서의 계측 오차 및 오작동에 관해 파악해 둘 필요가 있다.

예를 들어, 온도 센서의 환경/측정에 관한 사양을 확인하면 '주변 온도, -10~+80℃, 측정 범위, -10~+80℃, 측정 정밀도, ±0.5℃'와 같이 적혀 있다. 즉, 이 센서가 25℃로 계측한 경우, 실제 온도는 24.5~25.5 ℃의 범위에 있는 것이다. 따라서 측정된 온도 데이터를 응용 프로그램에서 사용할 때에는 오차 범위가 존재하는 것을 염두에 두어야 한다.

또한, 인체 감지 센서는 사람의 존재를 감지하는 센서지만, 모든 상황에서 사람의 존재를 감지할 수 있는 것은 아니다. 수동형 적외선(passive infrared rays) 센서의 경우, 적외선을 이용하여 주변 온도와 온도 차가 있는 물체가 감지 범위에서 움직일 때 작동한다(그림 5.9). 따라서 감지 범위 내에서 열 (적외선)을 발생하는 물체(사람 또는 동물)가 움직이지 않거나 움직임이 작은 경우 등은 감지하기 어렵다.

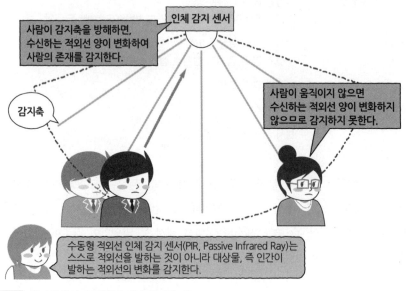

그림 5.9 센서의 측정 오차(인체 감지 센서의 예)

센서마다 계측하는 구조가 다르므로 센서 디바이스에 내장된 센서의 구조를 파악하여 측정 대상을 문제없이 측정할 수 있는지 검토하자.

◉ 법적 규제

법에 따른 단말을 사용하고 있는지 확인하는 것도 중요하다. 무선 통신의 혼신이나 간섭을 방지하고 전파의 효율적인 이용을 보장하기 위해 전파법이 정해져 있다. 우리나라에서는 국가 통합 인증 마크인 KC 마크가 없는 무선 제품은 현재(작성 시점) 기본적으로 사용할 수 없다. 특히, 해외 제품을 사용하는 경우에는 주의가 필요하다. 해외 업체의 센서 디바이스를 국내에 반입하면 사용하는 데는 문제가 없겠지만, KC 마크를 획득하지 않으면 법에 위반될 가능성이 있으므로 주의하자.

일반적으로 인증된 디바이스를 구매하면 KC 마크가 표시되어 있다. 예를 들어, 현재 가지고 있는 스마트폰의 뒷면을 보면 KC 마크가 있을 것이다. 업체에 인증 취득에 관해 문의하거나 검색 사이트 등을 통하여 사용하려는 디바이스가 인증을 통과한 제품인지 확인할 수 있다(그림 5.10). 그러나 인증에 관련해서는 매우 복잡하므로 전문 기관에 문의하는 것이 좋을 듯하다.

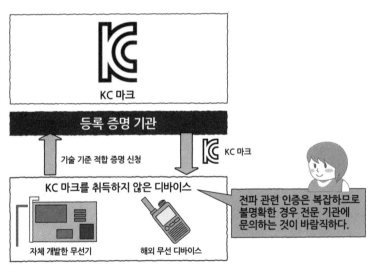

그림 5.10 KC 마크

◉ 디바이스의 설치

IoT 시스템에서는 비교적 작은 크기의 디바이스를 여러 곳에 설치하므로 설치 장소에도 신경을 써야 한다. 여기에서는 디바이스 설치 시 주의할 점으로 배치 설계, 설치 장소, 설치 환경에 관해 설명하겠다.

배치 설계

디바이스와 게이트웨이를 어떻게 배치할 것인가에 관한 설계는 도입 비용 및 운용의 편의성에 영향을 미친다. 게이트웨이는 높은 사양의 시스템으로, 웹 접속 기능과 같은 다양한 기능을 갖추고 있으므로 센서보다 고가의 제품인 경우가 많다. 또한, 운용의 관점에서 보면, 서버 측 시스템에 연결되는 디바이스가 많을수록 관리 포인트가 증가하는 경향이 있다.

따라서 기본적으로는 센서로 구성되는 센서 네트워크망에 센서를 집약하고, 게이트웨이의 수를 줄일 수 있도록 배치하는 것이 바람직하다(그림 5.11). 그러니 센서의 전파 출력이 약하더라도 대체로 데이터가 잘 도착하는데, 거실과 복도 등에 있는 철제로 된 문을 통과하기는 어렵다.

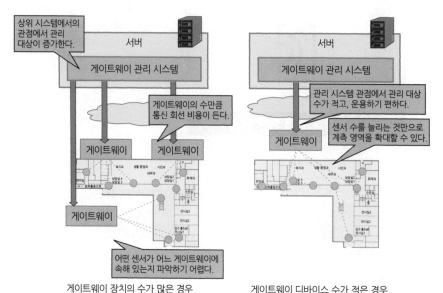

게이트웨이 장치의 수가 많은 경우   게이트웨이 디바이스 수가 적은 경우

그림 5.11 디바이스의 배치 설계

이 같은 경우에는 센서 네트워크를 분리하고, 게이트웨이를 늘리는 것이 대안이 될 수 있다. 또한, 배치 설계 시에 플로어 맵(floor map)과 어디에 어떤 디바이스를 설치했는지에 관한 정보를 정리해 두는 것이 좋다.

설치 장소

디바이스를 설치하는 장소에도 주의가 필요하다. 기본적으로 센서 디바이스는 크기가 작고 휴대할 수 있다. 따라서 멀리 떨어져 있는 룸과 같이 시스템 관리자가 눈으로 감시할 수 없는 장소에 사람들이 쉽게 만질 수 있는 곳에 두면 잃어버릴 우려가 생긴다.

실내에 설치한 온·습도 센서가 사무실 이사로 인해 함께 운반되어 행방을 알 수 없게 되거나, 화장실에 붙인 개폐 센서가 떨어지는 경우도 생각할 수 있다. 이러한 경우 찾기 어려울 수 있으므로 기본적으로 사람의 손이 닿지 않는 곳에 설치하도록 하자.

설치 환경

센서는 일반적인 환경에서는 문제가 없는 것이 대부분이다. 하지만 냉동 보관해야 하는 식자재 등을 관리하는 것이 목적인 센서를 사용할 경우, 온도가 극단적으로 낮은 장소에 센서를 설치해야 할 경우도 있다. 따라서 사용하려는 센서의 동작 가능 환경이나 측정 범위에 관해 미리 확인해 두어야 한다.

◉ 파라미터 설정

디바이스의 파라미터 설정에 따라 유지 보수의 편의성에 영향을 미친다.

센싱 간격

당연한 이야기지만 데이터 취득 간격을 짧게 할수록 많은 데이터를 수집할 수 있다. 따라서 센서를 사용하는 입장에서 센싱 간격을 짧게 설정하기가 쉽다. 그러나 센싱 간격이나 데이터 전송 빈도 설정 때문에 유지 보수의 빈도에도 영향을 준다.

다양한 장소에 다수의 센서를 설치하기 위해 대체로 IoT 디바이스는 작은 크기의 하드웨어, 무선 통신, 그리고 배터리를 사용하도록 구성한다. 최근에는 디바이스 자체가 발전(發電)하는 자립 전원을 갖춘 '에너지 하베스터' 등의 단말도 등장하고 있다. 그러나 아직 대부분이 배터리 구동이다. 배터리 소비면에서 보면, 배터리 소비의 대부분은 센싱이나 무선 전송에 사용된다(그림 5.12). 센싱 빈도를 잦게 할수록 전력 소모가 심해지고 배터리 교환 주기가 짧아지므로, 배터리 교체와 같은 유지 보수 간격도 염두에 두고 필요에 맞게 적절한 센싱·전송 주기가 되도록 설계하는 것이 바람직하다.

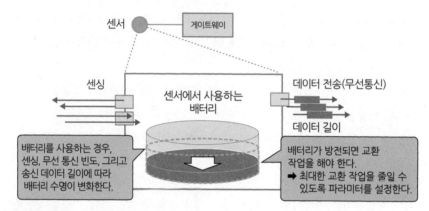

센서   게이트웨이

센싱   센서에서 사용하는 배터리   데이터 전송(무선통신)

데이터 길이

배터리를 사용하는 경우, 센싱, 무선 통신 빈도, 그리고 송신 데이터 길이에 따라 배터리 수명이 변화한다.

배터리가 방전되면 교환 작업을 해야 한다.
➡ 최대한 교환 작업을 줄일 수 있도록 파라미터를 설정한다.

그림 5.12 센싱 간격 및 배터리 용량

◉ 센서 네트워크의 설정

센서 네트워크를 이용하는 경우는 센서 네트워크를 동작시키기 위해 파라미터를 결정해야 한다.

여기서 주의해야 할 것은 센서 네트워크의 네트워크 ID다. 그룹 ID와 같이 다른 호칭도 사용되지만, 결국 센서 네트워크를 고유하게 식별하는 ID를 말한다. 이 ID를 모두 동일하게 설정하면 초기 도입 시 및 단말기 추가·변경 시 설정 비용을 줄일 수 있다. 그러나 수신기를 갖춘 게이트웨이가 복수 존재하는 경우에는 복수의 수신기에서 같은 데이터를 수신하게 되므로 결과적으로 중앙 서버에 데이터가 중복될 수 있다(그림 5.13). 따라서 게이트웨이에서 센서 ID를 읽고, 수신 허용 리스트에 기재된 센서 데이터만을 수신하는 화이트 리스트(white list) 방식 등의 대응이 필요하다.

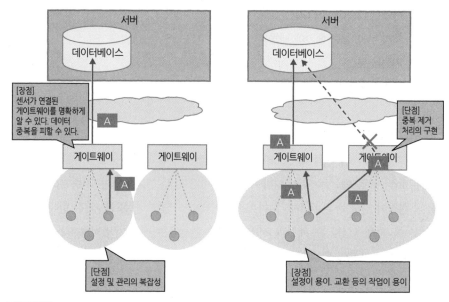

그림 5.13 센서 네트워크의 네트워크 ID 설정

반면, ID를 게이트웨이마다 개별적으로 설정하면 데이터 중복을 피할 수 있지만, 구축할 때 센서마다 설정해야 하는 번거로움이 있고, 센서 네트워크 ID의 관리가 필요해진다.

앞서 플로어(floor) 환경 모니터링 사례에서는 두 가지 방식을 조합해서 관리하고 있다. 후자의 게이트웨이별 네트워크 ID를 설정과 화이트 리스트 방식으로 부정한 액세스를 방지하고 있다.

5.4.2 처리 방식 설계

IoT 시스템을 운용, 유지 보수하다 보면 디바이스를 이용함으로써 발생하는 다양한 상황(새로운 추가 디바이스의 필요, 데이터의 증가, 무선 장애)에 직면하게 된다. 시스템 개발의 초기 단계에서 이러한 것을 고려하여 설계해 두지 않으면 정작 필요한 시기에 확장의 어려움이 따른다. 이번 절에서는 IoT 시스템으로서 사전에 파악해야 할 처리 방식에 관해 설명하겠다.

- 다양한 디바이스에 대응
- 처리 부하, 용량 증가에 대응
- 기능을 분산
- 시스템 구성 요소의 견고성을 높이기

◉ 다양한 디바이스에 대응

앞서 설명한 것처럼 계측 포인트의 증가와 다양한 관점에서의 분석을 위해, 운용 중에 있는 IoT 시스템에는 다양한 디바이스가 연결되어 있다. 그중에는 기존 디바이스와 더불어 형식이 전혀 다른 새로운 디바이스가 연결되기도 한다. 또한, 연결 형태에도 게이트웨이를 통해 연결되는 패턴과 서버를 통해 연결되는 패턴이 있지만, 각 패턴에는 대응해야 하는 부분이 달라진다(그림 5.14).

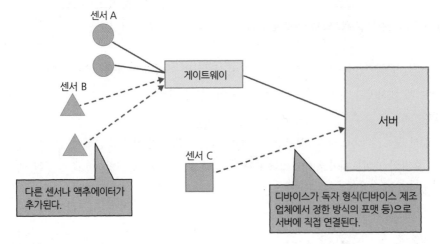

그림 5.14 **다양한 디바이스 연결**

다양한 디바이스 연결에 적절히 대응하기 위한 처리 방식의 포인트로는 '데이터 처리의 계층화', '디바이스에 의존하는 처리는 디바이스와 가까운 곳에서 처리할 것'을 들 수 있다(그림 5.15).

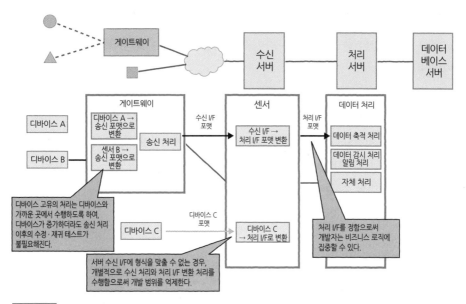

그림 5.15 데이터 처리 계층

구체적으로는 상위 프로세스에서 데이터 포맷을 정하고, 앞 단계에서 수신된 데이터를 정해진 데이터 형식으로 변환한다. 이처럼 처리하면 디바이스의 종류가 추가되더라도, 공통 처리 파트에는 단순히 디바이스에 의존한 부분만 확장 개발함으로써 대응할 수 있게 된다.

예를 들어, 새로운 센서가 추가되어도 게이트웨이에서 새로운 센서의 포맷 처리를 구현하면, 서버에서는 수신, 처리 파트를 확장하지 않고도 저장 처리와 감지 처리를 수행할 수 있다. 만약 서버 측에서 추가되는 포맷마다 개발을 확장해 가면, 지금까지 잘 작동하고 있던 데이터 처리에 문제가 생길 수 있다.

◉ 수신 데이터양 증가에 대응

IoT 서비스 시스템에서는 많은 디바이스가 연결되므로 트래픽양이 증가할 가능성이 있다. 또한, 단말 수 증가와 센싱 간격의 변경으로 인해 센서의 배터리 수명과 게이트웨이의 성능 확보와 같은 디바이스에서의 대응뿐만 아니라 서버에서도 증가하는 데이터양을 처리하려는 방법이 필요하다.

데이터 수신 · 처리 방식 검토

수신 데이터양의 증가에 관한 대응책의 하나로 수신되는 데이터를 큐(queue)에 넣는 방법이 있다.

수신된 데이터의 처리가 끝날 때까지 게이트웨이와 서버 간에 커넥션을 맺고 있으면, 수신되는 데이터양이 증가했을 때나 처리 시간이 걸리는 경우, 리소스가 부족해지고 수신 데이터를 처리할 수 없게 된다. 따라서 수신된 데이터의 처리가 모두 끝난 후 게이트웨이로 응답을 보내는 것이 아니라, 큐에 저장된 시점에 응답을 보냄으로써 대량의 데이터를 처리할 수 있게 된다(그림 5.16). 큐에 저장된 수신 데이터는 처리 서버가 큐에서 데이터를 가져와 처리한다.

일반적인 수신 처리

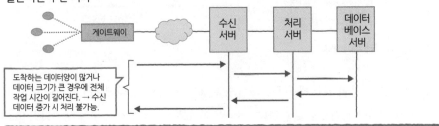

수신 데이터를 큐잉(queuing)하는 경우

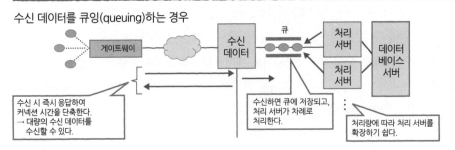

그림 5.16 수신 데이터의 큐잉

장점으로는 게이트웨이의 대기 시간이 단축되고, 처리 가능한 데이터가 증가한다는 점이다. 또한, 큐를 사이에 두고 수신 파트와 처리 파트가 각자의 기능을 수행함으로써 기능의 모듈성이 증가한다. 그 결과, 큐에 쌓이는 데이터양에 따라 처리 서버의 확장이 쉬워진다.

단점으로는 처리의 성공 여부를 확인하기 위해 다시 액세스할 필요가 있다는 점이다. 수신 데이터에 문제가 있어, 처리 서버에서 처리에 실패하더라도 게이트웨이에서 실패 메시지를 응답하지 않으므로 재전송 처리를 위한 프로토콜을 검토할 필요가 있다.

데이터베이스 선택

수신 데이터양이 증가한다는 것은 데이터베이스에서도 대응이 필요하다는 것을 뜻한다. 즉, 대량의 데이터를 처리할 수 있는 성능과 공간의 확보가 필요하다.

그러나 다양한 종류의 디바이스가 연결되는 IoT 서비스에서는 그 한계점을 파악하기 어렵다. 1대의 서버에서 처리하려는 성능과 용량에는 한계가 있다. 요구 사항에 따라 다르겠지만, 일반적으로 IoT 서비스에서의 데이터베이스는 확장성(스케일 아웃(scale-out)의 용이성), I/O 속도, 스키마(schema)의 범용성이 요구된다.

스키마의 범용성은 다양한 디바이스의 데이터를 저장할 때, 최초에 설계한 스키마로는 저장할 수 없는 비구조적인 데이터가 있는 경우에 문제가 생기기 때문이다.

데이터베이스에 관해서는 2장에서도 소개했지만, RDB, KVS, 도큐먼트 지향, 그래프 지향 등 다양한 종류의 데이터베이스가 존재하며, 각각의 특징이 있다. 이 중에서 주류가 되는 RDB와 분산 KVS에 대해 일반적인 비교를 표 5.3에 정리했다.

표 5.3 RDB와 분산 KVS의 비교

비교 관점	RDB	분산 KVS
확장성(스케일 아웃)	×	◎
스키마 범용성	×	◎
쓰기 속도	△	◎
트랜잭션	◎	△
릴레이션	◎	×
SQL 이용	◎	×
주요 제품	MySQL, PostgreSQL 등	Dynamo, BigTable, Cassandra, Redis 등

RDB는 테이블 결합이나 ACID(역자주, ACID는 데이터베이스 트랜잭션이 안전하게 수행된다는 것을 보장하기 위한 성질을 가리키는 Atomicity, Consistency, Isolation, Durabilit의 약어다) 특성을 유지하기 위해 여러 서버로 확장하는 것이 쉽지 않다. 한편 KVS는 처리 성능, 용량이 부족한 경우에는 서버를 추가하는 것만으로 확장할 수 있다. 따라서 IoT 서비스와 센서 네트워크 시스템에서는 KVS가 채택되는 경우가 많다.

그러나 분산 KVS에도 단점이 없는 것은 아니다. 먼저, 릴레이션을 사용할 수 없으며, SQL에 의한 복잡한 결합이나 집계가 불가능하다. 따라서 애플리케이션 레벨에서 데이터를 추출·결합·가공 처리를 해야 한다. 또한, 정합성(整合性) 처리도 애플리케이션 레벨에서 구현해야 한다.

따라서 KVS의 장점이라고 할 수 있는 '확장성', '고성능'이 필요한 장면에서만 KVS 채용을 검토하도록 하자. 필자의 경험상 다음과 같은 경우에서는 RDB가 편리한 경우가 많았다.

- IoT 서비스의 초기 검증 단계와 전체적인 규모가 작은 시스템인 경우
- 수신되는 데이터를 구조화하고 저장이 필요한 경우
- RDB의 설계 및 운용 설계 시 수용 가능하다고 판단한 경우

또한, 관리 시스템에서는 RDB를 이용하고, 수집 데이터의 축적 전용 데이터베이스로서 분산 KVS를 사용하는 등, 하이브리드로 운영하는 사례도 있다.

데이터베이스 운용

수신되는 데이터양이 증가하면 스토리지 용량도 그만큼 필요하게 된다. 이때, 애플리케이션에서 데이터베이스에 액세스하는 시간도 증가한다는 점에 주의해야 한다. 저장된 데이터가 적은 상태에서는 데이터 취득 시간, 검색 시간에 문제가 없다 하더라도 저장되는 데이터가 많아지면 데이터베이스 액세스 속도가 느려지고, 애플리케이션의 작동이 무거워지는 등의 트러블이 발생할 가능성도 있다(그림 5.17).

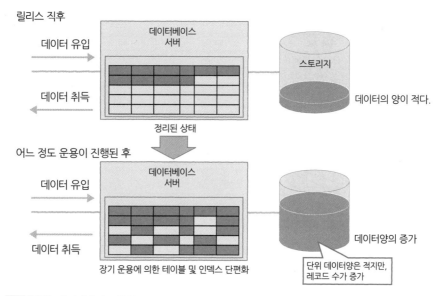

릴리스 직후

데이터 유입

데이터 취득

데이터베이스
서버

정리된 상태

스토리지

데이터의 양이 적다.

어느 정도 운용이 진행된 후

데이터 유입

데이터 취득

데이터베이스
서버

장기 운용에 의한 테이블 및 인덱스 단편화

데이터양의 증가

단위 데이터양은 적지만,
레코드 수가 증가

그림 5.17 데이터베이스 운용

◉ 기능을 분산

IoT 시스템을 개발할 때, 센싱한 데이터를 중앙 서버로 보내고, 서버에서 데이터를 분석·판단하여 명령을 수행하는 것과 같이 모든 기능이 서버에 집약되는 경우가 많다. 그러나 대규모 IoT 시스템에서는 연결되는 디바이스의 수가 수만 개에 이를 수도 있으므로 서버에서 수신되는 데이터의 처리를 감당하지 못하는 경우가 생길 수 있다.

그 대책으로는 앞서 공부한 수신 처리에 관한 방법도 있겠지만, 또 다른 방법으로 디바이스와 게이트웨이로의 기능 분산을 생각해 볼 수 있다(그림 5.18).

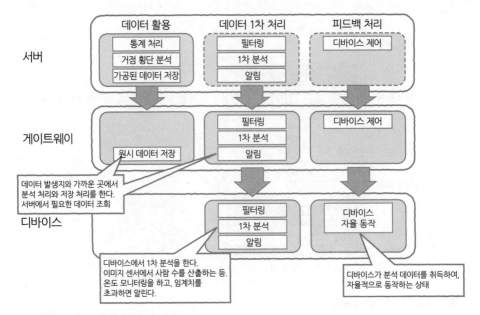

서버

게이트웨이

디바이스

| 데이터 활용 | 데이터 1차 처리 | 피드백 처리 |

데이터 발생지와 가까운 곳에서 분석 처리와 저장 처리를 한다. 서버에서 필요한 데이터 조회

디바이스에서 1차 분석을 한다. 이미지 센서에서 사람 수를 산출하는 등. 온도 모니터링을 하고, 임계치를 초과하면 알린다.

디바이스가 분석 데이터를 취득하여, 자율적으로 동작하는 상태

그림 5.18 데이터 처리 디바이스 제어 기능 분산

특히, 다음의 경우에는 기능 분산을 고려해 보면 좋을 것이다.

- **디바이스마다 센싱하는 데이터의 양이 많은 경우**
- **실시간으로 액션이 필요한 경우**

센서는 10초에 하나의 데이터를 취득했다고 하더라도 애플리케이션에서는 10분마다 데이터가 필요한 예도 있다. 즉, 사용하지 않은 데이터를 서버에 계속 보내는 것은, 결과적으로 불필요한 회선 비용과 스토리지 소비가 발생하는 것이다. 따라서 모든 것을 서버에서 수신하는 것이 아닌, 게이트웨이에서 할 수 있는 것은 하도록 하는 연구가 중요하다. 예를 들면, 아래와 같다.

- **필터링에 의한 데이터를 감시한 후, 필요한 데이터만을 전송**
- **1차 분석을 통해 결과만을 전송**

이렇게 하는 것으로써 서버 부하를 줄이고, 효율적인 데이터 수집이 가능해진다.

또한, 실시간 제어가 필요한 경우, 서버에서 일괄 처리를 하면 게이트웨이와 서버 간 3G/LTE 회선 품질이 불안정해져서 제어가 실패하는 경우도 발생할 수 있다. 따라서 필요에 따라서는 제어 대상과 가까운 시스템에서 판단 및 제어를 하는 것이 좋다고 생각된다. 앞서 소개한 플로어 모니터링 시스템에서 LED 조명의 제어는 이러한 기능 분산 방식을 채택하고 있으며, 개폐 센서 정보를 이용하여 게이트웨이에서 상황을 판단하여 실시간으로 조명에 관한 제어를 하고, 요약된 데이터를 서버에 등록하고 있다.

그리고 이 기능 분산에 관해서는 연구 개발이 진행되고 있으며, 모듈화된 기능을 동적으로 서버나 게이트웨이에 배치하는 기술 등이 개발되고 있다. 모든 것이 그렇듯, 기능 분산 아키텍처가 반드시 정답이라고 볼 수 없다. 시스템 요구 사항에 적합한 최적의 아키텍처를 선택하는 것이 중요하다.

◉ 시스템 구성 요소의 견고성을 높이기

IoT 시스템에서는 대개 무선 통신을 사용하므로 데이터의 전달성이 불안정하다. 무선 통신을 사용하는 데, 통신 경로상에 벽이나 건물 등과 같은 장애물이 설치되면 전파가 차단되어 통신하지 못할 수도 있다. 그리고 주변의 전파와 혼신에 의해 회선이 불안정하게 될 수도 있다.

또한, 센서 네트워크에 따라서는 설정과 관리를 단순화하기 위해서 센서 네트워크의 그룹 등을 모두 동일하게 하는 경우가 있다. 이런 경우 수신기가 두 대 설치되어 있으면, 하나의 센서에서 출발한 데이터를 각각 수신기가 수신하여 중앙 서버에 송신하므로 서버상에서는 같은 시간에 같은 데이터가 중복 존재하게 된다. 따라서 센서, 게이트웨이, 서버 응용 프로그램에서 견고성을 높이는 것이 중요해진다(그림 5.19). 데이터가 수신되지 않거나, 중복되는 상황에서도 문제없이 동작할 수 있도록 설계하는 것이 필요하다.

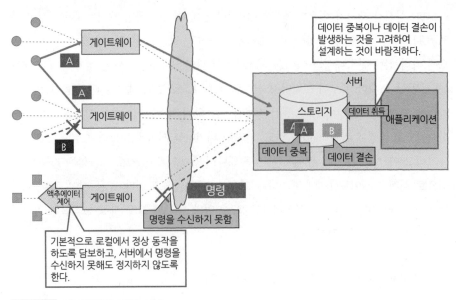

데이터 중복이나 데이터 결손이 발생하는 것을 고려하여 설계하는 것이 바람직하다.

서버

스토리지

데이터 취득

애플리케이션

데이터 중복

데이터 결손

게이트웨이

액추에이터 제어

게이트웨이

명령

명령을 수신하지 못함

기본적으로 로컬에서 정상 동작을 하도록 담보하고, 서버에서 명령을 수신하지 못해도 정지하지 않도록 한다.

그림 5.19 시스템의 견고성 높이기

    특히, 액추에이터 경우는 각별한 주의가 필요하다. 액추에이터가 외부로부터의 지시에 의해서만 작동하는 방식인 경우, 무선 통신이 끊기면 이전 상태를 지속하게 된다. 예를 들어, 사람들의 혼잡 상태 제어에 LED를 사용하는 경우, 혼잡 상태일 때는 적색, 그렇지 않은 경우는 청색으로 설정한다고 하자. 혼잡 상태에서 적색으로 표시되다가 비혼잡 상태에서 청색으로 표시하려고 했지만, 전파 상태의 악화로 인해 명령이 전달되지 못했을 경우, LED는 계속해서 적색으로 표시되는 경우가 발생한다. 또한, 로봇의 제어에서 동작 지시 후, 정지 명령을 받지 못하면 계속해서 동작하게 된다. 장난감이라면 우스갯소리로 들리겠지만, 대형 로봇이라면 큰 재난을 불러올 수도 있다. 따라서 통신을 통해 작동하는 액추에이터는 통신 끊김이 발생하는 것을 염두에 두고 단위 명령당 동작을 실행한 후 원래의 상태로 원복하도록 설계하거나, 통신 절단 시의 동작(LED를 끄거나 로봇의 모터를 정지시키는 등)을 수행하도록 설계하는 것이 바람직하다.

    또한, 원격 제어에서는, 동작을 지시한 시스템에서 실제 동작하는지를 파악하는 경우가 대부분이므로 실행의 종료를 전달하거나 별도의 센서로 파악할 수 있도록 설계하는 것이 바람직하다.

네트워크

◉ 통신 효율화

IoT 시스템 도입에서 통신 비용은 주로 이동통신사 회선 사용에 관한 비용이 된다. 가입 조건에 따라 다르겠지만 사용할수록 비용이 증가할 것이다. 또한, 그 비용은 시스템이 동작하는 한 계속해서 발생해 간다. 거점 수(게이트웨이 수)가 많을수록 통신 비용이 증가하므로 게이트웨이에서 서버로 데이터를 전송할 때, 거점당 통신량을 억제하는 연구가 필요하다.

데이터 압축

게이트웨이에서 서버에 송신할 데이터를 일시적으로 저장하고, 축적된 데이터를 압축하여 통신량을 줄일 수 있다. 특히, 게이트웨이에 연결된 디바이스의 수가 많은 경우나 센서에서의 데이터 전송 간격이 짧은 경우에는 수집하는 데이터양이 많아지므로 데이터를 수신할 때마다 서버에 전송하는 것보다 데이터양을 크게 줄일 수 있다(그림 5.20).

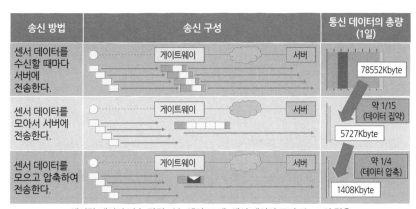

센서당 데이터 전송 간격 1분, 센서 50개, 센서 데이터 크기 8byte의 경우

그림 5.20 데이터 압축에 의한 전송 데이터양의 감소

또한, 센서 데이터의 업로드 간격을 늘리면 하나의 압축 데이터 내에 데이터 수가 증가하므로 나눠서 압축 데이터를 전송하는 것보다 효율적으로 서버에 업로드할 수 있다.

물론, 실시간성이 강한 시스템에는 적합하지 않지만, 그렇지 않은 시스템에서는 효과적인 수단이 된다.

◉ 프로토콜 선택

게이트웨이와 서버에 부하를 줄이는 경량 통신 프로토콜을 채택하면 통신량을 줄일 수 있다.

예를 들어, 2장에서 설명한 HTTP와 MQTT를 비교해 보면 HTTP 프로토콜의 헤더(header) 크기는 MQTT보다 크고, 또한 데이터 보낼 때마다 TCP 접속·해제를 위한 패킷이 전송되므로 총 데이터 통신량이 증가한다(그림 5.21). 한편, MQTT는 헤더 크기가 HTTP보다 작고, 또한 TCP 커넥션을 유지하여 계속해서 다음의 데이터 송수신을 수행하므로 총 데이터 통신량을 HTTP보다 줄일 수 있다.

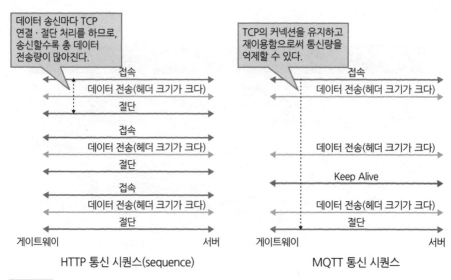

그림 5.21 HTTP 및 MQTT 통신 시퀀스

MQTT를 이용하는 경우에 주의할 점은 MQTT의 특성을 살린 구현을 해야 한다는 점이다. 즉, TCP 커넥션을 유지한 상태로 데이터 송수신을 하도록 구현하는 것을 말한다. MQTT는 TCP 연결을 유지함으로써 통신량을 절감하므로, 데이터 통신 시 매번 TCP 연결을 절단하면 HTTP와 마찬가지로 데이터 전송 시마다 접속·절단 처리가 실행되고, 결국 통신량이 증가하게 된다.

5.4.4 보안

◉ 보안 설계

IoT의 보급에서 보안은 중요하다. IoT 서비스에서는 다양한 디바이스가 네트워크에 연결되므로 외부로부터 공격받을 위험이 커진다. 네트워크에 연결된 방범 카메라가 해킹되어 사진이 유출되거나, 다른 시스템으로 공격하기 위한 발판이 된 사례도 있다. 해외에서는 자동차를 조립하는 제어 시스템이 바이러스 감염으로 정지되는 사례도 발생하고 있다.

IoT 서비스 시스템 개발 초기 단계에서는 효과 검증을 위해 동작 구현에만 집중하는 경우가 많아서 보안이 뒷전이 되기 쉽다. 그러다 보니 차후 보안 대책을 고려할 때, 비용이 발생하는 문제가 생긴다. 또한, 원래 이전부터 다양한 환경에서 동작하던 디바이스를 네트워크에 연결하는 경우는 가정하지 못한 보안 위험에 노출될 것이다. 따라서 IoT 서비스의 보안 품질을 높이기 위해서는 설계 단계부터 보안에 관한 설계를 함께 진행해야 한다.

리스크 분석

보안 설계에서는 우선 리스크 분석을 수행한다. 자세한 내용은 전문서를 참고해야 겠지만, 위험 분석에서는 지켜야 할 자산과 위협을 조사하고, 조사한 내용을 기반으로 중요도와 우선순위를 정한다.

다계층 방어

리스크 분석의 다음 단계는 예상되는 위협에 관한 보안 대책을 검토하는 것이다. 이때 중요한 것은 다계층 방어(defense in depth)라는 개념이다(그림 5.22).

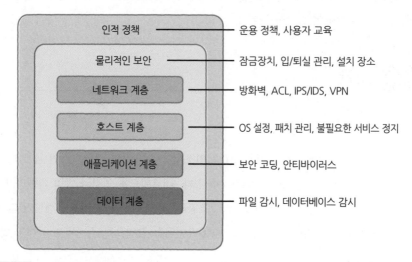

그림 5.22 다계층 방어 개념

다계층 방어란, 계층을 나누어 보안 대책을 마련하고, 하나의 계층에 문제가 생겨도 다른 계층을 통해 지킨다는 개념이다. 예를 들어, 호스트에 최신 패치(patch)를 적용하여 취약점에 대응하는 것으로, 방화벽이 뚫려도 위험을 낮추고, 부정 액세스로 파일을 도난당하더라도 암호화를 통해 읽을 수 없도록 하는 등 전체적인 보안의 품질을 향상시킨다.

다계층 방어는 소프트웨어(애플리케이션, OS) 대책뿐만 아니라 잠금장치에 의한 관리, 운용 정책 등 물리적인 사고 및 인적 사고를 예방할 수 있는 설계를 한다. IoT 시스템에서는 디바이스와 서버에 시스템이 분산되어 있고, 디바이스는 운용자의 손이 닿지 않는 곳에서 운용된다. 따라서 다계층 방어의 개념에 의해 디바이스 측, 센터 측, 접점에서의 보안 품질을 높이는 것이 바람직하다.

이어서, 다음의 각 구성 요소에 관해, 그리고 IoT 시스템만의 보안 대책에 관해 설명하겠다.

- 디바이스 보호
- 서버 측 시스템 보호
- 수집 데이터의 프라이버시 보호

◉ 디바이스 보호

　디바이스 관리 측면에서는 많은 수의 디바이스가 운용자의 손에 닿지 않는 곳에서 운용되므로 기본적으로는 디바이스 자체에서 보안 품질을 높이게 된다.

　인터넷 게이트웨이 관리는 특히 주의가 필요하다. 인터넷 게이트웨이를 거쳐 IoT 시스템과 통신하므로, 게이트웨이에는 센서의 인증 정보와 애플리케이션의 정보 등이 포함될 수 있기 때문이다. 디바이스의 보안 대책은 예방, 감지, 운용의 관점에서 보면, 다음과 같은 보안 대책을 생각할 수 있다.

예방

　우선 물리적 대책으로서, 도난 및 제3자로부터의 물리적 액세스를 예방하기 위한 설치 장소를 검토한다. 디바이스는 작고 휴대가 가능하므로 도난의 위험이 커지며, 디바이스의 반출을 감지하는 것은 어렵다. 따라서 최대한 운용자가 관리할 수 있는 곳에 설치한다.

　디바이스 내부에 관한 대책으로는 외부로부터의 공격을 막기 위해 불필요한 서비스를 중지하거나 필요한 통신만 허용하는 화이트 리스트 방식으로 방화벽을 설정한다. 최근 게이트웨이 디바이스는 리눅스 기반의 제품이 많아서 개발이 쉽지만, 한편으로 임의의 소프트웨어를 간단히 설치할 수 있다. 개발자가 자체적으로 테스트 툴을 설치할 수 있고, 눈치채지 못하는 사이에 불필요한 서비스가 실행될 수 있다. 검증 시에 FTP나 SSH 등을 사용할 수 있겠지만, 이러한 서비스가 외부에 노출되면 매우 위험하다. 상용 서비스망에서는 필요한 서비스만 시작하는지 확인하자.

　또한, 간단히 단말에 로그인할 수 없도록 ID/패스워드 등을 이용한 로그인 인증도 바람직하다.

감지

만일 부정한 액세스 또는 변조된 경우 이를 감지해야 한다. 또한, 부정 액세스에 관해서는 외부 네트워크와의 통신을 감시하여 무단 액세스와 공격이 의심되는 통신을 조기에 발견하고, 이를 알리는 것 등을 생각해 볼 수 있다.

변조 감지의 구체적인 방법의 하나로서 전이적 신뢰(transitive trust)가 있다. 디바이스의 전원을 켤 때 설계자가 의도한 상태로 동작하는지 확인하는 방법이다. 가장 신뢰할 수 있는 기점에서 BIOS → 부트 로더 → OS → 응용 프로그램와 같은 전이 상태 순서로 컴포넌트의 계측을 수행하고 정당성을 인증한다.

운용

소프트웨어 내부에 숨어 있는 취약점들은 매일같이 발견되고 있다. 즉, 보안 대책에 전력을 쏟은 디바이스를 출시한다 해도 결국 시간이 지나면서 보안 품질이 떨어진다는 것을 뜻한다.

예를 들어, 2014년 4월 암호화 라이브러리 'OpenSSL' 버그가 발견되었을 때, OpenSSL 라이브러리를 이용하는 프로세스의 메모리 내용이 유출될 우려가 있어 시급한 대책이 요구되었다. 따라서 정기적으로 취약점에 관한 업데이트를 하여 보안 품질을 유지하는 것이 중요하다. 또한, 로그인 역시 ID와 패스워드가 누설된 경우, 즉시 변경해야 하므로 ID/비밀번호에 관한 변경 절차를 확립해 둘 필요가 있다.

하지만 멀리 떨어진 다수의 디바이스에 업데이트와 설정 변경을 하는 일은 쉽지 않다. 그래서 5.4.5절에서 설명하겠지만, 게이트웨이 원격 운용에 관해서도 검토하는 것이 좋다(그림 5.23).

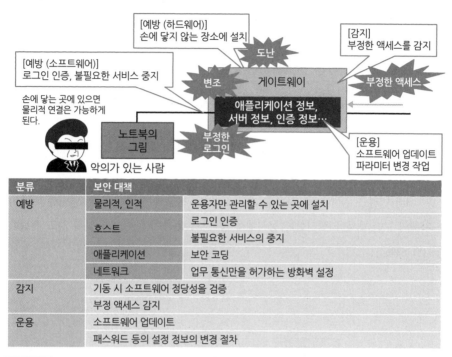

분류	보안 대책	
예방	물리적, 인적	운용자만 관리할 수 있는 곳에 설치
	호스트	로그인 인증
		불필요한 서비스의 중지
	애플리케이션	보안 코딩
	네트워크	업무 통신만을 허가하는 방화벽 설정
감지	기동 시 소프트웨어 정당성을 검증	
	부정 액세스 감지	
운용	소프트웨어 업데이트	
	패스워드 등의 설정 정보의 변경 절차	

그림 5.23 **디바이스의 보안 대책**

◉ 서버 측 시스템 보호

서버 측의 시스템 보호는 일반적인 업무·정보 시스템의 보안 대책과 함께 디바이스 접속에 기인하는 보안 리스크에 관한 대책을 검토한다. 여기에서는 IoT 시스템 특유의 보안 대책으로 게이트웨이 인증과 데이터 흐름 제어에 관해 설명하겠다.

게이트웨이 디바이스 인증

인터넷에 서비스를 공개하는 경우, 시스템 관리 대상 외의 부정한 게이트웨이로부터 액세스될 가능성이 있다. 또한, 전용선을 이용하더라도 사용자가 마음대로 게이트웨이를 설치할 가능성도 있다. 이런 경우 부정한 게이트웨이로 인해 처리 부하가 증가하고, 보안 허점을 통한 무단 액세스가 발생한다. 또한, 정상적인 게이트웨이로부터의 데이터 처리에 영향을 줄 수 있다.

이러한 것을 회피하는 방법으로 게이트웨이를 인증하는 방법이 있다. 중앙에서 허용한 게이트웨이만이 중앙으로 데이터를 보낼 수 있도록 함으로써, 부정한 게이트웨이로부터의 액세스를 차단하는 것이다. 방법은 다음과 같다.

- 중앙에서 미리 발행한 ID/패스워드 및 클라이언트 인증서를 사용하여 인증하는 방법
- 게이트웨이 연결 요청이 있을 때, 서버 운영자의 허가를 통해 연결을 허용하는 동적인 방법

단, 서버 연결을 위한 인증 정보를 게이트웨이에 저장하는 경우, 앞서 설명한 디바이스 자체의 보안 대책을 실시함과 동시에 인증 정보 운용에 관해서도 잊지 않고 검토하자(그림 5.24).

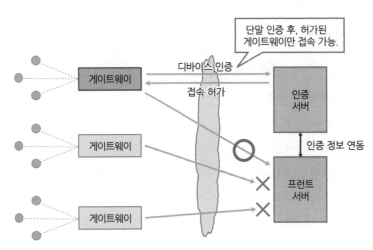

그림 5.24 인증된 게이트웨이만을 허가한다.

데이터양의 감시와 제한

부정한 게이트웨이의 접속이나 센서의 전송 주기 변경, 센서의 증가로 인해 서버가 수신하는 데이터의 양이 급격히 증가할 가능성이 있다. 이렇게 발생한 모든 데이터가 (인증된) 게이트웨이를 통해 그대로 중앙에 전송되는 기능밖에 없는 경우, 중앙 서버에

서는 데이터양의 증가에 따라 처리의 부하가 걸리고, 다른 데이터 처리에도 영향이 미칠 수 있다. 이런 경우를 대비하여, 수신되는 데이터양을 모니터링하고, 비정상적인 경우에는 수신을 제한하는 등 데이터 흐름에 관한 대책을 마련해야 한다(그림 5.25).

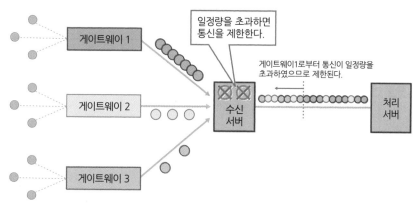

그림 5.25 수신 데이터양 제어

◉ 수집된 데이터의 프라이버시 보호

온도 정보와 전력 데이터와 단일 데이터는 그 자체로는 큰 의미가 없지만, 개인 정보로의 연계, 계측 위치 파악, 데이터 분석 등을 통해 데이터값 이상의 의미가 있을 수 있다.

예를 들어, 집의 전력 데이터를 센싱하는 시스템은 사람이 부재중이면 소비 전력이 떨어지고, 사람이 있을 때는 소비 전력이 증가한다. 이러한 데이터는 고령자들을 보호할 때에도 사용될 수 있지만, 그 이면에는 방범상의 문제가 발생하는 경우도 있다. 따라서 IoT 시스템을 구축할 때에도 취득된 데이터의 프라이버시를 보호할 필요가 있다(그림 5.26).

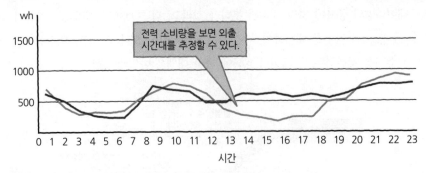

그림 5.26 전력 소비량으로부터 부재 여부 또는 행동을 추정할 수 있다.

통신상 데이터의 은닉화

통신 경로상에서 평문(암호화되지 않은 데이터) 데이터가 전송되면 통신 내용을 훔쳐볼 수 있다. 특히, 게이트웨이와 서버 간에는 게이트웨이에서 중앙으로의 인증 정보 또는 센서 데이터 내부를 제3자에게 도청당할 우려가 있으므로 주의해야 한다.

통신 경로에서의 데이터 유출을 방지하기 위해서는 SSL(Secure Sockets Layer)이나 IPsec(Security Architecture for the Internet Protocol)와 같은 암호화 기술을 이용하여, 애플리케이션 간의 데이터 통신의 암호화와 통신 경로 자체의 암호화를 수행한다. 또한, 디바이스의 캐리어(통신 사업자)가 제공하는 폐쇄망 서비스를 이용할 수 있다.

센싱 데이터의 프라이버시 보호

IoT 서비스에서 계측된 센서 데이터는 외부의 2차 서비스로 이용될 수 있다. 그러나 앞서 언급했듯이 센서 데이터에는 프라이버시 문제가 발생할 위험이 있으므로 데이터 취급에 주의해야 한다.

이를 해결하는 기술의 연구 개발이 진행되는데, 암호화한 상태로 허용된 정보만을 추출하여 가공·분석할 수 있는 기술이나 개인을 식별할 수 없도록 정보량을 절감하는 익명화 기술 같은 것이다.

5.4.5 운용 · 유지 보수

IoT 서비스의 운용·유지 보수에는 서버상의 시스템을 포함하여, 디바이스와 게이트 웨이도 대상이 된다(표 5.4). 운용 업무에는 디바이스 및 게이트웨이의 접속 상태 및 통신 상태에 관한 모니터링 및 디바이스 고장 대응 등이 있다. 또한, 유지 보수 업무에는 시스템 장애 발생 시 원인 조사 및 디바이스의 종류 증가에 따른 대응 등이 있다.

표 5.4 IoT 서비스 시스템 운영 및 유지 보수

항목	내용	IoT 시스템으로서 고려해야 할 사항
시스템 관리	시스템 상태 모니터링. CPU 사용률, 메모리 사용량, 배치 실행 결과를 확인하고 장애 발생의 징조를 사전에 감지	급격하게 데이터가 증가하는지 확인 부정한 디바이스 접속에 관한 감시. 센서 데이터의 결손 발생을 감시
장애 대응	장애 복구 작업. 장애 발생 시 원인 조사와 대처, 정상 상태로 복구	디바이스와의 통신 장애 시 즉각적인 원인 조사. 대체 디바이스 조달
보안 관리	보안 품질의 유지. 보안 패치 적용과 바이러스 패턴 업데이트를 수행	설치된 디바이스, 게이트웨이에 관한 패치 및 소프트웨어 업데이트
시스템 유지 보수	시스템 변경 및 확장 대응. 운용과는 달리 시스템에 직접 적용하는 작업을 수행	계측 지점 증가에 따른 디바이스, 게이트웨이 확장에 대응. 디바이스 종류 증가에 대응
Q&A	사용자의 문의 대응. 시스템 조작 방법 서포트 및 장애 발생 시에 대응	디바이스, 게이트웨이 고장 및 문제 발생 시 대응

계속해서 이야기하지만, IoT 시스템은 다수의 디바이스, 게이트웨이와 같은 물리적 디바이스로 구성되어 있을 뿐만 아니라 통신 경로상에 센서 네트워크나 3G 회선 등 무선 통신이 사용되는 경우가 많다. 따라서 디바이스의 고장이나 통신 장애와 같은 시스템 장애가 발생하기 쉽다. 장애 발생 시 특히 중요한 로그 설계와 함께, 원격지 디바이스·게이트웨이를 효율적으로 운용하기 위한 기능에 관해 설명하겠다.

◉ 로그 설계

장애 조사에는 로그(log)가 필수다. 데이터가 통과하는 디바이스, 게이트웨이, 서버의 각 구성 요소상에서 OS나 애플리케이션마다 필요한 로그를 얻을 수 있도록 한다. 그림 5.27에서 보듯이 적절한 로그 출력은 장애의 분리와 장애 지점·원인의 특정을 원활하게 진행하도록 할 수 있다.

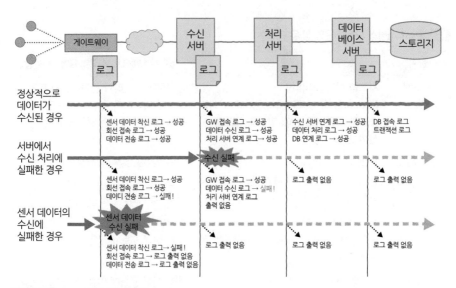

그림 5.27 로그에 의한 장애 지점 조사

특히, 게이트웨이는 서버와 센서 네트워크의 경계가 되므로 시스템 장애를 구분하는 요소로서 중요하다. 접속된 디바이스 정보, 수신 센서 데이터, 회선 전파 정보, 데이터의 서버 송신 여부 등을 로그로 저장하여 센서 수신 문제인지, 3G 회선 문제인지 등 장애 시 원인 규명을 원활하게 할 수 있다.

또한, 로그의 출력 용량에는 주의가 필요하다. 우선, 게이트웨이는 사양에 따라 디스크 용량이 크지 않은 경우가 있다. 이 같은 경우, 로그 파일의 크기 제한으로 이전 로그가 사라지는 경우도 발생한다. 실제 IoT 시스템을 운용하고 있으면, 게이트웨이 산하의 모든 센서 디바이스의 장애를 실시간으로 확인하는 방법이 없는 경우, 센서 데이터를 이용하는 타이밍에 장애를 알아차리는 경우가 많아, 오류가 발생한 지 수일이 지난 경우도 발생한다. 이런 경우 로그가 삭제되어 있으면 장애 원인 조사에 어려움을 겪게 된다.

서버는 일반적으로 센서 데이터 수집과 제어 처리 수행 시 로그를 출력한다. 하지만 서버 측 시스템에서 대량의 데이터가 수신되므로 단위 처리당 로그 크기가 크면 어느 순간 파일이 너무 커진다. 설계에 따라서는 로그 기록에 실패하면 애플리케이션이 멈춰 버리는 경우도 있다. 따라서 IoT 시스템 특유의 로그 용량이나 저장 기간 등을 고려하여 설계해야 한다.

◉ 디바이스, 게이트웨이 원격 운용

디바이스의 원격 운용은 효율적인 운용을 위한 하나의 수단이다. 지금까지 설명한 것처럼 장애 발생 시 원인 조사는 게이트웨이 로그를 확인한다. 또한, 디바이스를 추가하거나 펌웨어 업데이트 시에도 설정 파일을 수정하거나 시스템의 재시작 등 디바이스에서 작업이 필요하다. 그러나 디바이스의 설치 장소와 시스템 운용 장소는 떨어져 있는 경우가 많아 비용이 발생한다. 또한, 현장에서도 손에 닿지 않는 곳에 디바이스가 설치되어 있는 경우가 많아서 내부 담당자나 설치 업체와의 시간 조율 등 단순 작업이라고는 하지만 큰 비용이 소모된다.

그래서 실제 운용에서는 디바이스를 원격으로 관리하는 기능이 요구된다(그림 5.28). 원격 관리는 원격에서 파라미터 설정이나 로그 수집, 애플리케이션·펌웨어 업데이트 기능 등을 제공한다.

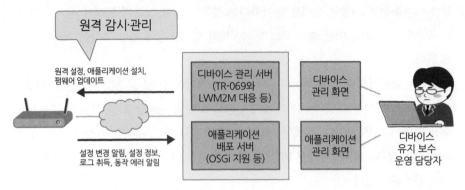

원격 감시·관리

원격 설정, 애플리케이션 설치,
펌웨어 업데이트

설정 변경 알림, 설정 정보,
로그 취득, 동작 에러 알림

디바이스 관리 서버
(TR-069와
LWM2M 대응 등)

디바이스
관리 화면

애플리케이션
배포 서버
(OSGi 지원 등)

애플리케이션
관리 화면

디바이스
유지 보수
운영 담당자

그림 5.28 **디바이스의 원격 관리**

원격 관리의 표준화 프로토콜로 TR-069와 OMA LWM2M(LightweightM2M) 같은 프로토콜이 있다. 이러한 프로토콜은 디바이스의 원격 관리 시 필요한 기능에 관해 서버와 디바이스의 통신 수단을 결정하고 있다. 실제로 이러한 프로토콜을 이용하여 원격 관리를 수행하기 위해서는 이러한 규정을 구현한 미들웨어(middleware)를 이용하고, 규정에 따라 각 기능을 디바이스와 서버상에 구현하게 된다.

예를 들어, TR-069는 '이용 가능한 메소드 취득', '파라미터 취득 및 설정', '재기동', '업로드' 등의 메소드가 정의되어 있으며, 디바이스와 서버 간은 SOAP으로 통신한다. 규격화된 통신은 미들웨어를 이용하고, 시스템 의존적인 부분(읽은 파일의 구체적인 경로, 재기동하기 위한 커맨드 등)을 구현해 간다.

5.5 | IoT 서비스 시스템 개발을 향해서

이번 장에서는 IoT 시스템 개발 사례를 통해 디바이스를 이용하는 시스템 특유의 유의점을 설명했다. 디바이스를 포함하는 시스템은 실제로 개발·운용해 보지 않으면 알 수 없는 것이 많다. 심지어 문제가 발생하면 멀리 떨어진 디바이스와 관련되어 있어 쉽게 해결할 수 없는 경우도 있다. 이 장에서 언급한 내용이 조금이라도 여러분의 IoT 시스템 개발의 성공에 도움이 되었으면 한다.

마지막으로, 5.4절에서 다룬 IoT 시스템 개발의 포인트를 시스템 개발 시 참조할 수 있도록 표 5.5에 정리했다.

표 5.5 IoT 시스템 개발에서의 검토 포인트

	디바이스/게이트웨이	시스템
가용성	요구 사항과 수명을 고려한 센싱 간격. 구동 시간(자율 전원의 경우). 데이터값의 측정 오차 및 단말 오차. 고장률(연속 가동 시간).	시스템 구성 요소의 견고성
성능 · 확장성	센서 증가 및 거점 증가 시의 절차	다양한 디바이스에 대응. 센싱 간격 변경 및 단말기 증가에 관한 대응 • 데이터 수신/처리 부하 • 축적되는 데이터양 증가 • 데이터 액세스 시 응답 시간
보안	로그인 · 설정 방법. 설치 장소(사람이 접근하기 힘든 장소). 보안 정보의 변경 방법(패스워드 등). 데이터 암호화. 소프트웨어 업데이트 수단의 확보	부정한 게이트웨이에서의 액세스 방지. 데이터양 감시 및 제한
운용 · 유지 보수	디바이스 게이트웨이 고장 시 복구 방법 이나 대체 디바이스 조달 방법	센서 단말 · 게이트웨이 고장 시의 장애 감지. 원격지 게이트웨이의 운용 수단 확보 (설정 변경 로그 취득 등). 대량 데이터의 백업 범위와 주기. 통신 비용을 절감 수단의 검토
시스템 환경	설치 환경 (습도 등). 제품 안전성. 전파간섭 등 법적 규제에 관한 대응	센서 데이터 크기, 센싱 간격. 접속 센서 단말 수, 게이트웨이 수

IoT와
데이터 분석

6.1 | 센서 데이터와 분석

지금까지 살펴본 것처럼 센서를 탑재한 디바이스는 네트워크에 연결되고, 수 많은 데이터가 IoT 서비스로 수집된다(그림 6.1).

공업 분야에서는 생산 라인 또는 제품에 IC 태그를 붙여 효율적으로 관리할 수 있게 되었다. 출하된 이후에도 제품의 각 부분에 센서를 이용함으로써 기존에 장비를 이용하여 해 왔던 작업들을 자동으로 할 수 있게 되었다. 또한, 고장의 조짐을 미리 발견하거나 유지 보수가 필요한 시기를 사전에 알리는 시스템도 등장했다.

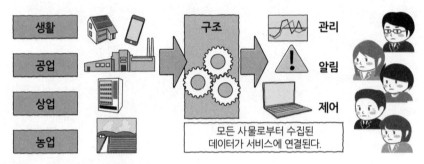

그림 6.1 다양한 센서 데이터와 서비스

주변을 살펴보면 우리의 활동과 관련하여 다양한 센서가 내장된 휴대용 디바이스를 통해 많은 정보를 수집할 수 있게 되었다. 또한, 7장에서 다루는 웨어러블 디바이스를 통해 사용자의 건강 정보를 수집하고, 이를 활용하여 건강 관리에 도움을 주는 제품도 등장하고 있다.

그 밖에도 가전제품이나 자동차, 주택 등과 같이 우리 생활과 밀접한 사물들에 센서가 장착되어 다양한 분야에서 데이터가 생산되고, 집적되는 시대가 도래하였다.

이러한 센서를 활용한 서비스로 제조 장비의 고장을 미리 방지하고, 자신의 건강 상태를 예측하여 질병을 예방하는 등, 기존에 볼 수 없었던 새로운 사용자 경험을 얻을 수 있게 되었다.

그러나 센서 및 디바이스에서 전송되는 데이터를 축적하는 것만으로는 방대한 데이터 더미에 불과하다. 원시 데이터 그대로를 활용하기는 어려우므로 서비스를 제공하기 위해서는 수집된 데이터에 가치를 부여해야 한다. 즉, 데이터의 분석을 통해 장비의 가동 상황을 파악하거나 패턴을 발견하여 앞으로 일어날 수 있는 문제를 미리 감지하는 것이 가능해지는 것이다. 다시 말해, 무미건조한 데이터의 홍수로부터 부가가치를 생산해 내는 서비스로 승화시키는 것이다.

6.1.1 분석의 종류

센서가 수집한 데이터는 목적에 맞는 분석을 통해 서비스에 필요한 부가가치를 생산할 수 있다. 이러한 분석은 어떤 기법을 통해 어떻게 실현되는 것일까? 1장에서는 통계 분석과 기계 학습이라는 두 가지의 분석 기법을 설명했다. 이번 장에서는 좀 더 자세히 살펴보겠다.

데이터의 종류와 관계없이 분석은 크게 두 가지로 나눌 수 있다. 하나는 집계를 기반으로 한 '가시화' 분석이고, 다른 하나는 통계 분석 및 기계 학습과 같이 고도의 분석 기술을 기반으로 하는 '발견'과 '예측'의 분석이다(그림 6.2).

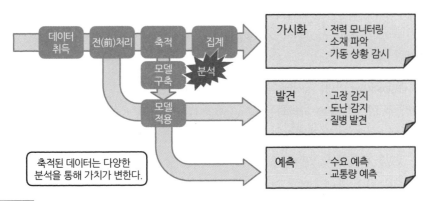

그림 6.2 분석의 종류

◉ 가시화 분석

'가시화(visualization)'란, 저장된 데이터를 가공하여 목적에 맞게 집계하고 그래프(차트)화하는 것을 통해 데이터의 내용을 사람의 눈으로 보고 이해할 수 있는 형태로 가공하는 분석을 뜻한다.

이것은 스프레드시트(spreadsheet) 소프트웨어를 사용해서 데이터를 계산하고, 차트화하여 수치를 도형으로 보기 쉽게 하는 것처럼 많은 사람이 경험한 적 있는 어떤 처리와 같은 것이다.

IoT의 경우에도 그와 비슷하게 데이터베이스 등에 저장된 데이터(센서 데이터)를 취득하고, 스프레드시트를 이용하여 그래프화한다.

◉ 발견 분석

'발견(discovery)'이란, 가시화에서 이용되는 집계 분석을 포함하여 통계 분석과 기계 학습 등 고도의 기술을 활용함으로써 데이터 패턴 및 구조 등을 발견하는 분석이다. 사람이 그래프와 표를 보는 것만으로는 도저히 생각해 낼 수 없는 숨겨진 법칙이나 경향을 데이터를 통해 추출한다. 예를 들어, IoT에서는 많은 종류의 센서를 사용한다. 이러한 경우 센서 데이터 간의 관계성을 사람의 머리로 찾아내기는 어렵지만, 분석을 통해 데이터의 관계성을 밝혀낼 수는 있다.

◉ 예측 분석

'예측(predictive)'이란, 과거에 축적된 데이터로부터 경향과 법칙을 찾아내고, 앞으로 발생할 수 있는 일들을 파악하는, 즉 미래를 내다보는 분석이다. 과거에 축적된 센서 데이터의 분석을 통해 새로운 데이터 세트가 주어지는 경우, 그것이 어떤 사상을 나타내는 것인지 도출할 수 있다.

이어지는 절을 통해 위에서 언급한 세 가지 분석을 자세히 살펴보겠다.

6.2 | 가시화

6.2.1 집계 분석

집계 분석이란, 데이터를 가공하여 인간이 직관적으로 이해할 수 있는 형태로 데이터를 표현하는 것이다. 집계 분석은 가장 간단한 분석으로서 통계 분석과 기계 학습과 같은 고도의 분석 시에도 공통으로 사용되며, 일반적으로 그림 6.3과 같은 처리가 필요하다.

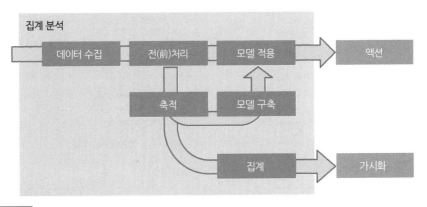

그림 6.3 집계 분석과 가시화

◉ 데이터 수집

데이터 수집은 이름 그대로 분석 대상이 되는 데이터를 수집하여 파일, 데이터베이스 또는 메모리에 저장한다. 대부분은 이미 축적된 과거의 데이터를 대상으로 하는 경우가 많으므로 데이터베이스를 이용한다. 방대한 데이터의 경우에는 하둡(Hadoop) 기반으로 저장된 경우도 있다.

이러한 데이터는 SQL이나 검색 툴을 이용하여 취득한 후, 스프레드시트 소프트웨어로 읽어 들이거나 CSV형식으로 변환하여 R과 같은 통계 분석 소프트웨어로 처리한다.

◉ 전처리

전(前)처리 과정에서는 '데이터 수집' 과정에서 수집된 데이터의 필요 없는 부분을 잘라낸다. 또한, 데이터에 어떤 처리를 가해서 의미 있는 데이터로 가공하거나, 때에 따라서는 복수의 데이터를 합치는 등 대상이 되는 데이터를 만들어 낸다(그림 6.4).

필터링

특정 데이터를 삭제

```
TypeA, 2, 33, 100
TypeC, 3, 23, 130
→ TypeB, 3, 23, 130
TypeA, 4, 35, 120
TypeC, 1, 33, 120
```

불필요한 값을 제외한다.

조인

여러 데이터를 결합

```
TypeA, 2, 33, 100      TypeA, Large
TypeC, 3, 23, 130      TypeB, Middium
TypeA, 4, 35, 120      TypeC, Large
TypeB, 1, 33, 120
TypeB, 1, 31, 130
```

필요한 정보의 결합에 사용한다.

추출

각 요소에서 필요한 부분만을 추출

```
"@taemin Hello"          → taemin
"@jiho Good Morning"     → jiho
"@daeho See you !"       → daeho
```

문자열에서 필요한 정보를 추출한다.

연산

임의의 처리

```
10000, 30%  → 7000
5000, 20%   → 4000
6000, 10%   → 5400
```

분석 대상이 되는 지표를 작성한다.

그림 6.3 전처리의 예

분석 대상의 데이터가 센서 데이터인 경우, IoT 서비스로 전송되는 데이터의 양은 많다. 그러나 실제 필요한 데이터는 극히 일부인 경우가 많다. 따라서 용도가 이미 정해져 있는 경우, 전처리 과정과 수집을 동시에 진행하여 불필요한 데이터를 데이터베이스에 저장하지 않게 할 수 있다. 그러나 이미 처리된 데이터는 복원시키기 어려우므로 신중하게 작업해야 한다.

이처럼 데이터가 발생한 시점에서 처리하고, 처리된 데이터를 실시간으로 얻기 위해서는 CEP와 같은 데이터 처리를 위한 기반 기술이 필요하다. CEP에 관해서는 뒤에서 다루겠다.

◉ 집계

집계는 수치 데이터를 기반으로 합계, 평균, 분산 등의 통계를 산출하는 것이다. 데이터가 테이블 형식의 데이터베이스에 저장된 경우, 이러한 연산은 SQL로 실행하는 경우가 많을 것이다. SQL에는 평균이나 합계를 계산하는 명령이 존재한다. 또한, 프로그래밍을 직접 작성하여 집계 처리를 하는 것도 고려해 볼 수 있으며, 집계 처리를 위한 알고리즘 자체는 대부분의 프로그래머에게 그렇게 어려운 일은 아니다. 하지만 프로그램상에서 계산하는 경우, 프로그래밍 또는 언어 특유의 사양에 따라 오차가 생길 수 있다. 따라서 통계 분석 소프트웨어인 R이나 각 언어에서 제공되는 수치 연산 라이브러리를 이용하는 것이 바람직하다.

또한, 스프레드시트의 피벗(pivot) 테이블 기능도 집계 분석을 수행하는 친숙한 수단 중 하나다(그림 6.5). 피벗 테이블을 이용하여 합계, 평균, 분산 등의 통계를 속성마다 그룹화하여 계산할 수 있다. 그 밖에 필터링 기능도 있어서 다양한 집계에 관한 상호작용이 필요한 경우, 훌륭한 도구라고 할 수 있다. 집계 처리를 그래픽 사용자 인터페이스(GUI, Graphical User Interface) 기반에서 할 수 있으므로 집계 처리에 익숙하지 않은 사용자에게 적합한 도구이기도 하다.

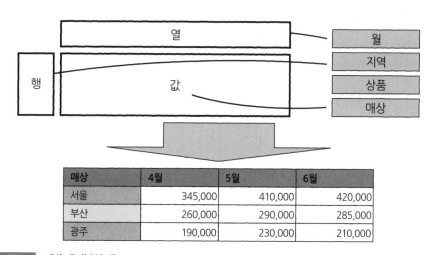

그림 6.5 피벗 테이블의 예

◉ 그래프의 예

집계 결과의 표현 방법에는 단순한 표 형식이나 평균 및 분산과 같은 지표로서 표시하는 등, 다양한 방법이 있다. 차트화에 이용할 수 있는 일반적인 그래프의 종류에는 다음과 같은 것이 있다(그림 6.6).

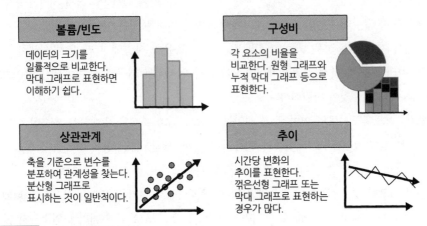

볼륨/빈도
데이터의 크기를 일률적으로 비교한다. 막대 그래프로 표현하면 이해하기 쉽다.

구성비
각 요소의 비율을 비교한다. 원형 그래프와 누적 막대 그래프 등으로 표현한다.

상관관계
축을 기준으로 변수를 분포하여 관계성을 찾는다. 분산형 그래프로 표시하는 것이 일반적이다.

추이
시간당 변화의 추이를 표현한다. 꺾은선형 그래프 또는 막대 그래프로 표현하는 경우가 많다.

그림 6.6 그래프의 종류와 특징

그래프를 잘 활용하여 다양한 데이터를 한눈에 파악할 수 있도록 하는 것이 바람직하다.

가시화의 예를 하나 보자(그림 6.7).

- 가정 내에서의 전력 사용량에 관한 데이터를 취득하고, 일일 전력 사용량의 추이와 요일·시간당 평균 사용량을 그래프로 표현하여 전력 사용 현황을 파악할 수 있다.

이와 같은 분석이 가시화에 해당한다.

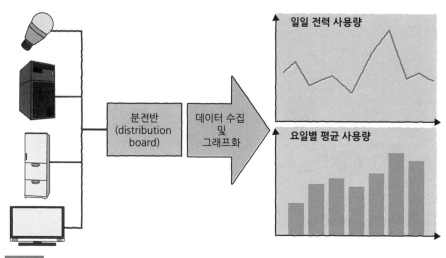

가시화 이미지

그림 6.7의 그래프 외에도 최근에는 툴이나 라이브러리의 발달로 새로운 종류의 그래프가 등장하고 있다. 그중에서도 집계에 활용할 수 있는 몇 가지를 살펴보자.

◉ 네트워크 그래프

네트워크 그래프는 그림 6.8과 같이 노드와 노드를 연결하는 경로로 구성되는 그래프를 말한다.

최근, 사이토스케이프(Cytoscape)나 게피(Gephi)와 같은 다루기 쉬운 프로그램의 등장으로 활성화되고 있다. 네트워크 그래프는 SNS 등의 소셜 미디어에서 사용자 간의 관계를 표현하거나, 고객과 영업 사원 간의 협상 상황, 자사에서 취급하고 있는 상품들의 매출 관계 등 활용이 다각화되고 있다. 데이터 간의 관계성을 나타내는 데 유효한 그래프다.

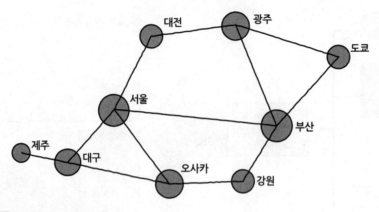

그림 6.8 네트워크 그래프의 예

◉ 지오그래프

네트워크 그래프와 마찬가지로 지오그래프(geograph) 역시 툴이나 서비스의 발달로 활발히 활용되고 있다. 지오그래프는 지도에 데이터를 표시(plot)하여 시각화하는 그래 프다(그림 6.9).

스마트폰이나 자동차 등 다양한 단말에서 GPS를 사용할 수 있게 되었으므로 그 정 보들을 지도상에 매핑하여 볼 수 있다면, 표 형식으로는 알기 힘든 지리적 인과 관계 를 직관적으로 파악할 수 있게 될 것이다. 대표적인 예로는 구글맵(Google Map)이 있다. 구글맵은 단순히 지도를 보는 것뿐만 아니라 API를 이용하여 지도상의 원하는 위치에 핀을 꽂거나, 선을 그리거나, 폴리곤(polygon, 3D 그래픽에서 물체를 표현하는 다각형)을 활용하여 임의의 도형을 그릴 수도 있다. 이로 인해 지리 정보와 관련된 데이터를 지도 에 매핑하여 원하는 정보를 얻을 수 있다.

구글맵과 같이 웹을 통해 제공되는 서비스 외에도 QGIS와 같은 OSS 데스크톱 프로 그램들도 등장하고 있다. 또한, 서비스 및 프로그램 외에도 D3.js와 같은 자바스크립트 (JavaScript)의 SVG 라이브러리를 이용하여, 지형 데이터로부터 지도를 그리는 것도 어 렵지 않게 되었다. 이와 같은 서비스의 등장으로 전문 지식이 없더라도 지오그래프를 이용하여 분석에 활용하는 것이 쉽게 되었다.

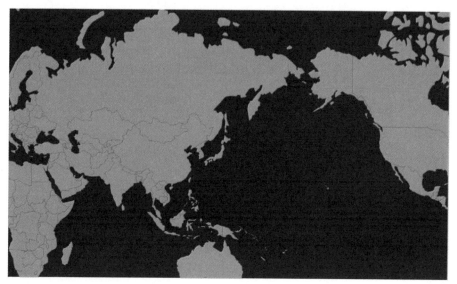
그림 6.9 지오그래프의 예

    이처럼 가시화를 위한 도구가 많이 사용되고 있다. 향후 센서에 의해 취득된 데이터가 다양화될 것으로 예상되므로 센서가 수집한 데이터를 더욱 직관적으로 파악하기 위한 시각화 기술이 요구된다. 또한, '발견'을 위한 분석 같은 고급 분석의 전(前) 단계로서, 데이터의 질과 대략적인 경향을 알 수 있는 시각화는 분석의 필수 불가결한 기초가 된다.

6.3 | 고도의 분석

    이제부터 소개하는 '발견'과 '예측'을 위한 분석은 앞서 소개한 '가시화'의 다음 단계로서 통계 분석과 기계 학습을 위한 수법, 이른바 '고도의 분석' 기술을 적용하게 된다(그림 6.10).

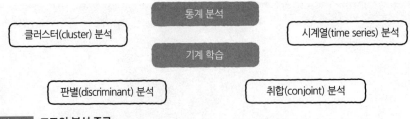

그림 6.10 고도의 분석 종류

고급 분석 기술에는 통계 분석과 기계 학습 등 다양한 분석 기법과 알고리즘이 있다. 어떤 기법을 이용하여 분석할 것인가, 그리고 분석을 위해서 어떤 형식의 데이터를 만들면 좋을까와 같은 고민을 해결할 필요가 있다. 따라서 가시화에서와 마찬가지로 사전 집계 분석을 통해 데이터의 대체적인 경향을 미리 파악해 두어야 한다.

데이터의 특징이 이해되면 실제 분석 기법을 적용하여 고도의 지식을 얻을 수 있다. 이어지는 절에서는 이를 위한 기초로서 고도의 분석을 위한 기본적인 지식에 관해 설명하겠다.

6.3.1 고도의 분석 기초

가장 대표되는 고도의 분석 기술에는 기계 학습(machine learning)이란 것이 있다. 기계 학습이란, 대량의 데이터를 기초로 컴퓨터에 데이터의 경향을 학습(training)시키고, 스스로 어떤 판단을 통해 적절한 답을 찾는 기술이다. 기계 학습 알고리즘은 입력 데이터에 따라 '지도 학습(supervised learning)'과 '자율 학습(unsupervisied learning)'으로 나눌 수 있다.

◉ 지도 학습, 자율 학습

기계 학습 알고리즘을 이용하여 경향을 학습시키는 경우, 학습에 이용하는 데이터에 '정상'의 데이터가 포함되는지에 따라 알고리즘이 달라진다.

예를 들어, 센서 데이터를 이용하여 디바이스 고장이나 건물의 파손 등 이상 징후를 판별하는 분석을 생각해 보자(그림 6.11). 지도 학습의 경우는 과거에 실제로 문제가 생겼을 때의 데이터, 즉 명확한 '이상(異常)' 데이터를 입력해야 한다. 즉, 알고리즘은 '정상'과 '비정상(이상)'의 차이를 학습하게 된다.

이에 비해 자율 학습은 입력 데이터를 구분하지 않는다. 다시 말해, 알고리즘은 데이터 전체의 경향을 학습하고, 그중에서 경향이 다른 데이터를 찾아내 '비정상 값'으로 판단한다.

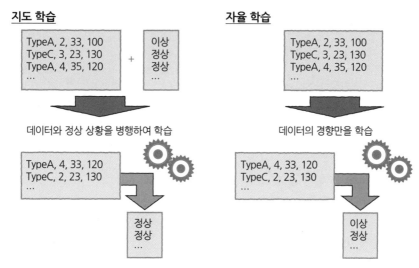

그림 6.11 지도 학습과 자율 학습

이렇게 재현하고자 하는 현상에 관한 과거 데이터(training data, 훈련 데이터)를 구할 수 있는지에 따라 지도 학습과 자율 학습의 중 어느 것을 적용할지 판단해야 한다. 좀처럼 일어나지 않는 상황 등으로 정확한 데이터를 제공할 수 없는 경우에는 자율 학습을 고려해야 할 것이다. 또한, 앞으로 어떤 상황이 발생할지 알 수 없는 경우에도 자율 학습을 이용함으로써 평시 상태를 모델링하여 평시 상태와는 다른 상태(이상)를 찾아낼 수 있다.

한편, 발견하고자 하는 비정상의 조건이 명확하게 정해져 있고, 충분한 데이터가 갖추어져 있는 경우라면 지도 학습을 진행하는 것이 더욱 정확한 비정상을 검출할 수 있을 것이다.

분석 기법의 종류

지도 학습, 자율 학습에 관한 기초적인 지식에 관해 알아봤다. 이어서 클러스터링 분류, 클래스 분류 등 분석 기법의 측면에서 특징을 살펴보겠다.

분석 기법은 그 용법에 따라 몇 가지로 분류할 수 있다. 그중에서도 특히 사용 빈도가 높은 세 가지 기법에 관해 자세히 살펴보도록 하자(그림 6.12).

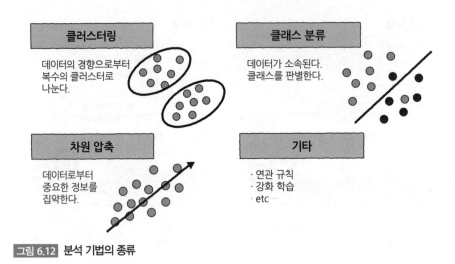

그림 6.12 분석 기법의 종류

◉ 클러스터링

클러스터링(clustering)이란 샘플(표본 데이터)이 갖는 특징을 기반으로 서로 비슷한 샘플끼리 그룹화(클러스터)하기 위한 분석이다. 구체적인 클러스터링 알고리즘에는 k-means와 SOM(Self-Organizing Map) 알고리즘 등이 있다. 이러한 알고리즘은 데이터의 특징으로부터 같은 특징의 데이터를 찾아서 그룹화할 수 있다.

예를 들어 보자. 학생 지도에 참고하기 위해 어느 학교에서 실시된 기말고사의 결과를 바탕으로, 각 학생의 수학 점수와 국어 점수를 해당 학생의 특징(특기 분야)으로 간주하고, 학생을 두 개의 클러스터로 나누려고 한다. 이때, 수학이나 국어 점수는 학생의 특징을 나타내는 값이다. 이처럼 데이터의 특징을 나타내는 값을 특징값(feature value)이라 한다. 이러한 특징값에 관해 k-means와 같은 분류 알고리즘을 이용하면 그림 6.13과 같이 그 특징값에 따라 학생을 복수의 클러스터로 나눌 수 있다.

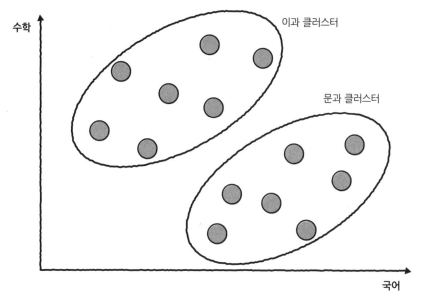

그림 6.13 클러스터링 이미지

k-means 알고리즘 기법은 데이터의 분포를 몇 개의 클러스터로 나누고 싶은지 지정하여, 기계적으로 데이터 집단을 만들어 내는 기법이다.

앞서 예에서는 수학 점수가 높은 경향이 있는 이과 학생 집단(이과 클러스터)과 국어 점수가 더 높은 경향이 있는 문과 학생 집단(문과 클러스터)으로 나누었다. 클러스터의 수는 임의로 지정할 수 있으므로, 예를 들어 세 개의 클러스터로 작성하려면 그림 6.14와 같이 밸런스형 클러스터를 생성할 수도 있다.

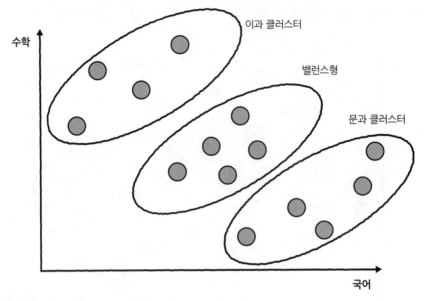

그림 6.14 세 개의 클러스터로 분류한 이미지(k-means 기법)

이번 예에서는 2차원 좌표에 표시하는 수학과 국어만을 특징으로 사용했지만, 다른 과목을 포함하여 특징의 종류를 늘려도 같은 방법으로 분류할 수 있다. 그러나 아무 생각 없이 특징을 늘리면 계산된 그룹이 갖는 의미가 모호해진다. 또한, 클러스터도 그룹 간의 경향의 차이가 작아지므로 그룹만의 특징을 찾는 것이 어려워질 것이다.

클러스터링에 관한 또 다른 예를 살펴보자. 디바이스 데이터 분석에 활용하는 경우다. 예를 들어, 자사의 애플리케이션을 사용하는 사용자에게 광고 메일을 보내는 것을 가정해 보자(그림 6.15).

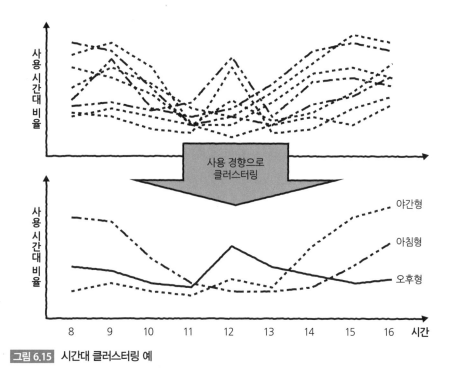

그림 6.15 시간대 클러스터링 예

　모처럼 보내는 광고 메일을 고객들이 보도록 하기 위해서는 메일을 전송하는 시간도 중요하다. 따라서 평소에 사용자가 자주 스마트폰을 이용하는 시간대에 맞춰 광고 메일을 발송하고 싶을 것이다.

　이를 위해, 일정 기간 사용자별, 시간대별로 애플리케이션을 사용한 횟수를 기록한다. 기간 중 시간대마다 사용자의 평균 애플리케이션 사용 횟수를 산출하고, 이를 각 사용자의 특징으로 간주해 클러스터링을 실행하면, '야간형' 사용자, '오후형' 사용자 등 사용자가 애플리케이션을 이용하는 시간대에 따라 클러스터로 나눌 수 있다.

　또한, 이런 특징을 평일과 휴일로 나누어 계산하여 '휴일에만 사용하는' 사용자층과 같이 추출할 수도 있다. 이처럼 사전에 특징값을 정의하는 것은 분류를 결정하는 분석에서 중요한 검토 사항이다.

　지금까지 디바이스의 이용 상황 등을 분석하기 위해서 해당 디바이스를 사용하는 사용자에게 직접 설문조사를 하는 등, 인력으로 분석할 수밖에 없었다. 그러나 대량으로 주어진 데이터를 클러스터링으로 분석하여 더욱 쉽게 사용자의 경향을 확인할 수 있다.

◉ 클래스 분류

클래스 분류란, 데이터를 두 개의 집단 또는 여러 개의 집단으로 분류하기 위한 분석이다. 클러스터링과 비슷하다고 느낄 수도 있겠지만, 클래스 분류의 경우에는 분별하고 싶은 대상을 명확하게 상정하고, 과거 데이터를 바탕으로 대상 집단과 그렇지 않은 집단으로 나누기 위해 이용된다. 클래스 분류 알고리즘에는 선형 판별(linear discriminant) 분석, 의사 결정 나무(decision tree) 분석, 서포트 벡터 머신(SVM, Support Vector Machine) 등이 있다. 특히, SVM은 이미지가 무엇을 촬영한 이미지인지를 판별하는 화상 인식 알고리즘으로도 이용된다.

클래스 분류의 예로, 블로그의 카테고리 분류가 있다(그림 6.16). 블로그 게시물은 주제에 따라 카테고리를 나눌 수 있어서 특정 주제에 관심 있는 사용자들에게 대상을 찾는 데 편리함을 준다.

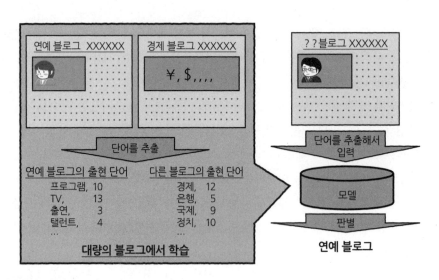

그림 6.16 블로그의 카테고리 분류

예를 들어, 연예 관련 이슈에 관한 과거 블로그를 직접 수집한다. 모은 블로그는 클래스 분류 알고리즘에 알려 주기 위한, 즉 지도 학습 데이터의 소재가 된다. 모은 블로그 중에 출현하는 단어의 종류나 빈도 등의 정보를 '연예 카테고리' 데이터로서 알고리즘에게 학습시킨다. 마찬가지로 예능 이외의 블로그도 모아, 출현하는 단어의 종류나 빈도 등의 정보로 변환하고, '비(非)연예 카테고리'의 데이터로서 알고리즘에게 학습시킨다.

클래스 분류 알고리즘은 이러한 학습을 반복하여 모델이라는 분류 규칙을 만들어 낸다. 이 경우 '연예 카테고리'와 '비연예 카테고리'를 학습시킨 결과의 모델이 완성된다. 여기에 새로운 블로그 게시물을 이 모델에 대조시켜 해당 블로그가 '연예 카테고리'인지 '비연예 카테고리'인지를 판별할 수 있다.

◉ 차원 압축

차원 압축이란, 대규모 데이터에서 중요한 정보를 최대한 남기고, 불필요하거나 중복된 정보를 압축하여 데이터의 양을 줄이기 위한 분석 기법이다. '차원 축소'라고도 한다. 주성분 분석이나 요인 분석, 다차원 척도법 등을 들 수 있다. 디바이스에서 전송되는 센서 정보가 너무 많거나 수많은 디바이스로부터 전송된 정보를 분석할 때, 목적으로 하는 결과를 얻기 위해 불필요한 정보가 포함되어 오는 경우가 많다. 이러한 경우 차원 압축을 통해 불필요한 정보는 제거하고, 데이터를 분석하기 쉬운 형태로 만들 수 있다.

차원 압축의 간단한 예로서 주성분 분석을 이용한 설문 데이터 집약에 관해 생각해 보자(그림 6.17).

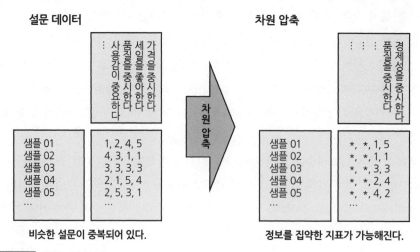

설문 데이터

가격을 중시한다
세일을 좋아한다
품질을 중시한다
사용감이 중요하다
:

샘플 01	1, 2, 4, 5
샘플 02	4, 3, 1, 1
샘플 03	3, 3, 3, 3
샘플 04	2, 1, 5, 4
샘플 05	2, 5, 3, 1
...	...

비슷한 설문이 중복되어 있다.

차원 압축

차원 압축

경제성을 중시한다
품질을 중시한다
: : :

샘플 01	*, *, 1, 5
샘플 02	*, *, 1, 1
샘플 03	*, *, 3, 3
샘플 04	*, *, 2, 4
샘플 05	*, *, 4, 2
...	...

정보를 집약한 지표가 가능해진다.

그림 6.17 차원 압축의 예

설문 데이터에는 비슷한 설문이 중복되는 경우가 있다. 예를 들어, 구매에 관한 의식 조사에서 다섯 단계의 설문을 할 때 '가격을 중시한다'라는 항목과 '세일이 좋다'라는 설문이 있는 경우, 이 두 설문에 관한 대답은 한 방향으로 쏠릴 가능성이 클 것이다. 이런 비슷한 설문의 답변을 모두 저장하면 데이터양이 늘어날 뿐만 아니라 분석에서도 변수가 많아져 이해를 어렵게 할 가능성이 있다.

따라서 이러한 데이터에 관해 주성분 분석을 이용하여 비슷한 결과가 되는 변수를 최대한 집약하여 새로운 변수로 데이터를 재구성한다. 이렇게 새롭게 구성된 데이터에서 통합의 정도(기여도)가 높은 변수만을 추출하여 데이터가 본래 가진 정보량에 맞는 차원까지 데이터의 양을 줄일 수 있다.

다만 집약된 지표가 어떤 의미가 있는지는 분석가가 판단해야 하고, 해석에 정답이 있는 것은 아니므로 때로는 그 해석에 어려움을 겪는 경우가 있다. 따라서 신중하게 사용해야 한다.

◉ 분석을 위한 실행 환경

지금까지 분석에서 사용되는 기계 학습의 기본적인 지식과 용례 등을 살펴보았다. 이러한 기술을 잘 활용하면 가시화만으로는 알 수 없는 복잡한 인과 관계를 데이터에서 발견할 수 있다.

이러한 분석 방법은 종종 프로그래밍 언어의 라이브러리와 전용 분석 도구를 사용한다(그림 6.18).

프로그램(R언어)

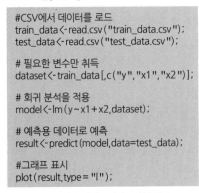

```
#CSV에서 데이터를 로드
train_data<-read.csv("train_data.csv");
test_data<-read.csv("test_data.csv");

# 필요한 변수만 취득
dataset<-train_data[,c("y","x1","x2")];

# 회귀 분석을 적용
model<-lm(y~x1+x2,dataset);

# 예측용 데이터로 예측
result<-predict(model,data=test_data);

#그래프 표시
plot(result,type="l");
```

분석 방법은 라이브러리로 제공된다.

데이터 마이닝 도구의 예

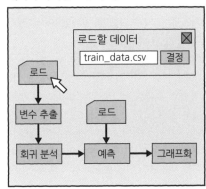

GUI 기반에서 처리 플로를 구축해 간다.

그림 6.18 프로그램과 마이닝 도구

프로그래밍 언어의 경우, 최근에 특히 인기를 끄는 것이 파이썬과 R언어다. 이러한 언어는 분석에 관한 라이브러리가 매우 충실하므로 대부분의 분석을 간단하게 구현할 수 있다.

한편, 전용 분석 도구에는 GUI 기반으로 분석할 수 있는 웨카(Weka)와 나임(KNIME) 등의 도구가 있으며, 이들을 데이터 마이닝(data mining) 도구라고 한다. 데이터 마이닝 도구는 데이터 처리의 흐름을 아이콘과 화살표의 플로(flow)로 확인할 수 있으므로 초보자도 다루기 쉬운 것이 특징이다.

이러한 도구는 일반적으로 데스크톱 도구로써 사용되는 것으로 처리 능력은 이용하는 기계의 한계에 따라 다르다. 이에 관해 고급 분석을 대규모로 실현하고 싶은 경우에는 분산 처리 기반인 하둡과 연계하여 기계 학습을 실행하는 머하웃(Mahout)과 이어서 설명할 유바투스(Jubatus) 같은 기반 기술이 필요하다.

데이터 분석은 시행착오를 거쳐야 하므로 처음에는 다양한 분석 방법을 테스트하는 등 시행착오가 필요하다. 따라서 우선 데스크톱 도구로 분석 추측을 한 후, 시스템화하는 것을 권장한다.

6.3.2 분석 알고리즘으로 발견하기

가시화는 집계 분석을 통해 데이터의 경향을 이해하는 분석이었다. 분석 결과는 통계와 그래프로 표현했으며, 이를 통해 표면적인 경향을 파악하는 분석이라고 할 수 있다.

이에 비해 '발견'은 더욱 복잡한 경향이나 규칙, 구조 등을 데이터를 통해 추출하는 것이 목적이다. 따라서 '발견' 분석은 고도의 분석 기법을 이용하여, 분석 결과를 수치가 아닌 수식이나 규칙 같은 '모델'로 표현하게 된다.

◉ 검정에 의한 인과 관계의 발견

예를 들어, 장비의 오작동 원인을 알고 싶은 경우, 센서에 의해 수집된 장비 가동 시의 온도와 압력, 진동 등의 데이터를 활용한다.

장비가 정상적으로 가동하고 있는 상태와 이상이 발생하고 있는 상태의 데이터를 수집하여, 두 데이터 사이에 경향이 다른 요인을 통계적인 '검정(檢定)'을 이용하여 밝히는 것이 가장 쉬운 분석이다(그림 6.19). 모든 요인에 관해 검정을 하면 이상 발생 시 원인을 발견하는 데 도움이 된다.

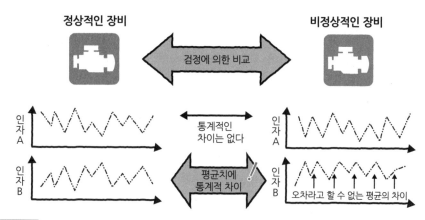

그림 6.19 **발견의 이미지**

이 외에도 수많은 방법과 통계 지식을 활용하여 복잡한 경향을 발견할 수 있는 것이 이 분석의 장점이다.

6.3.3 예측

발견이 데이터에서 복잡한 패턴과 인과 관계를 밝히는 분석인 반면, 예측은 찾아낸 규칙과 구조를 바탕으로 향후 일어날 일들을 추정한다.

예측에 정해진 방법이 있는 것은 아니다. 회귀 분석(regression analysis)처럼 수량을 예측하는 분석도 있고, 클래스 분류처럼 미지의 샘플이 주어진 경우에 분류를 수행하는 예측도 있다. 특히, 기계 학습에서 다루는 기법은 과거 데이터에 관한 학습을 바탕으로 새로운 데이터에 관한 예측과 판단을 수행하는 기법이므로 지식의 '발견'뿐만 아니라 '예측'까지 하는 것이 일반적이다.

예측 분석 중에서도 가장 인기가 있는 '회귀 분석'을 소재로 예측 분석에 관해 이해하고 가자.

◉ 회귀 분석

회귀 분석은 예를 들어, 어떤 변수 y가 변수 x를 사용하여 'y = a × x + b' 같은 수식으로 나타낼 수 있다고 가정하고, 수식 중의 계수를 실측 데이터로 구함으로써, 새로운 x가 주어진 경우 y값을 예측하는 분석이다. 여기서, y같이 예측 대상이 되는 변수를 목적 변수(종속 변수)라고 하며, x같이 y를 예측하기 위한 재료가 되는 변수를 설명 변수(독립 변수)라고 한다.

회귀 분석에서 수식을 완성시키기 위해서는 실측된 데이터를 바탕으로 계수를 이끌어 낼 필요가 있다. 이를 위한 대표적인 방법으로 '최소 제곱법(least squares method)'이 있다. 여기에서는 수식 'y = a × x + b'의 선형 회귀 분석의 경우를 가정하여, 계수 a와 b를 구하는 경우를 생각해 보자. 선형 회귀 분석이란, 회귀 분석을 수행하는 데이터가 1차 함수, 즉 직선 그래프처럼 일직선상에 분포되어 있다고 가정하는 회귀 분석이다.

선형 회귀 분석에서 최소 제곱법은 과거에 주어진 x와 y의 조합(측정값)을 플롯(plot)한 그래프에서 그 값과 가장 가까운 값을 나타내는 직선을 긋는 것으로 생각할 수 있다(그림 6.20). 이 직선은 예측값을 나타내며, 측정값과 예측값의 오차가 최소가 되도록 직선의 기울기 a와 절편 b를 조정하여, 직선의 형태를 결정한다. 이로써 과거 데이터에 관해 가장 오차가 줄어들 것으로 보이는 'a × x + b'의 모델이 구축된다.

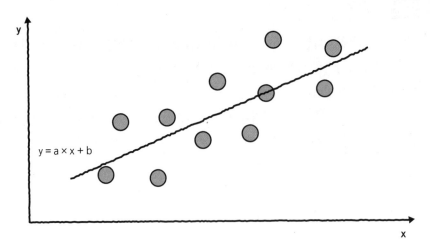

그림 6.20 최소 제곱법 이미지

이 예에서는 알기 쉽게 2차원 그림을 이용하기 위해서 변수 x는 한 종류밖에 사용하지 않았지만, 실제로 복수 개의 x가 있어도 회귀 분석을 할 수 있다. 입력 변수가 여러 개인 경우에는 n개의 입력 변수 x1, x2, x3, ... xn에 관해서 아래와 같은 수식으로 정의하고, 각 변수에 관한 계수를 구할 수 있다.

$$y = a1 \times x1 + a2 \times x2 + ... an \times xn + b$$

앞서 설명한 하나의 입력 변수 x에 관해 예측된 y값을 얻는 회귀 분석을 '단순 회귀 분석'이라고 하고, 여러 입력 변수를 기초로 예측값을 얻는 회귀 분석을 '다중 회귀 분석'이라고 한다.

이 회귀 분석의 실용적인 예로서 센서의 측정 정확도를 높이는 캘리브레이션(calibration)을 기반으로 살펴보자.

◉ 회귀 분석에 의한 센서의 캘리브레이션

회귀 분석은 3.4.6절에서 소개한 센서의 캘리브레이션에도 활용된다.

센서가 아무리 균일하게 만들어졌다고 해도 제조 과정에서 개체 차이가 발생하므로 측정값에는 오차가 포함된다. 캘리브레이션은 오차를 포함한 실제 측정값과 계측하고 싶은 실제 값과의 관계성을 도출하는 작업이다.

회귀 분석을 시행하려면 먼저 정확한 샘플 y와 그 상태를 센서로 계측한 경우의 계측치 x를 취득한다. 이것을 여러 번 반복하여 그림 6.21과 같이 x와 y의 조합들을 얻을 수 있다. 이들의 조합을 바탕으로 최소 제곱법을 적용하여, 예를 들어 'y = a × x'의 수식을 구해서 측정값 x에 관해 정확하다고 생각되는 y값을 추정할 수 있다.

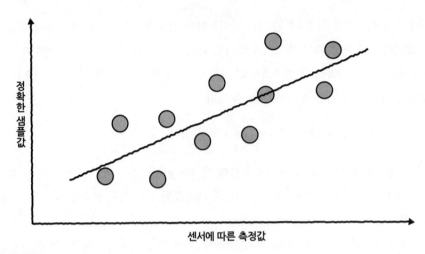

그림 6.21 **센서의 캘리브레이션**

실제로 캘리브레이션을 하는 경우 반드시 직선으로 딱 들어맞는다고 할 수 없다. 따라서 직선의 적용이 어려운 경우에는 이차식 등의 비선형 수식이나 기타 생각할 수 있는 이론식을 이용하는 것도 고려해 보자.

◉ 다양한 요인에 근거하는 교통량 예측

예측을 목적으로 한 분석의 예가 교통량 예측이다(그림 6.22). 어느 도로에 관한 요일별 또는 시간대별 교통량을 센서를 통해 몇 달에 걸쳐 수집한 뒤, 향후 요일, 시간대, 날씨 등의 요인을 바탕으로 교통량을 추정해 정체를 예측하는 것을 생각할 수 있다. 같은 방식으로 가정이나 빌딩의 소비 전력량을 예측할 수도 있을 것이다.

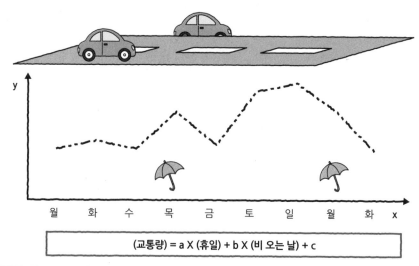

(교통량) = a X (휴일) + b X (비 오는 날) + c

그림 6.22 교통량 예측의 이미지

또한, 앞서 '발견'에서 얻은 지식을 미래에 활용하면 예측에 응용할 수 있다. 예를 들어, 과거에 축적된 장비 가동 시 장비의 압력을 기초로 하여, 평상시의 평균 압력과 분산(편차 상태)을 계산해 둔다. 그런 뒤, 장비를 가동시킬 때 장비의 가동 온도가 과거 압력의 격차 범위를 벗어난다고 해 보자. 이런 경우, 어떤 이상이 발생한다고 경고함으로써 디바이스의 고장이나 비정상적인 사용 방법에 관해 경고를 줄 수 있다.

6.4 | 분석에 필요한 요소

분석에는 지금까지 살펴본 분석 방법 외에도 데이터베이스나 분산 처리 기술 등 다양한 미들웨어와 처리를 위한 기반 기술이 필요하다. 이번 절에서는 데이터 분석이라는 측면에서 어떤 인프라가 필요하고 사용되는지 소개하겠다.

우선, 데이터 분석을 '수집', '축적', '가공', '분석'의 측면으로 나누어 살펴보자.

◉ 수집

데이터의 수집은 수집하려는 대상에 따라 필요한 기반 기술이 달라진다. 예를 들어, 수집 대상이 데이터베이스에 이미 저장되어 있다면, SQL을 사용하여 필요한 데이터만을 취득할 수 있을 것이다.

수집 대상이 서버나 디바이스의 로그 데이터처럼 이미 방대한 로그 파일에 축적된 경우, 필요한 로그를 수집하는 기능과 로그에서 필요한 부분을 추출하는 기능, 실제로 해당 데이터가 필요한 환경에 결과를 출력하는 기능 등이 필요하다. 이러한 일련의 과정을 프로그램 개발에서 담당할 수도 있지만, 최근에는 로그를 수집, 가공, 출력하는 일련의 과정을 스트림으로 처리하는 아파치 플룸(Apache Flume)이나 플루언티드(Fluentd) 같은 프레임워크가 등장하고 있다.

또한, 수집된 데이터가 센서에서 전송되는 정보인 경우에는 2장에서 소개한 바와 같이 IoT 서비스 프런트엔드 서버를 구축하고, 센서와 디바이스로부터 정보를 수집해야 한다.

◉ 축적

데이터 축적을 위해 텍스트 파일에 저장할 수도 있지만, 대부분 데이터 관리와 취득의 편의성을 위해 데이터베이스를 사용한다. 그러나 데이터베이스라고 하더라도 기존 테이블 형식으로 데이터를 저장하는 RDB, KVS, 도큐먼트 지향 데이터베이스, 그래프 데이터베이스 등 다양한 형식이 등장하고 있다(그림 6.23).

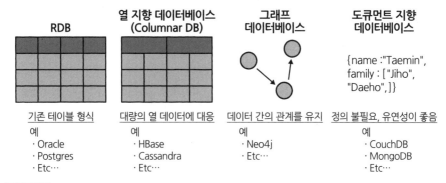

그림 6.23 데이터베이스 유형 및 제품 예

최근에는 대규모의 데이터 또는 이미지·음성 등의 비구조적인 데이터의 저장을 목적으로 하둡의 HDFS를 이용하는 경우도 있다. HDFS는 여러 대의 스토리지를 가상으로 묶어 대용량 스토리지를 구축할 수 있다.

또한, 맵리듀스 기능을 활용하여 축적된 데이터를 분산 처리할 수 있다. 하둡을 이용하는 장점은 하둡의 맵리듀스상에서 기계 학습을 수행할 수 있는 아파치 머하웃(Apache Mahout)이라는 기계 학습 라이브러리를 이용할 수 있다는 점이다. 따라서 하둡은 축적, 처리 및 분석을 겸하는 유용한 기반 기술로 인기가 있다.

◉ 가공

가공에는 범용성을 갖는 데이터로부터 분석 목적에 따라 예외나 결손이 있는 데이터를 제거한 필요한 데이터만을 추출하고, 연산 등의 처리를 통해 분석용 데이터 집합인 데이터 세트를 만드는 기반 기술이 필요하다. 데이터가 작은 경우에는 스프레드시트와 같은 프로그램에서 가공할 수 있지만, 센서 데이터와 같은 대규모 데이터를 취급하는 경우에는 그에 따라 확장할 수 있는 기반 기술이 필요하다.

조금 전 언급한 하둡에서는 복수의 시스템 자원을 활용하여 분산 데이터를 처리하는 맵리듀스라는 기능이 있다. 이로 인해 대규모 데이터 처리 시, 병목이 되기 쉬운 디스크 I/O 등의 처리 시간을 대폭 단축해 준다.

◉ 분석

분석을 실행하기 위한 환경에는 앞서 소개한 통계 분석 언어 및 데이터 마이닝 도구를 들 수 있다. 이들 분석은 계산을 위해 방대한 메모리와 연산 능력이 필요하다. 그러나 대부분의 분석은 사전 처리 단계의 가공을 거치면서 데이터양이 감소하고, 일반적인 데스크톱 도구로도 처리할 수 있는 크기가 된다.

단, 기반 기술의 발달에 따라 로그나 센서 데이터도 고급 분석 대상이 되면서 불가피하게 대규모의 분석 데이터가 발생해서 앞서 언급한 도구로는 분석할 수 없는 경우도 있다. 이러한 경우에는 분석을 위한 특별한 기반 기술을 준비해야 한다.

하나의 예로서, 앞서 소개한 하둡에서 동작하는 기계 학습 라이브러리인 아파치 머하웃을 들 수 있다. 다룰 수 있는 분석 방법은 아직 제한적이지만, 분산 처리를 활용하여 대규모로 분석할 수 있다.

또한, 최근에는 아파치 스파크도 주목받고 있다. 하둡이 가진 분산 처리 방식인 맵리듀스는 한 쌍의 처리를 할 때마다 디스크 I/O가 발생한다. 따라서 기계 학습처럼 반복 처리가 필요한 분석 알고리즘에서는 처리 시간이 방대해지는 경향이 있었다. 이에비해 아파치 스파크는 2장에서 소개한 것처럼 메모리의 캐시를 활용하여 반복 처리를 고속화할 수 있다. 따라서 분석 속도를 크게 향상시킬 수 있으며, 향후 대규모 고도의 분석에 더욱더 길이 열릴 것으로 예상한다.

이상으로 '수집', '축적', '가공', '분석'이라는 네 개의 흐름으로 분석 기반을 알아봤다. 이어서 이러한 기반 기술 중에서 향후 센서의 분석에 관련성이 높아질 것 같은 두 가지 기술을 살펴보겠다.

- **CEP**: 위의 네 가지 흐름을 바꿀 새로운 개념인 '축적하지 않고 실시간으로 처리하는' 스트림 데이터 처리 기반이며, 이벤트 처리를 한다.
- **Jubatus**: '분석' 중에서도 특히 고도의 분석을 고속으로, 그리고 대규모로 처리하는 기반 기술이다.

복합 이벤트 처리(CEP, Complex Event Processing)는 이벤트가 발생한 데이터를 실시간으로 처리하는 기술이다. 센서처럼 대량의 데이터가 수시로 전송되는 시스템의 기반 기술로 채용되고 있다.

CEP는 다양한 형식의 데이터를 수신하기 위한 '입력 어댑터 파트', 데이터를 실제로 처리하는 '처리 엔진 파트', 처리 결과를 다양한 시스템과 인프라에 전달하기 위한 '출력 어댑터 파트'를 겸비한 프레임워크다(그림 6.24).

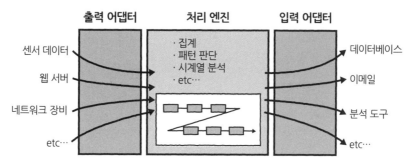

출력 어댑터　　　**처리 엔진**　　　**입력 어댑터**

센서 데이터　　·집계　　데이터베이스
웹 서버　　·패턴 판단　　이메일
네트워크 장비　·시계열 분석　　분석 도구
etc…　　·etc…　　etc…

그림 6.24 **CEP 구성**

CEP는 메모리상에서 실시간으로 처리하므로 기계 학습 같은 크고 복잡한 연산에는 어울리지 않는다. 그러나 일정한 데이터를 버퍼에서 처리할 수 있으며, 예전과 같이 선저장 후처리 방식의 시스템에서는 따라갈 수 없는 속도의 서비스를 제공한다. 따라서 집계나 패턴 분석 같은 처리에서는 매우 빠르게 결과를 출력할 수 있다. 또한, 데이터를 저장하지 않고 처리하므로 대규모 저장 기반 기술이 필요하지 않다는 것도 CEP만의 장점이다. 향후 센서 데이터가 증가하여 실시간성에 관한 수요가 증가하면 중요성이 더욱 높아질 기술이다.

CEP에는 오픈 소스 소프트웨어로 개발된 에스퍼(Esper)나 오라클(Oracle) 등에서 만든 솔루션이 있다.

◉ CEP의 활용 사례

CEP가 주목받는 계기가 된 것은 금융 분야의 알고리즘 거래다. 주식의 거래는 실시간성에 관한 요구가 높고, 주가의 변동에 따라 즉시 매매를 원하는 분야다. CEP는 주가 변동이 사전에 정한 규칙에 부합하는 경우, 즉시 변동 상황을 판별하고, 해당 매매를 진행하는 등의 처리를 담당한다. 즉, 특정 규칙을 충족하는 이벤트가 발생한 경우에 해당하는 처리를 호출하는 이벤트 중심의 처리를 하는 것이다.

그 밖에 센서 데이터에 관련된 활용의 테스트도 있다. 교량의 각부에 진동 등의 데이터를 취득하는 센서를 설치하고, 정보를 실시간으로 시스템에서 수신 받아서 미리 정해진 (정상시의) 상태와는 다른 움직임이 발생하면 경고를 한다. 그리하여 비정상적인 상태를 조기에 발견하는 데 도움이 되는 테스트를 하고 있다. 앞으로도 센서와 관련된 이상 검출에 이 기술이 활용될 가능성이 크다.

6.4.3 유바투스

유바투스(Jubatus)는 발견이나 예측과 같은 고도의 분석을 실현하기 위해 활용되는 프레임워크로서 CEP처럼 실시간 처리 능력도 겸비한 새로운 유형의 분석 기반 기술이다.

일반적인 분석 기법은 축적된 데이터를 일괄적으로 입력하고, 학습하는 '배치형'의 처리 방식을 취한다. 따라서 대규모 데이터가 될수록 학습에 필요한 리소스의 요구가 높아져, 모든 데이터는 사용 불가능한 상황에 빠진다. 또한, 일괄적으로 학습을 수행하는 경우에는 당연히 처리에 걸리는 시간도 방대해지고, 사전 학습을 위한 충분한 시간이 필요한 것이 상식이었다.

◉ 유바투스의 온라인 학습

이에 비해 유바투스는 '온라인 학습'이라는 '순차형' 학습 방식을 도입하고 있어 일괄적으로 데이터를 입력하지 않아도 1건씩 데이터를 수신할 때마다 학습해 나갈 수 있다 (그림 6.25). 따라서 데이터가 발생한 시점에서 입력을 받아서 그 자리에서 모델을 갱신

해 갈 수 있다. 즉, 학습 데이터를 축적해 두는 기반 기술을 준비할 필요가 없고, 학습을 위한 오버헤드(overhead) 시간을 고려할 필요도 없다.

온라인 학습은 기존의 알고리즘 모두를 커버하는 것이 아니므로 기존의 모든 분석이 유바투스에서 실현할 수 있는 것은 아니지만, 조금씩 다룰 수 있는 분석의 수도 증가해 가면서 적용의 폭이 확대되고 있다.

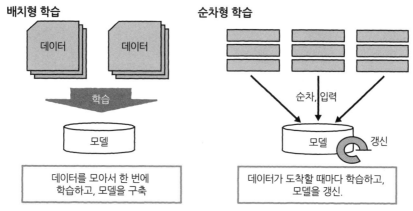

그림 6.25 배치형 학습과 순차형 학습

◉ 유바투스의 확장성

유바투스의 또 다른 특징은 분산 처리를 통해 '스케일 아웃(scale-out) 방식'의 리소스 확장을 실현할 수 있다는 점이다.

일반적인 시스템은 처리하는 데이터의 규모가 커지면 커질수록 고성능 CPU를 탑재하거나 대용량 메모리나 스토리지에 저장하는 서버가 필요했다. 장비를 고성능의 리소스로 확대하는 방법을 '스케일 업(scale-up) 방식'이라고 하며, 리소스 처리 성능을 향상시키는 것만큼 비약적으로 비용이 증가하는 경향이 있었다. 이에 관해 '스케일 아웃 방식'은 혁명적인 것으로서 프레임워크를 사용하여 처리와 데이터의 축적을 여러 시스템에 분산시킴으로써 컴퓨터의 수에 따른 처리와 저장 능력을 증가시키는 것이다(그림 6.26).

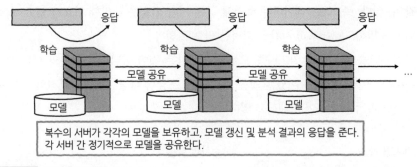

복수의 서버가 각각의 모델을 보유하고, 모델 갱신 및 분석 결과의 응답을 준다.
각 서버 간 정기적으로 모델을 공유한다.

그림 6.26 유바투스의 확장

또한, 운용 중인 시스템이라도 자원이 부족하면 컴퓨터를 추가하여 확장할 수 있으므로 전체 시스템의 처리 능력을 향상시킬 수 있다. 각 시스템이 요구하는 사양도 그리 크지 않으므로, 처리 능력은 향상시키면서도 상대적으로 비용이 크게 증가하지는 않는다는 것이 큰 장점이다.

유바투스는 이런 스케일 아웃 방식을 채용하고 있으므로 입력되는 데이터가 방대해지더라도 컴퓨터 대수를 제어함으로써 분석의 규모를 확대시킬 수 있다. 또한, CEP처럼 데이터가 발생한 시점에서 처리를 수행하므로 축적이 필요 없이 각 기계는 스토리지의 요구 수준이 높지 않다는 것도 장점이다.

분석의 어려움

지금까지 설명한 것만으로 분석 알고리즘에 데이터만 입력하면 모든 것이 해결될 것같이 느끼는 독자도 있을 것이다. 그러나 실제로 알고리즘에 데이터를 입력하는 것만으로 바라는 결과를 얻는 경우는 거의 없으며, 데이터를 선정하기 위해 다양한 알고리즘을 테스트하거나 데이터를 가공하여 데이터의 특징을 나타내는 특징값을 만드는 방법을 여러 방식으로 검토한다. 때에 따라서는 입력 데이터 중 이상한 값이 동작에 악영향을 주는 '노이즈' 문제를 해소하기 위해 노이즈 제거 작업을 해야 하는 등 일반적인 수단으로는 할 수 없는 것이 분석이다.

이러한 문제에 잘 대처하기 위해서는 알고리즘에 의존할 뿐만 아니라 가설을 구축할 필요가 있다. 가설을 바탕으로 특징값을 만들거나 가설에 맞는 알고리즘을 선택하는 등 가설은 길을 잃고 헤매는 것을 예방하는 데 큰 도움이 된다. 또한, 이런 가설을 얻으려면 과거의 데이터를 잘 시각화하여 전체의 경향이나 현황을 정량적으로 파악하거나 이를 바탕으로 전문가와 상담하는 것도 필요하다.

이처럼 분석하는 것은 알고리즘이나 도구만으로는 이야기할 수 없는 무형의 노하우가 필요하게 되는 것이 어려운 점이다.

IoT와 웨어러블
디바이스

7.1 | 웨어러블 디바이스의 기초

웨어러블 디바이스(wearable device)는 용어 그대로 착용할 수 있는 디바이스다. 따라서 지금까지 설명해 온 디바이스보다 사람에게 더욱 친밀한 서비스를 제공할 수 있는 디바이스다. 한발 앞서가는 IoT 서비스를 실현하기 위해서는 웨어러블 디바이스를 이용하는 선택지가 있다.

그러나 웨어러블 디바이스는 다양한 종류와 사용법이 있으므로 이를 체계적으로 이해하기 위해서는 많은 시간 투자가 필요하다. 만약 여러분의 서비스에 웨어러블 디바이스를 연결하고자 하는 경우나 새로운 웨어러블 디바이스를 만들어 보고 싶을 때 다음과 같은 점이 문제될 것이다.

- 웨어러블 디바이스에는 어떤 종류가 있는가?
- 어떤 웨어러블 디바이스를 사용하면 좋을까?
- 어떻게 사용하면 좋을까?
- 웨어러블 디바이스로 무엇을 할 수 있을까?

이번 장에서는 이와 같은 질문에 관한 답을 찾아보겠다.

7.1.1 IoT와 웨어러블 디바이스의 관계

IoT를 구성하는 디바이스 중 하나로 구글 글라스(Google Glass)가 있다. 웨어러블 디바이스는 착용(장착)하는 사람과 그 주변 상황을 IoT의 일부로 다룰 수 있다.

예를 들어, 착용한 사람의 건강 상태, 운동량, 보고 들은 것을 기록하는 것과 같은 사용법이 가능하다. 이처럼 우리 생활에 밀접한 IoT 서비스를 제공하려면 웨어러블 디바이스가 최적이다.

그림 7.1처럼 웨어러블 디바이스는 지금까지 소개한 센서의 디바이스와 마찬가지로 IoT 디바이스의 하나로서 스마트폰이나 태블릿과 마찬가지로 '센싱'과 '피드백'을 할 수 있는 디바이스다.

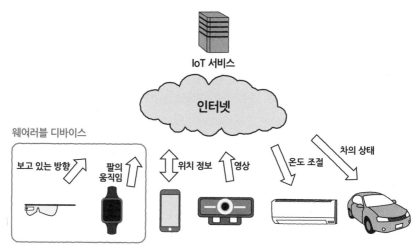

그림 7.1 IoT과 웨어러블 디바이스의 관계

　웨어러블 디바이스를 이용한 IoT 서비스에서는 디바이스에서 취득한 정보를 분석하고, 그 결과를 다시 웨어러블 디바이스로 전송한다. 즉, 착용자의 상태를 웨어러블 디바이스에서 센싱하고, 다양한 형태로 사용자에게 피드백한다. 따라서 사람의 생활을 도와주는 용도로 사용할 수 있다.

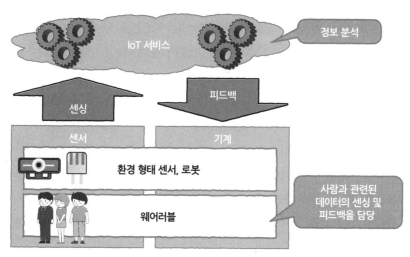

그림 7.2 사람과 밀접한 입출력 디바이스로서 웨어러블 디바이스

◉ 웨어러블 디바이스의 등장

IoT에서의 웨어러블 디바이스의 위상에 관해 알아보았다. 이번에는 웨어러블 디바이스 자체에 초점을 맞춰 보자. 어떤 디바이스를 웨어러블 디바이스라고 부르는 것일까? 웨어러블 디바이스는 스마트폰과 태블릿 등, 스마트 디바이스라는 모바일 컴퓨터의 차세대 시스템으로서 기대가 모아지고 있다(그림 7.3). 단순히 스마트 디바이스의 기능을 제한하여 몸에 착용할 수 있도록 한 것이라는 해석도 있지만, 이 책에서는 IoT와 관련된 전혀 다른 유형의 디바이스로 생각한다.

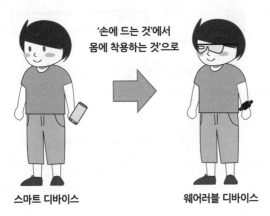

'손에 드는 것'에서
몸에 착용하는 것'으로

스마트 디바이스   웨어러블 디바이스

그림 7.3 스마트 디바이스에서 웨어러블 디바이스로

웨어러블 디바이스가 '몸에 착용하는 형태의 디바이스'인 것은 틀림없다. 그러나 여기서 말하는 '몸에 착용한다'라는 뜻은 '언제', '어디서', '누가', '어떤 상태인가'라는 것을 이해할 수 있음을 뜻한다.

무엇을 하려는지, 취침 중인지 아닌지와 같은 착용자와 그 주변의 '콘텍스트(context: 문맥)'를 이해하고, 적절한 정보의 제공 및 주의 환기 등의 피드백을 주는 디바이스를 이 책에서는 웨어러블 디바이스라고 생각한다.

또한, 과거부터 현재까지의 다양한 콘텍스트를 이해하고, 착용자에게 액션이나 피드백을 하므로 제대로 활용하면 착용자의 신체 능력이나 감각을 확장하는 디바이스가 되는 것이다. 예를 들어, 옷을 사기 위해 쇼핑몰을 걷고 있다고 하자. 이와 같은 콘텍스트에서, 뒤에서 설명하는 스마트글라스 등의 웨어러블 디바이스는 현재 보고 있는 옷을 인지하고, 다른 매장과의 가격 비교 및 사용자 리뷰 등을 디스플레이에 표시해 줄 것이다. 또 다른 예로는 몸에 착용하고 있는 센서의 데이터를 헬스장의 트레이너에게 전송하고, 평상시 생활에 관한 개선점을 피드백 받을 수 있다.

이처럼 웨어러블 디바이스를 활용하여 착용자의 콘텍스트에 적합한 IoT 서비스를 제공할 수 있다(그림 7.4).

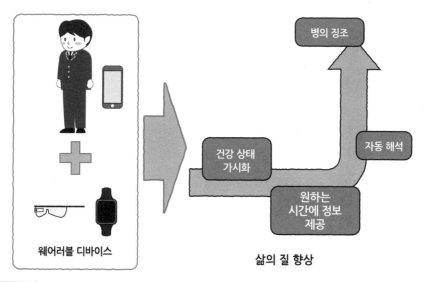

그림 7.4 웨어러블 디바이스를 이용하여 삶의 질을 향상시킬 수 있다.

7.1.2 웨어러블 디바이스의 시장

웨어러블 디바이스는 지금까지 없었던 아주 새로운 개념은 아니다. 지금까지도 영화나 만화, 애니메이션 등에서 안경 형태의 디바이스를 착용하고, 순식간에 정보에 액세스하거나 귀에 장착하고 통화를 하거나 메시지를 송수신하는 등 다양한 웨어러블 디바이스가 출현했었다. 물론 실제로도 NTT 도코모(역자주, 일본 최대의 이동통신회사)가 2000년대 초에 손목시계형 PHS 단말을 세상에 공개하는 등 전 세계 연구 기관에서 다양한 제품화 노력이 이어져 왔다.

　그러면 왜 이제서야 급격한 붐을 일으키며, 수많은 실용적 웨어러블 디바이스가 등장하게 되었고, 동시에 새로운 시장을 형성하고 있는 것일까? 여기에는 두 가지 측면이 있는데, 하나는 디바이스적 측면이고, 다른 하나는 디바이스를 둘러싼 인프라적 측면이다. 이어서 각각에 관해 살펴보자.

◉ 디바이스 환경의 진보

　우선, 첫 번째 디바이스적 측면에는 세 가지 중요한 요소가 있다.

- **구성 부품의 소형화, 저전력화**
- **NUI**
- **스마트 디바이스와 연동**

구성 부품의 소형화, 저전력화

　스마트 디바이스로 대표되는 고도의 임베디드 장비 보급으로 디바이스를 구성하는 부품의 소형화 및 저전력화가 진행되어 왔다(그림 7.5). 반도체 미세화에 따른 부품의 소형화를 반도체 업체가 추진하는 한편, 작은 배터리로도 장시간 구동할 수 있는 소비 전력을 고려한 설계가 진행되었다. 따라서 전체적인 웨어러블 디바이스 동작 시간이 길어졌고, 실용적인 수준에 도달하고 있다. 또한, 부품의 소형화는 동작 시간 연장뿐만 아니라 몸에 착용해도 위화감이 없는 크기로 많은 부품을 조합할 수 있게 되었다. 즉, 다양한 종류와 다양한 기능을 제공할 수 있게 된 것이다.

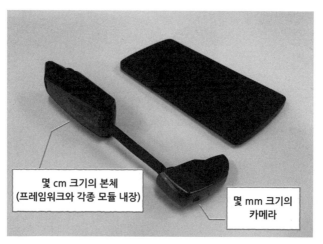

몇 cm 크기의 본체
(프레임워크와 각종 모듈 내장)

몇 mm 크기의
카메라

`그림 7.5` **구성 부품의 소형화**

단, 배터리 자체는 전원 용량에 충분한 소형화에 이르지 못해, 다양한 기능을 가진 소비 전력이 큰 웨어러블 디바이스는 배터리 소모를 의식하지 않을 수 없다.

NUI

웨어러블 디바이스는 디바이스를 조작하기 위한 키보드나 마우스와 같은 사용자 인터페이스가 없는 경우가 많다. 그러므로 웨어러블 디바이스를 이용해 복잡한 제어를 실현하기 위해서는 기존과는 다른 사용자 인터페이스가 필요하다.

이에 따라 음성 인식 기술로 목소리를 이용하여 제어하는 기술이나 신체의 일부를 움직여 제어하는 제스처 제어 같은 NUI(Natural User Interface)라는 기술이 발전해 왔다 (그림 7.6). 이 기술이 웨어러블 디바이스 같은 작은 디바이스에서도 동작하는 수준까지 진화함에 따라 웨어러블 디바이스의 제어도 실용적이게 되었다.

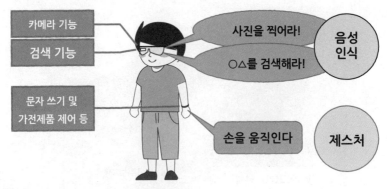

그림 7.6 NUI의 예(음성 인식 및 제스처에 의한 제어)

스마트 디바이스와의 연동

대부분의 웨어러블 디바이스는 스마트폰 및 태블릿 등과 같은 스마트 디바이스와 연동할 수 있다. 스마트 디바이스 기능을 이용하면 웨어러블 디바이스는 센싱과 결과 표시만을 담당할 수도 있다.

스마트 디바이스와 연동하면 웨어러블 디바이스는 사용 용도가 다양해진다. 웨어러블 디바이스를 보조할 수 있는 스마트 디바이스의 보급이 웨어러블 디바이스의 붐에 큰 영향을 끼치고 있다.

액티비티 트래커 시장의 형성

다음으로, 디바이스를 둘러싼 환경적 측면에서는 웨어러블 디바이스 중에서도 착용자의 활동량 등을 계측하는 액티비티 트래커(activity tracker) 시장의 형성을 들 수 있다.

액티비티 트래커는 걸음 수나 운동 시간 등의 활동량과 수면 시간을 측정할 수 있는 웨어러블 디바이스다(그림 7.7). 미국을 중심으로 해외에서 시장을 형성하고 있다.

그림 7.7 액티비티 트래커

이처럼 실용적인 웨어러블 디바이스가 등장함으로써 또 다른 웨어러블 디바이스의 보급에 박차를 가하고 있다.

7.1.3 웨어러블 디바이스의 특징

웨어러블 디바이스의 특징이란 무엇을 의미하는 것일까? 웨어러블 디바이스에 '갖춰진 기능'과 '갖춰진 센서'를 살펴보면 '무엇이 가능한지', '어떤 정보(데이터)를 얻을 수 있는지'를 알 수 있다.

한마디로 웨어러블 디바이스라 하더라도 다양한 분류의 디바이스가 있다. 우선은 세세하게 분류하기 전에 더욱 큰 분류에서 웨어러블 디바이스가 갖춘 기능과 센서를 알아보자.

◉ 갖춰진 기능

우선은 웨어러블 디바이스가 갖추고 있는 기능을 확인해 보자.

주요 기능 목록은 표 7.1과 같다. '디바이스에 입력', '디바이스로부터의 피드백', '기타 기능'의 세 가지 역할로 정리해 보았다.

표 7.1 웨어러블 디바이스가 내장하고 있는 기능

역할	기능	할 수 있는 것
디바이스에 입력	카메라	이미지나 영상을 촬영, 화상 인식
	음성 인식	음성으로 입력이나 제어를 실시
	제스처 제어	제스처를 사용하여 각종 디바이스를 제어
디바이스로부터의 피드백	정보 표시	디스플레이에 텍스트, 이미지, 동영상을 표시
	알림	소리나 디스플레이를 이용하여 착용자에게 알림
기타 기능	네트워크 접속	인터넷에 연결하여 데이터를 송수신할 수 있고, 데이터 가공 등을 클라우드에서 실행
	스토리지	오프라인에서 데이터 축적

탑재되는 기능은 디바이스마다 다르지만, 입력에 관해서는 주로 세 가지 기능(카메라, 음성 인식, 제스처 제어)이 있다.

웨어러블 디바이스에 탑재되는 카메라는 스마트폰과 달리 손을 사용하여 기능을 선택할 필요 없이 즉시 이미지나 영상을 촬영할 수 있다.

또한, 촬영한 결과를 이용하여 이미지 인식 등을 할 수 있다. 예를 들어, 카메라로 포착한 사람의 얼굴과 QR 코드 등을 인식시키고, 다음 작업을 위해 트리거(trigger)할 수 있다.

◉ 갖춰진 센서

웨어러블 디바이스는 탑재되는 센서를 활용하여 착용자의 심장박동이나 움직임 등의 정보를 센싱할 수 있다. 또한, GPS를 이용하여 착용자의 현재 위치를 측정할 수 있는 웨어러블 디바이스도 있다.

웨어러블 디바이스가 갖추는 대표적인 센서는 표 7.2와 같다.

표 7.2 웨어러블 디바이스가 갖추는 대표적인 센서

센서	개요
GPS	웨어러블 디바이스(착용자)의 위치 정보를 취득
9축 센서(가속도, 자이로, 전자 나침반)	각 3축의 가속도 센서, 자이로 센서, 전자 나침반에 의해 웨어러블 디바이스의 직선 가속도, 각속도(angular velocity)를 계측. 또한, 전자 나침반으로 웨어러블 디바이스의 방위를 계측
심장박동 센서	맥파 센서 등을 이용하여 착용자의 심장박동수를 측정. 또한, 심전파형 센서를 활용하는 심장박동 센서도 있음
조도 센서	웨어러블 디바이스의 주변 밝기를 측정. 디스플레이의 휘도 제어 등에 이용
적외선 센서	적외선을 계측하여 온도를 가시화하는 센서. 주로 웨어러블 디바이스 주변 사람들의 몸짓과 눈의 깜박임 감지에 이용
근접 센서	물체가 근접했는지를 감지하는 센서. 주로 웨어러블 디바이스를 착용했는지 감지하는 목적으로 이용

또한, 위의 대표적인 센서 외에도 표 7.3과 같은 웨어러블 디바이스만의 특징 있는 센서를 갖출 수도 있다.

표 7.3 웨어러블 디바이스가 갖추는 특징 있는 센서

센서	개요
근전위 센서	착용 부분의 근전위를 측정하고, 근육의 움직임을 센싱하여 착용 부위의 움직임을 감지
아이 트래킹	주로 안경 형태의 웨어러블 디바이스에 이용되어, 안경에 내장된 아이 트래킹(eye tracking, 안구 추적) 카메라로 시선의 움직임을 감지
심전파형 센서	착용자의 심장의 전기적인 활동을 파형으로 측정
맥파 센서	심장의 활동에 관한 혈관 내 부피나 압력의 변화를 측정하여 스트레스 상태 파악 또는 졸음 방지에 이용
뇌파 센서	뇌에서 발생하는 전기 활동을 측정하고, 흥미와 집중도, 긴장 상태 등을 측정하는 데 이용

7.2 | 웨어러블 디바이스 종류

웨어러블 디바이스에는 다양한 종류가 있다. 어떤 종류가 있으며, 어떤 특징들이 있는지 살펴보자. 또한, 실현하려는 IoT 서비스에 적합한 웨어러블 디바이스의 선택법에 관해서도 알아보자.

7.2.1 웨어러블 디바이스의 분류

특별히 정해진 분류 방법이 있는 것은 아니므로 여기서는 '착용 위치'에 따른 분류, '디바이스 형태'에 따른 분류, '인터넷 접속 형태'에 따른 분류로 나누어 살펴보겠다. 이를 통해 IoT 서비스에 적합한 디바이스의 선정에 도움이 될 것이다.

우선, 각각의 개요를 설명하고, '디바이스 형태'마다 자세히 설명하겠다.

◉ 착용 위치에 따른 분류

웨어러블 디바이스는 몸의 특정 위치에 착용하여, 착용자의 신체 및 주변 환경의 데이터를 센싱할 수 있다. 또한, 특정 기능(데이터의 디스플레이, 카메라 촬영 등)을 몸의 일부로 통합할 수 있다. 그러므로 센싱 데이터 및 용도에 따라 웨어러블 디바이스의 착용 위치가 달라진다(그림 7.8).

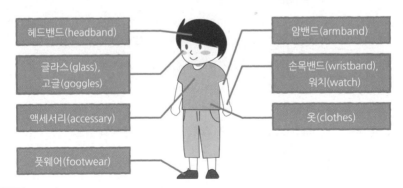

그림 7.8 분류 방법1: 몸에 착용하는 위치

머리 · 얼굴

머리나 얼굴에 착용하는 것으로서 헤드밴드 타입의 디바이스, 안경 형태의 디바이스 및 헤드마운트 디스플레이 등이 있다. 이들은 뇌파와 심장박동을 측정하는 디바이스나 디스플레이에 정보 표시를 하는 디바이스다.

팔

팔에 착용하는 것으로는 시계형 스마트워치나 손목밴드 형태의 디바이스가 있다. 이런 디바이스는 사람의 보행 및 수면 등의 활동량, 맥박을 계측한다. 또한, 위팔에 착용하는 암밴드 형태의 디바이스도 존재한다.

온몸

온몸에 착용하는 것으로는 의복형 디바이스도 있다. 이는 옷을 구성하는 섬유에 전도성 화학물질을 이용하여, 심전도를 점검하는 유형의 디바이스다. 센서만으로는 데이터 취득밖에 할 수 없으므로 데이터를 외부에 송신하는 송신기가 별도로 필요하다.

발

발에 착용하는 것으로는 신발의 바닥에 까는 밑창 형태나 신발 자체가 센서가 되는 것도 있다. 또한, 신발에 장착하는 형태의 디바이스도 등장하고 있다.

기타

기타로는 반지 형태 웨어러블 디바이스가 있다. 손이나 손가락의 움직임을 감지하여 또 다른 디바이스를 제어하는 용도로 사용된다.

이처럼 유사한 용도의 디바이스라고 하더라도 착용 위치가 다를 수 있다. 따라서 용도에 적합한 착용 위치를 고려하여 선정해야 한다.

◉ 디바이스 형태

현재 주류를 이루고 있는 웨어러블 디바이스 형태는 크게 세 가지로 나눌 수 있다(그림 7.9).

- 헤드 마운티드 디스플레이 형태(HMD, Head Mounted Display)
- 시계 형태
- 액세서리 형태

그림 7.9 디바이스 형태

HMD 형태

HMD 형태는 얼굴에 착용하는 형태의 웨어러블 디바이스다. '안경 형태'와 '고글 형태'로 나눌 수 있다.

안경 형태는 주로 장착한 채로 작업하거나 걸어다니는 것을 고려해 설계되었다. 한편, 고글 형태는 엔터테인먼트나 게임 이용 시에 사용하는 것을 가정하고 있다.

안경 형태에는 디스플레이가 한쪽에만 붙어 있는 단안(單眼) 형태와 양쪽에 붙어 있는 양안(兩眼) 형태가 있다. 안경 형태에 관해서는 7.2.2 절에서 구체적인 특징과 용도를 설명하겠다.

HMD 형태는 OS를 탑재한 스마트글라스와 PC 등에 연결하여 디스플레이로서 이용하는 형태의 디바이스가 있다.

시계 형태

시계 형태는 2~3인치 정도의 디스플레이를 갖춘, 팔에 장착하여 사용하는 형태의 웨어러블 디바이스다. 손목시계와 비슷한 형태로서 디스플레이 모양도 원형과 사각형이 있다.

대부분의 시계 형태 제품은 일반적인 시계처럼 측면에 버튼이 있어서 이를 누르면 디스플레이 ON/OFF나 표시 변경이 가능하다.

액세서리 형태

액세서리 형태는 그 용도에 따라 다양한 형태가 등장하고 있지만, 현재의 주류는 손목밴드 형태다.

손목밴드 형태 디바이스는 시계 형태처럼 팔에 차는 형태의 디바이스지만, 시계 형태와 같은 크기의 디스플레이는 제공하지 않는다. 그러나 착용자에게 어떤 알림나 표시를 해 주기 위해 아주 간단한 LED 디스플레이와 LED 조명, 진동 등을 갖추고 있는 경우가 많다.

다른 액세서리 유형으로는 반지, 목걸이, 팔찌, 발찌 형태 등이 있다.

◉ 인터넷 접속 형태

웨어러블 디바이스는 디바이스 단독으로 사용할 수 있는 제품도 있지만, 대부분은 네트워크에 연결하여 착용자의 스마트 디바이스나 PC 또는 IoT 서비스를 제공하는 클라우드 서비스와 웹 서비스 등과 데이터를 송수신한다.

이러한 네트워크 서비스에 웨어러블 디바이스를 연결하려면 인터넷에 접속해야 한다. 여기서는 웨어러블 디바이스에서 인터넷에 접속하는 유형에 관해 살펴보겠다.

웨어러블 디바이스를 인터넷에 연결하는 데에는 세 가지 형태가 있다(그림 7.10).

① SIM 카드(3G/LTE 통신)
② 와이파이 모듈
③ 테더링(tethering)

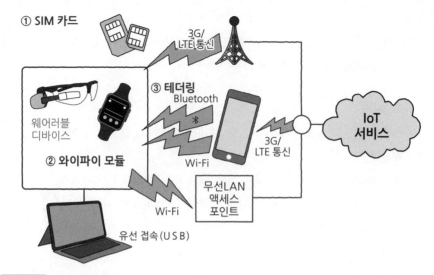

① SIM 카드

3G/
LTE통신

③ 테더링
Bluetooth

웨어러블
디바이스

② 와이파이 모듈

Wi-Fi

3G/
LTE 통신

IoT
서비스

무선LAN
액세스
포인트

Wi-Fi

유선 접속(USB)

그림 7.10 인터넷의 세 가지 접속 형태

① SIM 카드(3G/LTE 통신)

웨어러블 디바이스가 휴대전화망에 접속하기 위해서 SIM 카드를 이용하여 3G/LTE로 통신하는 연결 형태다. 이런 접속 형태는 웨어러블 디바이스가 직접 인터넷에 연결할 수 있으므로 휴대전화망의 전파가 도달하는 범위 안에서는 어디서나 통신할 수 있다.

그러나 휴대전화망을 이용한 통신은 통신 모듈의 전력 소비가 크므로 배터리의 용량이 제한적인 웨어러블 디바이스에는 적합하다고 할 수 없다.

② 와이파이 모듈

웨어러블 디바이스에 내장된 와이파이 모듈을 이용하여 무선 LAN 액세스 포인트에 연결하여 인터넷에 접속하는 형태다.

대용량의 데이터 통신을 하는 경우에는 고속으로 통신할 수 있지만, 이 접속 형태도 3G/LTE 통신과 마찬가지로 통신에 관한 전력 소비가 크다.

③ 테더링

웨어러블 디바이스가 스마트 디바이스를 거쳐 인터넷에 연결되는 형태다. 이런 방식을 일반적으로 테더링(tethering)이라고 한다.

웨어러블 디바이스와 스마트폰 간의 통신은 와이파이 또는 블루투스를 이용하는 것이 일반적이다. 블루투스 중에서도 특히 저전력이고 효율적으로 통신할 수 있는 BLE(Bluetooth Low Energy)가 주류를 이루고 있다. 웨어러블 디바이스와 스마트 디바이스 사이를 BLE로 연결하고, 스마트 디바이스를 통해 3G/4G로 인터넷에 연결한다.

이 밖에 웨어러블 디바이스에는 오프라인 상태에서도 사용할 수 있는 것이 많다. 예를 들어, 스마트글라스는 스마트폰과 마찬가지로 GB 단위의 스토리지를 가지고 있다. 따라서 오프라인 시에 입력한 데이터(사진이나 동영상 등)를 저장해 둘 수 있다.

또한, 그 밖의 접속 형태로는 웨어러블 디바이스를 PC의 USB 포트에 연결하여 데이터를 PC로 전송한 후, PC를 통해 인터넷에 보내는 디바이스도 있다.

7.2.2 안경 형태

웨어러블 디바이스에서 '디바이스 형태'의 대표적 형태라고 할 수 있는 안경 형태, 시계 형태, 액세서리 형태 각각의 특징 및 주요 용도에 관해 살펴보겠다.

우선, 안경 형태의 웨어러블 디바이스는 대부분 안드로이드 OS를 탑재한다. 주로 스마트글라스라고 하며, 안경과 같이 눈앞에 장착하고, 디스플레이를 보면서 제어하는 것이 일반적이다. 스마트글라스 제품의 스펙은 대략 2세대 이전 스마트폰 정도다.

◉ 특징

스마트글라스는 제작·판매하는 업체마다 제품별 특징이 있지만, 대체로 공통되는 몇 가지 특징이 있다(그림 7.11).

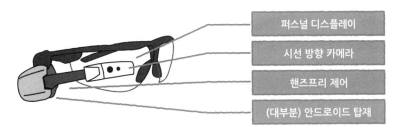

그림 7.11 스마트글라스의 특징

퍼스널 디스플레이

스마트글라스 대부분은 디스플레이를 갖추고 있다. 이 디스플레이는 착용자만 볼 수 있다. 디스플레이를 확인하기 위해 주머니나 가방에서 디바이스를 꺼내지 않고, 즉시 디스플레이에 표시되는 내용을 확인할 수 있다. 또한, 시선과 같은 방향으로 디스플레이되므로 착용자가 시선 이동을 최소화하여 표시 내용을 확인할 수 있다.

스마트글라스의 디스플레이는 투과형·비투과형, 양안(兩眼)형·단안(單眼)형이 있다.

투과형 디스플레이는 디스플레이에 표시되는 내용에 주변 환경이 투과되어 보인다 (그림 7.12). 반대로 비투과형은 디스플레이와 눈의 연장 선상 물체는 보이지 않지만, 표시 내용에 관한 인식성이 높아진다.

투과형(see-through)

비투과형

그림 7.12 투과형과 비투과형의 차이

또한, 디스플레이는 한쪽 눈으로 디스플레이를 보는 단안형과 양쪽 눈으로 디스플레이를 보는 양안형이 있다(그림 7.13).

양안형

단안형

그림 7.13 양안형과 단안형의 차이

단안형은 착용자의 시야를 가리는 영역이 작지만, 디스플레이의 크기가 작다. 한편 양안형은 착용자의 시계(視界)를 가리는 영역은 크지만, 넓은 시야각을 확보할 수 있으며, 좌우 디스플레이를 이용하여 3D로 표시할 수 있다.

핸즈프리 조작

스마트글라스의 제어에는 버튼이나 터치 패널이 있는 경우 그것을 이용하는 형태와 음성과 몸짓을 이용하는 형태가 있다. 예를 들어, 음성으로 카메라를 작동시킬 수 있으며, 눈의 깜박임을 감지하여 셔터로서 동작하는 것도 있다. 또한, 스마트글라스는 각종 센서도 탑재되므로 가속도 센서를 이용하여 제어할 수도 있다.

음성 제어나 제스처 제어는 디바이스에 탑재되는 것과 그렇지 않은 것이 있다. 또한, 핸즈프리(hands-free) 제어를 애플리케이션의 일부로서 독자적으로 만들어 넣을 수도 있다.

카메라

스마트글라스는 디스플레이 옆에 카메라가 갖춰져 있다. 이 카메라를 이용하여 착용자의 시선으로 사진을 찍거나 동영상을 촬영할 수 있다. 또한, 카메라를 이용하여 현재 보는 것을 실시간으로 다른 사람과 공유할 수도 있다.

안드로이드 기반의 OS

현재 스마트글라스의 대부분은 구글이 제공하는 스마트 디바이스용 모바일 플랫폼인 안드로이드 OS를 탑재하고 있다.

터치 패널이 없다는 것과 디스플레이의 크기·해상도를 고려할 필요가 있지만, 지금까지 안드로이드로 쌓아 온 자산을 이용할 수 있다. 디바이스에 따라서는 스마트폰에서 사용하던 안드로이드용 애플리케이션을 그대로 사용할 수도 있다.

◉ 용도

스마트글라스에는 많은 기능이 탑재되어 있으므로 다양한 용도로 이용할 수 있다. 스마트글라스만의 특징적인 용도를 포함하여 몇 가지 살펴보자(그림 7.14).

그림 7.14 **스마트글라스의 주요 용도**

알림을 실시간으로 확인

스마트폰과 연동하는 서비스로부터 도착한 알림을 디스플레이를 통해 바로 확인할 수 있다. 지금까지의 스마트 디바이스에서는 알림이 도착한 경우에는 주머니나 가방에서 디바이스를 꺼내 디스플레이의 내용을 확인해야 했다. 그러나 스마트글라스는 알림이 오면 눈앞의 디스플레이를 통해 즉시 확인할 수 있다. 따라서 다른 작업을 하느라 양손을 쓸 수 없는 상태에서도 확인할 수 있다.

스마트 디바이스의 응답용 디바이스

스마트 디바이스와 연동할 수 있는 웨어러블 디바이스는 스마트 디바이스의 응답 디바이스로도 이용할 수 있다. 예를 들어, 스마트 디바이스로 걸려 온 전화를 스마트글라스로 수신하여 핸즈프리로 응답할 수 있다.

증강 현실

디스플레이를 통해 현실 세계 물체와 정보를 함께 보여 주는 증강 현실(AR, Augmented Reality) 기술은 스마트글라스로도 사용할 수 있다. 예를 들어, 스마트글라스를 쓰고 어떤 물체를 보는 경우, 스마트글라스가 물체를 인식하고 스마트글라스의 디스플레이에 관련 정보를 함께 표시한다(그림 7.15).

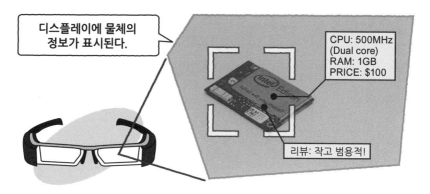

디스플레이에 물체의
정보가 표시된다.

CPU: 500MHz
(Dual core)
RAM: 1GB
PRICE: $100

리뷰: 작고 범용적!

그림 7.15 스마트글라스를 이용한 AR의 예

정보를 겹치게 하는 방법에는 두 가지가 있다. 스마트글라스의 전면 카메라로 촬영하고 있는 영상에 겹치게 하는 비디오 시스루(see-through)를 이용한 방식과 시스루 디스플레이를 이용하여 현실 세계의 물체에 정보를 겹치게 하는 방식이 있다.

AR 기술은 웨어러블 디바이스 외에 ARToolKit과 같은 라이브러리를 이용하여 AR을 실현하기 위한 소프트웨어를 별도로 작성해야 한다.

시선 동영상, 이미지 공유

스마트글라스는 디바이스의 전면에 장착된 카메라를 사용하여 착용자의 시선에서 사진이나 동영상을 촬영할 수 있다.

착용자의 1인칭 시선으로 사진이나 영상을 촬영하여 네트워크를 통해 실시간으로 IoT 서비스 등으로 공유함으로써 착용자가 수행한 작업과 당시의 기록이 가능해진다.

7.2.3 시계 형태

시계 형태는 팔에 감아 사용하는 손목시계 형태의 웨어러블 디바이스로서 주로 스마트워치라고 불린다. 손목시계와 마찬가지로 시계의 디스플레이 화면이 있어 각종 정보를 표시한다.

구성 부품이 스마트폰과 비슷하므로 많은 업체가 개발하고 있다. 기능은 업체별로 다양하다. 예를 들어, 스포츠나 건강 관리에 중점을 둔 스마트워치의 경우는 가속도 센서를 사용한 만보계가 탑재되어 있다. 심장박동수를 측정하는 센서를 뒷면에 갖춘 것도 있다.

◉ 특징

스마트워치도 제조사마다 제품 고유의 특징이 있지만, 전반적으로 공통된 특징은 그림 7.16과 같이 되어 있다.

그림 7.16 스마트워치의 주요 특징

디스플레이

스마트워치는 1.5인치 정도의 사각형 또는 원형 모양의 디스플레이를 갖추고 있다. 화면 전체를 디스플레이하는 제품이 많지만, 화면 일부만을 사용하여 정보를 표시하는 형태도 있다.

또한, 디스플레이는 스마트 디바이스와 마찬가지로 터치 디스플레이 제품과 버튼으로 제어할 수 있는 것이 있다. 터치 디스플레이는 직관적으로 제어할 수 있으며, 버튼으로 제어하는 경우는 터치 디스플레이보다 전력면에서 뛰어나 장시간 사용할 수 있다.

풍부한 알림 기능

알림 기능은 스마트글라스와 크게 다르지 않다. 하지만 스마트워치는 스마트 디바이스의 부속으로 이용되는 경우가 많고, 스마트워치 착용자는 스마트 디바이스에 온 알림에 관해 스마트워치를 통해 대응할 수 있다.

다양한 OS

스마트워치는 전 세계 제조업체들이 개발하고 있는 웨어러블 디바이스다. OS도 독자적인 OS부터 오픈 소스 소프트웨어 OS까지 다양하다. 하지만 안드로이드 OS의 웨어러블 디바이스 버전인 안드로이드 웨어(Android Wear)의 등장 이후에는 안드로이드 웨어가 대부분 채택되고 있다. 향후 프로그램의 개발 및 확장성을 고려하면 안드로이드 웨어 같은 표준 OS가 유리할 것이다.

◉ 용도

스마트워치는 장착의 용이성 및 디스플레이를 활용한 다양한 용도가 검토되고 있다. 또한, 용도는 아니지만, 시계라는 제품 카테고리의 특성상 자신의 패션을 표현하는 아이템으로도 이용되고 있다. 반대로 말하면 소비자는 패션성이 없는 스마트워치를 평상시 착용하지 않을 것이다.

스마트글라스와 마찬가지로 스마트폰의 부속으로 이용하는 방법도 있지만, 스마트워치의 대표적인 용도를 보도록 하자.

간단한 입력 디바이스로 이용

음성 인식 기능과 디스플레이를 갖추고 있으므로 이러한 기능을 이용하여 간단한 문자 등의 입력 디바이스로도 이용된다.

그러나 모든 음성을 음성 인식 기능에서 정확하게 인식하는 것이 어려울 뿐만 아니라 장문의 입력에는 적합하지 않다. 따라서 상용구와 같이 짧은 글들을 입력하는 것 외에 연동하는 스마트 디바이스를 이용하는 경우가 많다.

피트니스 지원

건강을 고려한 스마트워치의 경우, 디바이스에 탑재되는 센서로 착용자의 신체 상태를 계측하고, 피트니스(fitness) 지원에 이용된다. 특히, 만보계와 심장박동수 측정기로 이용되고 있다. 예를 들어, 심장박동수를 점검하여 운동 강도를 조절하거나 다이어트를 위해 사용되는 경우에 인기가 많다(그림 7.17).

그림 7.17 스마트워치를 통한 운동

7.2.4 액세서리 형태

마지막으로, 액세서리 형태다. 이 책에서는 안경 형태, 시계 형태 외에 모든 웨어러블 디바이스를 액세서리 형태라 한다.

액세서리 형태 디바이스는 손목에 감아 사용하는 손목밴드 형태의 디바이스가 많다. 경량의 센서를 팔에 차고, 착용자의 운동 상황과 수면 상태를 간단하게 측정할 수 있어 인기를 끌고 있다.

또한, 손목밴드 형태 외에도 헤드밴드 타입이나 반지 모양의 디바이스가 있다. 특징적인 형태로는 의복으로 착용하는 의류 형태와 위팔에 장착하여 근전위를 계측하는 암밴드 형태도 있다.

◉ 특징

액세서리 형태에는 다양한 모양이 존재하지만, 몇 가지 공통된 특징이 있다.

저전력 및 장시간 이용

액세서리형 디바이스의 대부분은 여러 종류의 센서를 갖추고 있지만, 측정된 데이터를 확인하기 위한 고성능 디스플레이가 장착되어 있지 않다. 디스플레이가 있더라도 숫자 정도를 간단히 확인하는 정도이므로 저전력으로 장시간 이용할 수 있다. 일상적으로 몸에 착용하는 웨어러블 디바이스가 많으므로, 장시간 가동할 수 있어야 한다는 점은 매우 중요하다.

제스처 인식

반지 형태와 암밴드 형태의 웨어러블 디바이스는 내장된 센서를 이용하여 손가락의 움직임과 팔의 동작을 인식할 수 있다. 예를 들어, 반지 형태 디바이스는 가속도 센서 등을 이용하여 손가락으로 공중에 그린 문자를 인식할 수 있다(그림 7.18). 암밴드 형태는 위팔 근전위를 측정하여 착용자의 손이 어떤 동작을 하는지 인식할 수 있다.

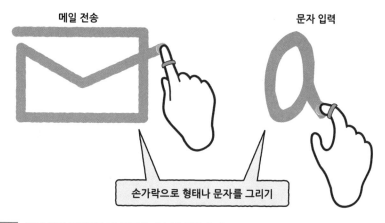

그림 7.18 반지 형태 디바이스를 이용한 제스처 입력의 예

그러나 제스처 인식은 인식률이 환경이나 이용하는 사람에 따라 영향을 받는다는 과제가 남아 있다.

특징적인 센서를 탑재

액세서리 형태의 디바이스는 몸에 착용하는 위치와 용도에 관련하여 특징적인 센서를 탑재하는 디바이스도 있다.

예를 들어, 헤드밴드 타입 디바이스는 뇌파를 측정하는 센서가 탑재되어 있다. 또한, 앞서 언급한 제스처 인식에서도 근전위를 측정하는 디바이스가 있었다. 이것도 근전위를 측정하는 특수 센서가 디바이스 내부에 탑재되어 있다. 또한, 착용자의 심전도와 심전 파형을 측정하는 센서를 탑재하는 디바이스도 있다.

◉ 용도

액세서리 형태의 디바이스 용도 역시 각 제조업체나 형태에 따라 크게 달라진다. 형태에 따른 용도를 살펴보면 공통점을 파악하기 어려우므로 여기에서는 이용되는 센서에 착안하여 대표적인 용도와 일부 특수한 용도를 살펴보겠다(그림 7.19).

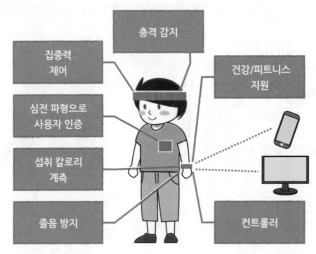

그림 7.19 액세서리 형태의 용도 예

컨트롤러

디바이스에 내장된 가속도 센서와 근전위 센서를 이용하여 착용자의 제스처를 인식한다. 인식된 제스처의 결과를 통해 디바이스를 제어하거나 연동하고 있는 외부 디바이스의 제어에 사용할 수 있다.

예를 들어, 디바이스를 장착한 팔의 움직임을 이용하여 연동되는 스마트 디바이스의 음악을 재생하는 것이 있다.

건강 · 피트니스 지원

스마트워치뿐만 아니라 액세서리 형태의 디바이스 역시 다양하게 탑재된 센서를 이용하여 건강 증진이나 운동 또는 트레이닝 지원에 사용된다. 스마트워치에 탑재할 수 없거나 탑재하지 않은 센서를 탑재하는 것도 있어서 더욱 본격적으로 건강이나 피트니스 지원에 이용된다.

특수 센서를 이용한 각종 용도

범용적인 센서가 아니라 특수한 데이터를 계측하기 위한 센서를 이용한 경우에는 해당 센서의 특징을 고려한 특수한 용도가 있을 것이다.

예를 들어, 충격 센서를 탑재한 자전거 헬멧용 특수 디바이스에서는 자전거 운전자가 넘어졌을 때의 충격을 감지하여 원격에 있는 가족 등에게 알리는 것도 있다.

심장박동을 계측할 수 있는 센서를 탑재한 디바이스에서는 계측된 심장의 리듬과 패턴을 분석하여 트럭 운전자의 졸음을 방지하는 데에 검토되고 있다.

앞서 등장한 뇌파를 측정하는 센서에서는 착용자의 뇌파를 분석하고 스트레스 정도나 심적 상태, 집중도 등을 시각화할 수 있다. 이 시각화 데이터를 이용하여 효율적인 학습 환경과 학습 시의 상태에 관한 이용이 검토되고 있다.

또한, 의료계에서의 응용으로 혈류를 카메라로 촬영하여 섭취 칼로리를 측정하는 것도 검토되고 있다.

이처럼 액세서리 형태는 스마트글라스, 스마트워치와는 달리 모양이나 장착 위치, 탑재되는 센서가 다양하므로 여러 가지 특수한 용도로 고려되고 있다.

7.2.5 목적별 선택법

이번 절에서는 지금까지 살펴본 웨어러블 디바이스의 특징을 고려하여 어떤 기준으로 디바이스를 선정하면 좋을지 생각해 보겠다.

웨어러블 디바이스를 이용할 때의 대표적인 세 가지 목적과 그 밖에 각종 사용법에 관해 살펴보겠다.

우선, 세 가지 목적은 다음과 같다.

- 정보의 표시
- 디바이스 제어
- 센싱

각각의 목적 안에서 어떤 선택지가 있는지 어떤 점을 주의해서 디바이스를 선택하는 것이 좋을지 생각해 보자(그림 7.20).

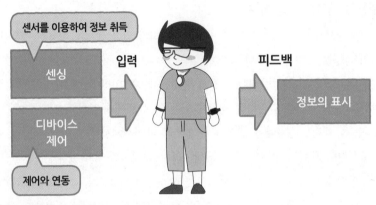

그림 7.20 웨어러블 디바이스의 주요 선택 기준

◉ 정보 표시

웨어러블 디바이스를 이용하여 디스플레이에 정보를 표시할 때 고려해야 할 점은 아래와 같다(그림 7.21).

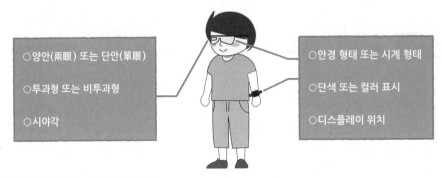

그림 7.21 정보 표시에서 고려할 점

안경 형태 또는 시계 형태

디스플레이에 정보를 표시하는 경우에 이용할 수 있는 주요 디바이스는 안경 형태 또는 시계 형태 디바이스가 있다.

정보를 핸즈프리로 확인할 필요가 있는 경우는 안경 형태의 디바이스를 선택하면 된다. 시계 형태 디바이스는 알림이 온 것을 인지하더라도 그 내용을 확인하려면 팔을 돌리는 동작이 필요하다.

디스플레이 그래픽

웨어러블 디바이스의 디스플레이는 단색 형태와 컬러 형태가 있다.

단색 형태는 정보가 단색(1색)으로 표시되는 대신 디스플레이의 전력 소비가 적고, 배터리가 오래간다.

한편, 컬러 형태는 이미지와 동영상 등의 다양한 콘텐츠를 볼 수 있지만, 소비 전력이 단색 형태보다 많고 오래가지 못한다.

디스플레이 위치

시계 형태 디바이스에서는 디스플레이가 손목의 위쪽 방향에 표시되므로 내용 확인을 위해 손목을 돌리고, 시선을 손목으로 내려야 한다.

한편, 안경 형태의 디바이스는 디스플레이가 눈앞에 있으므로 시선을 거의 움직이지 않고 표시 내용을 확인할 수 있다. 그러나 실제로 보이는 표시 내용은 현실 세계와는 초점 거리가 맞지 않아, 양쪽(현실과 디스플레이)을 동시에 보는 것은 불가능하다고 해도 과언이 아니다.

또한, 단안 형태의 글라스형 디바이스는 디스플레이의 위치가 눈앞의 정면 또는 상하에 위치하는 것이 있어, 평소에 시야를 얼마나 방해해서는 안 되는지를 검토하는 것이 좋을 것이다.

양안 또는 단안

글라스형 디바이스는 양쪽 눈에 디스플레이를 제공하는 양안 형태와 왼쪽 눈이나 오른쪽 눈에 디스플레이를 제공하는 단안 형태가 있다.

큰 화면으로 동영상을 보는 것 같은 경우에는 양안 형태가 적합하지만, 착용자의 의식이 대부분 디스플레이를 향하고 있으므로 다른 일을 하면서 사용하기에는 적합하지 않다.

한편, 단안 형태에서는 크기가 큰 디스플레이는 기대할 수 없지만, 착용자의 시야를 크게 가리지 않으므로 다른 일을 하면서 정보를 확인하는 용도에 적합하다.

투과형 또는 비투과형

글라스형 디바이스는 디스플레이 속에 현실 세계가 투과되는 투과형(시스루)과 일반적인 디스플레이와 마찬가지로 배경이 투과되지 않은 비투과형이 있다. 이용 환경에 따라 구분할 필요가 있다.

투과형 디스플레이의 경우, 디스플레이에 표시되는 정보 안으로 실세계가 투과되어 보이므로 주위의 상황을 어느 정도 파악할 수 있지만, 밝은 곳(예를 들어, 햇빛 아래)에서는 배경의 빛이 강해서 디스플레이의 분별력이 저하된다.

한편, 비투과형 디스플레이의 경우, 디스플레이가 투과되지 않으므로 디스플레이 뒤로 무엇이 있는지 확인할 수 없다. 하지만 외부 환경의 의존성이 거의 없다는 장점이 있다.

시야각

안경 형태 디바이스의 디스플레이는 시야각에 따라 눈으로 볼 수 있는 크기가 달라진다(그림 7.22). 시야각이 좁으면 높은 해상도 디스플레이를 탑재하더라도 실제로 보이는 크기가 작고 해상도의 장점도 없다. 표시하고 싶은 콘텐츠에 적합한 디바이스를 검토하면 좋을 것이다.

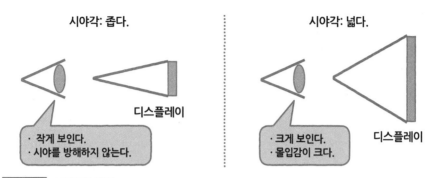

그림 7.22 시야각의 차이

◉ 디바이스 제어

웨어러블 디바이스를 이용하여 해당 디바이스 또는 연동하는 디바이스를 제어할 때
에는 주로 그림 7.23과 같은 제어 방법이 있다. 제어하려는 환경이나 조건에 따라 어떤
방법을 사용하여 디바이스를 제어하면 좋을지 고려하자.

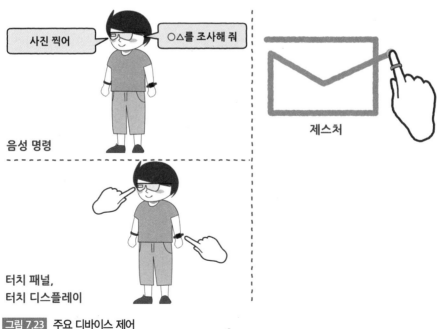

그림 7.23 주요 디바이스 제어

음성 명령

착용자의 목소리를 이용하여 디바이스를 제어하는 방법이다. 특정 명령을 음성으로 제어한다.

손을 사용할 수 없는 환경에서는 효과적이지만, 소음이 큰 장소에서는 소리를 제대로 인식하지 못하는 경우가 발생한다. 따라서 이러한 경우에는 소음이 심한 환경에서도 사용할 수 있는 고성능 마이크를 이용하거나 별도의 제어 방법을 검토해야 한다.

제스처

착용자의 특정 신체의 움직임을 이용하여 디바이스를 제어하는 방법이다. 제스처를 인식시키는 데에는 여러 방법이 있다. 예를 들어, 적외선 카메라나 모션 센서, 가속도 센서 등이 대표적이다.

제스처에 이용되는 신체 부위로는 손가락, 손, 머리 등이 있다. 손가락의 경우는 손가락으로 문자나 아이콘을 그리는 동작으로 글씨를 쓰거나 제어할 수 있다. 손의 경우, 예를 들어 손으로 슬라이드를 넘기는 동작으로 PC 슬라이드를 넘기거나, 총을 쏘는 동작으로 게임에서 총을 쏠 수 있다.

손을 사용할 수 없는 환경에서는 가속도 센서로 머리의 움직임을 감지하는 방법이 있다. 이외에도 특징적인 제스처로, 눈동자 깜박임을 이용한 윙크, 눈이 향하는 방향을 감지하는 아이 트래킹 등이 있다.

터치 패널, 터치 디스플레이

웨어러블 디바이스 중에 터치 패널과 터치 디스플레이를 장착한 것이 있다. 터치는 이미 사용자에게 익숙한 방법이므로 직관적으로 제어할 수 있다. 그러나 손을 사용하여 제어해야 하므로 손을 사용할 수 없는 환경에서는 이용하기 어렵다.

◉ 센싱

센싱하고 싶은 내용에 따라 어떤 디바이스로 취득할 수 있는지 살펴보겠다. 이미 살펴본 바와 같이 웨어러블 디바이스에는 여러 종류의 센서가 탑재되어 있다(그림 7.24).

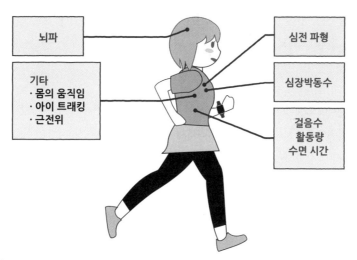

그림 7.24 주요 센싱 데이터

걸음수 · 활동량 · 수면 시간

시계 형태나 액세서리 형태 디바이스의 대다수에서 얻을 수 있다. 그러나 각 제조업체의 가속도 센서 이용 방법에 따라 계측할 수 있는 값에 약간의 차이가 있다.

수면 시간은 착용한 상태로 자동으로 판단해 주는 제품과 수동으로 수면 시간을 측정 모드로 전환해야 하는 제품이 있다. 또한, 가시화된 활동량을 보면서 나중에 수면 시간을 등록하는 제품도 있다.

심장박동수

시계 형태의 일부 디바이스와 가슴 부위에 장식하는 액세서리 형태의 디바이스, 의복 형태 디바이스를 통해 취득할 수 있다.

팔에 부착하는 형태에서는 주로 시계 뒷면에서 빛을 쏘아 반사되는 혈류의 흐름으로 심장박동수를 측정한다.

심전 파형

팔에 착용하는 손목밴드 형태의 일부 디바이스와 가슴에 붙이는 형태의 디바이스, 의복 형태 디바이스를 통해 취득할 수 있다.

가슴에 붙이는 형태의 디바이스는 전류의 흐름을 좋게 하기 위해 젤을 발라야 한다. 트레이닝 셔츠 같은 의복 형태 디바이스는 피부와 밀착되므로 그럴 필요는 없다.

뇌파

헤드밴드와 헤드셋 모양의 디바이스에서 특별한 센서를 이용하여 취득할 수 있다.

뇌파는 머리에서 나오는 파형이므로 현재까지는 다른 형태의 디바이스로는 계측할 수 없고, 머리에 장착하는 형태의 디바이스가 필수적이다.

신체 특정 부위의 움직임

신체 특정 부위의 움직임을 계측하고 싶은 경우, 움직임을 측정하려는 부위에 따라 디바이스를 선택해야 한다.

단순히 손을 흔들거나 손을 드는 등의 움직임을 얻으려면, 손목밴드 형태나 시계 형태의 디바이스를 이용하여 데이터를 얻을 수 있다.

손을 쥐는 동작이나 손가락을 구부리는 동작은 팔에 장착하는 근전위를 측정하는 센서를 이용하여 얻을 수 있다. 또한, 손가락을 움직이는 동작은 반지 형태 디바이스의 가속도계를 사용하여 얻을 수 있다.

안구의 움직임이나 눈의 깜빡임 등 눈의 움직임을 취득하고 싶은 경우에는, 안경 형태 디바이스에 탑재된 적외선 센서와 아이 트래킹 카메라를 이용해야 한다. 미세한 안구의 움직임과 보는 방향의 취득이 필요한 경우에는 아이 트래킹 카메라가 필수적이다.

◉ 기타

웨어러블 디바이스의 선택 기준에 관해 기능 면에 착안하여 살펴보았지만, 이외에도 디바이스를 선택할 때 몇 가지 고려해야 할 점이 있다. 기능에 문제가 없어도 비기능적인 관점을 검토함으로써 적절한 디바이스를 선택하는 데 도움이 될 것이다.

배터리 용량, 교환

웨어러블 디바이스를 이용할 때 반드시 고려해야 할 점이 배터리 용량이다.

배터리의 용량과 배터리의 크기는 비례하므로 장시간 사용할 수 있도록 하는 디바이스는 크기가 커져 버린다. 고려하고 있는 웨어러블 디바이스의 용도가 무엇인지, 연속 가동이 얼마나 필요한지를 검토한 후 디바이스를 선택해야 한다.

또한, 교체할 수 있는 배터리를 채용하는 모델도 있다. 가동 중에 배터리를 교환할 수 있는 디바이스도 이러한 모델에서는 배터리를 적절히 교체하는 것으로 본체의 무게를 줄이면서 장시간 가동시킬 수 있다.

그리고 긴급 처방이지만, 장시간 가동시킬 다른 수단으로서 모바일 배터리를 휴대하고, 충전 단자로부터 전원을 공급하면서 사용하는 방법도 있다.

분리 방식

웨어러블 디바이스를 선택하는 데 중요한 점이 조작성과 배터리의 지속성이다. 웨어러블 디바이스의 특성상 디바이스를 조작하기 위한 키보드나 마우스, 조작성이 좋은 터치 디스플레이는 갖춰져 있지 않다. 또한, 디바이스의 경량화를 위해 대용량 배터리는 탑재하지 않는 것이 대부분이다.

이렇게 웨어러블 디바이스에서는 실현이 어려운 점에 관해 스마트글라스 중에는 디스플레이, 카메라가 탑재되는 안경 부분과 배터리, 터치 패드, 버튼이 탑재되는 본체 부분을 분리한 제품도 있다(그림 7.25).

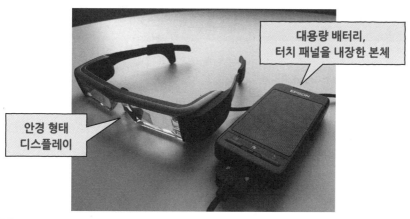

대용량 배터리, 터치 패널을 내장한 본체

안경 형태 디스플레이

그림 7.25 분리 방식의 예

스마트글라스를 이용하는 경우 다음과 같은 관점에서 검토한다.

- **안경 부분을 가볍게 유지, 장시간 착용에도 피로하지 않도록 해야 하는가**
- **본체가 유선으로 연결되는 것이 불편함이 없는지**

개발 환경

웨어러블 디바이스를 사용하여 애플리케이션을 개발하려면 응용 프로그램의 개발 환경이 있는지가 매우 중요하다.

웨어러블 디바이스에 따라서는 업체가 개발 환경과 SDK(Software Development Kit)를 제공하는 경우가 있다. 프로그램을 작성하기 위한 IDE(Integrated Development Environment)를 제공하는 경우도 있고, 기존 안드로이드 개발 환경에 독자적인 라이브러리를 제공하는 경우도 있는 등 업체에 따라 상황은 다양하다.

웨어러블 디바이스를 이용한 애플리케이션을 개발하는 경우는 개발 환경이 얼마나 갖추어져 있는지를 선택 기준으로 고려하는 것이 좋다.

7.3 | 웨어러블 디바이스의 활용

지금까지 웨어러블 디바이스의 분류와 특징, 어떤 기준으로 선택할 것인가에 관해 설명했다. 이번 절에서는 이를 바탕으로 웨어러블 디바이스를 어떻게 활용할지, 활용을 위한 애플리케이션에는 어떤 것이 있는지 알아본다. 또한, 앞으로 기대되는 활용 방안 등에 관해 살펴보겠다.

7.3.1 웨어러블 디바이스의 편리성

웨어러블 디바이스를 활용하여, 착용자는 다양한 편리함과 혜택을 누릴 수 있다. 그 편리함이란 무엇인가?

그것은 '웨어러블 디바이스를 착용하는 사람의 능력이 확장된다'는 점이다. 예를 들어, 디바이스가 '보고 있는 것을 바로 인식, 검색하여 물체의 개요와 용도를 즉시 파악할 수 있다'와 같은 정보 제공을 통해 '사람의 기억력을 지원'한다.

또한, 착용자 자신의 상태를 파악하기 위한 감각 기관도 확장된다. 예를 들어, 웨어러블 디바이스를 장착하는 것은 각종 센서를 착용하는 것과 같다. 이에 따라 착용자의 신체 정보를 자세히 얻을 수 있다. 탑재된 카메라로 착용자의 주변 상황을 촬영하면 착용자의 시각을 선명하게 하고, 영구적으로 저장할 수 있다.

웨어러블 디바이스는 항상 착용하는 디바이스이므로 알림이나 정보 제시에 관한 디바이스로 매우 적합하다. 가방 안에 넣어 둔 스마트폰의 알림이나 전화 착신을 웨어러블 디바이스라면 놓치지 않고 착용자에게 알려 줄 수 있다. 이 알림도 어떤 의미에서 인간이 무엇인가를 인지하는 능력, 이른바 지각의 확장이라고 할 수 있다.

7.3.2 소비자의 활용 장면

계속해서 소비자로서는 어떤 활용 방법이 있는지 살펴보겠다.

소비자들이 이용하는 장면의 대부분은 웨어러블 디바이스, 특히 손목밴드 형태 액티비티 트래커를 통한 IoT 서비스상에서의 건강 관리다. 현재 시점에서는 건강 관리에 주로 이용되지만, 스마트워치와 스마트글라스가 더욱 보급되기 시작하면 다양한 이용 방법도 생각할 수 있다.

디바이스 종류에 관한 설명에서도 몇 가지 이용 장면을 다루었지만, 이어서 소비자로서 기대되는 몇 가지 활용 방법에 관해 살펴보겠다.

◉ 의료 데이터 취득

웨어러블 디바이스의 다양한 센서를 이용하여 착용자의 신체 정보와 주변 환경에 관한 정보를 얻을 수 있다. 이렇게 취득한 데이터를 현재는 자신의 건강 관리나 트레이닝의 보조로서 이용하고 있지만, 앞으로는 사람에 관한 정보를 IoT 서비스에서 분석하고, 의료 분야에서 활용될 것으로 예상한다(그림 7.26).

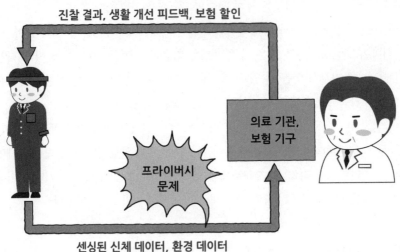

그림 7.26 의료 분야에서 센서 데이터의 활용

자신의 건강에 관한 데이터가 IoT 서비스에 연동되어, 의사 등의 전문가로부터 평상시에 진단을 받을 수 있는 서비스가 실현될지도 모른다. 또한, 이러한 진단 결과를 이용하여 건강 검진 대신에 사용하는 것도 검토될 것이다. 웨어러블 디바이스를 착용하고, 건강 데이터를 정기적으로 의료 기관이나 보험 회사와 공유하면 가입한 보험에 관해 할인이 적용되는 상품이 나올지도 모른다.

그러나 이렇게 편리한 반면에 이러한 의료 데이터의 활용에는 반드시 나오는 문제가 '취득한 개인 정보를 어떻게 처리할까'다. 이것은 법률과 개인의 감정, 여론에 좌우되는 문제다. 따라서 기술적인 문제도 많지만, 이러한 사회적인 문제를 어떻게 해결해 나갈 것인가가 중요하다.

◉ 라이프로그

웨어러블 디바이스로 취득한 각종 데이터를 IoT 서비스에 축적하고, 착용자의 행동을 기록하는 라이프로그(life log)로서 이용한다.

예를 들어, 스마트글라스의 전면 카메라를 사용하여 정기적으로 촬영된 사진을 시간순으로 표시하고, 특정한 날을 돌아볼 수 있다. 또한, 센서로 취득한 데이터를 IoT 서비스상에서 분석하여 시각화하고, 컨디션이 나빴던 날에 관해 그날의 다양한 신체리듬을 데이터로 볼 수도 있을 것이다.

사진 촬영은 앞서 언급한 것과 마찬가지로 개인적인 문제가 따라다닌다. 타인의 동의 없이 마음대로 촬영해도 좋은지 등의 논의가 있다.

◉ 게임

소비자용 애플리케이션으로 매우 유망한 것은 역시 게임 분야일 것이다.

몰입형 HMD는 체험형 게임 플랫폼으로 특히 주목받고 있으며, 다양한 애플리케이션이 서드 파티(third party) 개발자로부터 제공되고 있다.

또한, HMD형 디바이스에 다른 센서 디바이스를 연동시켜 더욱 리얼한 자신의 동작을 게임에 반영할 수 있게 되었다(그림 7.27). 예를 들어, 팔에 장착한 스마트워치의 가속도 센서를 이용하여 팔의 움직임을 감지하고, 그것을 HMD 내의 게임상에서 칼로 내리치는 동작으로 연결함으로써 더욱 몰입도 높은 게임으로 완성할 수 있다.

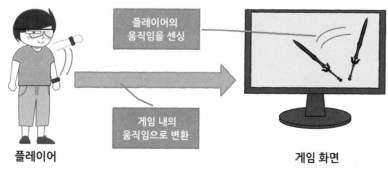

플레이어의
움직임을 센싱

게임 내의
움직임으로 변환

플레이어

게임 화면

그림 7.27 게임 분야에서의 활용

◉ 내비게이션

자신의 시선과 같은 방향으로 디스플레이하는 스마트글라스를 이용하여 현재 위치에서 목적지까지 안내해 주는 내비게이션으로써 이용하는 방법도 주목받고 있다. 자동차 내비게이션과 마찬가지로 자신의 진행 방향(스마트글라스의 경우는 얼굴이 향하고 있는 방향)에 따라 디스플레이에 지도가 펼쳐지고, 헤매지 않도록 목적지까지 안내해 주는 것이 가능하다(그림 7.28).

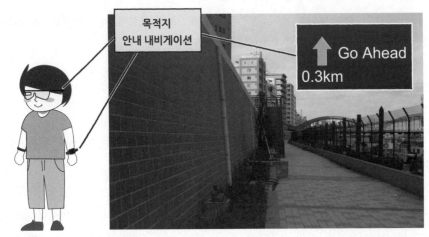

그림 7.28 내비게이션으로 활용

향후 웨어러블 디바이스에서 수집할 수 있는 사람의 위치 정보와 차량의 주행 상태, 신호 등의 상태를 IoT 서비스에서 분석하여 더욱 정확하고 유연한 내비게이션 시스템이 실현될 가능성이 있다.

7.3.3 기업 환경에서 활용 장면

다양한 기능과 센서를 탑재한 웨어러블 디바이스는 기업 현장의 활용도 기대되고 있다. 특히, 핸즈프리한 스마트글라스는 양손을 사용할 수 없는 환경에서도 디바이스를 제어할 수 있다. 따라서 그런 상황에서도 작업에 관한 정보를 열람하고자 하는 제조업과 물류업에서 요구가 높아지고 있다.

이번 절에서는 기업 현장에서 상대적으로 니즈(needs)가 많은 스마트글라스를 이용한 활용 사례에 관해 살펴보겠다.

◉ 접수 보조

기업의 접수나 공항에서 체크인 등 사람과 사람이 얼굴을 맞대고 접객을 하는 경우 스마트글라스를 활용할 수 있다.

스마트글라스를 통해 방문자의 정보를 즉시 디스플레이에서 확인할 수 있다. 미리 RFID(Radio Frequency Identification) 태그와 비콘을 사용하여 등록된 방문자를 조회하는 방법으로 실현할 수 있다. 스마트글라스를 활용하여 사람의 기억에 의존하지 않고, 접객을 할 수 있으므로 서비스의 품질을 일정하게 유지할 수 있다.

또한, 스마트글라스의 전면 카메라를 이용하여 고객의 얼굴을 인식할 수도 있다(그림 7.29). 현재는 컴퓨터로 '누구의 얼굴'인지를 정확하게 판별하기는 어렵지만, 향후 실현될 가능성이 크다.

박채린
이전 방문: 2주 전
090-XXXX-XXXX
XX주식회사

방문자

접수 담당자

그림 7.29 얼굴 인식을 이용한 활용 사례

◉ 원격으로 작업 지원

스마트글라스를 통한 커뮤니케이션으로 원격에서 작업을 지원할 수 있다. 현장의 작업자가 스마트글라스를 착용하고, 자신의 시선이나 상황을 원격지에 있는 베테랑 작업자와 공유하면서 작업 지시를 받을 수 있다(그림 7.30).

관리자   원격 작업자

그림 7.30 원격 작업 지원의 활용 예

원격에서의 지원을 통해 지금까지 혼자서는 해결할 수 없었던 작업도 현장에 있는 작업자만으로 해결할 수 있게 된다.

◉ 작업 트레이닝

스마트글라스의 전면에 붙어 있는 카메라를 이용하여 베테랑 작업자의 시선을 녹화해 두고, 이를 숙련도가 낮은 작업자들의 교육에 활용할 수 있다.

숙련도가 낮은 작업자는 베테랑 작업자의 시선에 관한 영상을 핸즈프리한 상태로 디스플레이를 통해 확인하면서, 실제로 손을 움직이면서 트레이닝할 수 있다. 단어와 그림만으로는 전달하기 어려운 작업들 역시 시선 영상의 관람을 통해 더욱 직관적으로 이해할 수 있게 된다.

◉ 핸즈프리 설명서 확인

기계의 수리나 유시 보수 시에 스마트글라스를 사용하여 설명서를 확인할 수 있다. 지금까지는 설명서를 확인하려면 일단 하던 작업을 멈춰야 했다. 그러나 스마트글라스를 활용하여 작업을 멈추지 않고 핸즈프리로 효율성 있게 설명서를 확인할 수 있다.

◉ 추적성 확보

기계의 조립이나 식품을 가공할 때 작업 결과의 사진을 촬영하고, 증거로 저장해 두는 경우가 있다. 이렇게 함으로써 이력 추적을 확보하고, 차후 문제가 발생하면 어디에서 작업에 문제가 있었는지 조사할 수 있다.

지금까지는 체크 리스트를 준비해 기록자가 일일이 점검하거나 디지털카메라로 촬영하면서 작업의 증거를 남겨 왔다. 이런 일들은 스마트글라스의 카메라와 음성 명령 등으로 작업자 혼자 해결할 수 있다.

◉ 피킹 보조

물류업과 제조업에서는 창고 내의 배송물이나 기계의 부품을 지정된 장소에 모으는 피킹(picking) 작업이 있게 마련이다. 어디서, 무엇을, 몇 개, 어디로 운반하는가와 같은 피킹 작업에 필요한 정보는 휴대용 디바이스를 이용하여 바코드로부터 읽어들여 디스플레이에 표시하고 확인하는 작업이 필요하다.

현재는 피킹 업무를 전용 디바이스로 하고 있지만, 앞으로는 스마트글라스의 카메라를 이용한 영상 인식이나 바코드에서 필요한 정보를 읽고, 눈앞의 디스플레이에서 배송지나 수량 등을 관리하는 것도 생각할 수 있다(그림 7.31).

그림 7.31 물류 분야의 활용 예

하드웨어 개발의 최근 동향

최근에는 많은 웨어러블 디바이스가 속속 등장하고 있다. 그 이유로서 웨어러블 디바이스를 둘러싼 기술의 진화 및 사회적 환경이나 니즈의 변화가 있지만, 그 이외에도 크라우드 펀딩(crowd funding)이라는 자금 조달 구조나 최소 단위 생산 기술로 불리는 프로토타이핑 기법도 강하게 관련되어 있다. 그러면 이 두 가지를 소개하겠다.

크라우드 펀딩

새로운 디바이스를 개발하려면 그만큼 투자와 개발 기간이 필요하다. 현재, 투자에 관해서는 인터넷에서 자금 협력을 모으는 크라우드 펀딩이라는 선택지가 있다. 따라서 지금까지 신제품 개발에 쉽게 발을 내밀지 못했던 스타트업이나 소규모 기업에서도 새로운 디바이스를 기대하는 사람들로부터 자금을 조달하여 개발할 수 있게 되었다.

최소 단위 생산 기술

실제로 테스트 제품을 만드는 단계에서도 다양한 시행착오로 비용이 발생한다. 그러나 현재는 3D 모델링과 3D 프린터를 활용함으로써 이런 비용과 수고를 상당히 줄일 수 있게 되었다. 또한, 초기의 소량 생산에도 3D 프린터로 만든 테스트 제품을 기반으로, 해외 어셈블리(조립 전용) 업체에 생산을 의뢰하여 적은 개수로도 생산할 수 있다.

크라우드 펀딩과 최소 단위 생산 기술은 웨어러블 디바이스뿐만 아니라 다른 IoT에 사용되는 디바이스나 IoT 서비스 자체에도 활용할 수 있다. 여러분이 만약 새로운 디바이스 개발이나 IoT 서비스를 만드는 경우 참고하도록 하자.

IoT와 로봇

8.1 | 디바이스에서 로봇까지

우리 주변의 다양한 사물이 인터넷에 연결된다. 그것이 바로 사물인터넷, 즉 IoT다. IoT에서 사용되는 디바이스는 날마다 증가하며 진화하고 있다. 그 진화의 끝은 무엇일까? 여기에서는 그중 하나 로봇에 관한 이야기를 하겠다.

8.1.1 디바이스의 연장으로서 로봇

IoT와 로봇이 무슨 관계가 있는지 의아해하는 독자도 있을 것이다. 우선 로봇의 구성 요소를 살펴보자(그림 8.1).

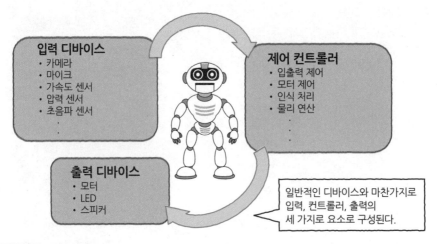

입력 디바이스
- 카메라
- 마이크
- 가속도 센서
- 압력 센서
- 초음파 센서

제어 컨트롤러
- 입출력 제어
- 모터 제어
- 인식 처리
- 물리 연산

출력 디바이스
- 모터
- LED
- 스피커

일반적인 디바이스와 마찬가지로 입력, 컨트롤러, 출력의 세 가지로 요소로 구성된다.

그림 8.1 로봇의 구성 요소

물론 액추에이터와 이를 구동하기 위한 모터 등 로봇만이 갖는 특유의 구성 요소가 있다. 제어도 단순한 신호 제어뿐만 아니라 모션 제어에서 이미지 인식까지 다양한 것들을 구현해야 한다.

그러나 전체적인 아키텍처는 일반적인 디바이스와 마찬가지로 입력 디바이스, 출력 디바이스, 그리고 이들을 제어하는 컨트롤러의 세 가지로 구성된다는 것을 알 수 있다. 그런 의미에서 로봇은 다양한 디바이스를 고도로 통합한 것이라 할 수 있다. 즉, 디바이스 개발에서의 많은 성과를 적용할 수 있다.

8.1.2 실용 범위가 확대되는 로봇

기존 로봇 시장은 산업용 로봇 분야가 중심이 되어, 공장 생산라인 등의 제한된 곳에서 사용되어 왔다. 그러나 최근 사용 환경이 넓어지고 있다.

아마존(Amazon)은 공장 내 재고 관리 로봇을 개발하는 키바 시스템(Kiva Systems)를 인수하고, 배송 센터 내의 제품 운반 작업을 로봇화하고 있다(그림 8.2). 로봇은 배송 센터의 바닥에 있는 바코드를 읽어 들여 지정된 물건을 사람이 있는 장소까지 차례로 옮길 수 있다.

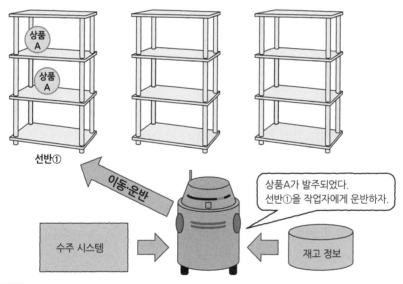

그림 8.2 배송 센터의 로봇 이용

선반에서 상품을 꺼내는 작업은 사람이 직접 하고 있지만, 이를 로봇화하는 연구 개발도 진행되는 것 같다. 또한, 아마존은 제품 배송을 드론을 이용하여 자동화할 계획도 발표했다. 이것이 실현되면 사용자가 웹을 통해 주문한 상품이 집으로 배송되는 모든 과정이 로봇에 의해 자동화되는 것이다.

또한, 멀리 떨어진 장소에 있는 로봇을 원격으로 제어하여 회의나 파티에 가상으로 참여할 수 있는 텔레프레즌스(telepresence) 로봇도 속속 출시되고 있다. 원격 회의 시스템의 확장으로 일부 기업에서 실제로 도입하고 있다(그림 8.3).

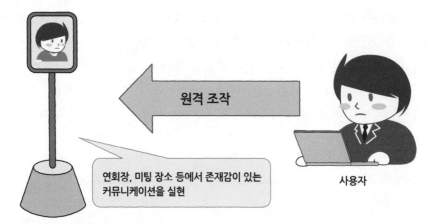

그림 8.3 텔레프레즌스 로봇

이러한 새로운 유형의 로봇은 인간의 행동 범위에 비교적 가까운 곳에서 일하게 된다. 이와 같은 더욱 복잡한 환경하에서 안정된 동작을 실현하기 위해서는 주변 환경 변화에 적응하는 것이 중요하다.

예를 들어, 텔레프레즌스 로봇의 경우, 원격 조작에는 인간의 시야가 제한되므로 모든 이동을 인간의 손으로 하는 것은 어렵다. 몇 km나 떨어진 곳에 있는 무선 조종 비행기를 카메라의 영상을 통해서만 제어하는 것을 상상해 보면 그 어려움을 이해할 수 있을 것이다. 따라서 목적지까지 자율적으로 이동하는 기술이 필수적이다.

이처럼, 어느 정도 자동으로 임무를 실행하는 반자율적인 시스템을 구축하기 위해서는 다양한 센서를 조합한 고도의 로봇 시스템을 구축할 필요가 있다.

로봇 시스템 구축의 열쇠

다양한 디바이스와 센서를 조합한 로봇 시스템을 실현하기 위해서는 다양한 과제를 해결해야 한다. 여기에서는 소프트웨어 개발의 관점에서 로봇 시스템을 개발하는 데 필요한 두 가지를 살펴보자.

첫 번째는 로봇용 미들웨어를 효과적으로 사용하는 것이다. 앞서 언급했던 것과 같이 로봇 개발은 다양한 디바이스를 고도로 통합하는 작업이다. 시스템을 처음부터 개발하는 것은 기술적, 시간적, 금전적으로 큰 비용이 소요된다. 따라서 로봇에 필요한 다양한 소프트웨어 요소를 플랫폼화한 로봇용 미들웨어가 개발되고 있다. 이들을 효율적으로 사용함으로써 개발 속도와 유지 보수성의 향상, 외부 시스템과의 연동 등을 실현할 수 있다.

두 번째는 네트워크 환경을 효과적으로 사용하는 것이다. 조금 전 소개한 창고 관리 로봇과 텔레프레즌스 로봇까지, 로봇이 스스로 어떤 작업을 수행하는 것은 많지 않고, 외부에서 주어진 정보나 명령을 조합하여 작업을 수행하게 된다. 그러기 위해서는 지금까지 본 다른 IoT 디바이스와 마찬가지로 로봇도 네트워크에 연결되어 클라우드상의 서버를 이용할 수 있는 환경을 조성해야 한다.

이제부터 이 두 가지를 실현하는 데 필요한 지식을 살펴보겠다.

8.2 | 로봇용 미들웨어의 이용

로봇을 실제로 구축하는 데 개발자가 직면하는 최대의 과제는 복수의 구성 요소를 시스템으로서 어떻게 통합하느냐는 것이다. 이 통합을 지원하는 것이 로봇용 미들웨어다.

8.2.1 로봇용 미들웨어의 역할

로봇은 다양한 하드웨어 및 소프트웨어의 집합체다. 로봇 제어 시스템은 카메라, 마이크, 힘 센서 등에서 다양한 센서 정보가 빈번하게 입력된다.

그 신호들을 기반으로 상황에 적합한 판단과 동작을 위해 각 하드웨어 요소의 입출력 제어 및 이미지 처리·음성 인식과 같은 복잡한 인식 처리, 인식 결과를 통합하여 로봇의 움직임을 결정하는 태스크(task) 결정 처리 등을 정교하게 조합할 필요가 있다.

로봇용 미들웨어는 이런 시스템을 지원하기 위한 플랫폼으로서 디바이스 제어(드라이버), 소프트웨어 모듈 간의 통신 인터페이스, 소프트웨어 패키지 관리 기능 등을 제공한다(표 8.1).

표 8.1 로봇용 미들웨어의 기능 예

항목	개요
디바이스 입출력	센서와 모터의 신호 입출력용 API
모터 제어	모터의 제어 신호를 생성하는 제어 프로그램
음성 인식	음성을 텍스트화하는 기능
이미지 인식	이미지에서 얼굴이나 특별한 정보를 추출하는 기능
태스크 실행 관리	센서 정보와 인식 결과의 조건을 기반으로, 미리 등록한 태스크를 수행하는 기능
패키지 관리	미들웨어 모듈의 의존성 해결 기능

또한, 최근에는 시스템 구축을 위한 개발 도구나 시뮬레이터 등이 기본적으로 탑재된 것도 많다. 미들웨어를 효과적으로 사용하면 로봇 개발은 비약적으로 간단해질 것이다.

주요 로봇용 미들웨어로는 RT 미들웨어와 ROS가 있다. 이에 관해 자세히 살펴보도록 하자.

8.2.2 RT 미들웨어

RT 미들웨어(RT-Middleware)는 로봇을 구성하는 각 요소를 모듈화하고, 로봇 시스템으로 통합하기 위한 일본의 소프트웨어 플랫폼 규격이다.

실적으로는 일본의 산업기술종합연구소가 개발한 OpenRTM-aist(http://openrtm.org/openrtm/ja)를 비롯하여 몇 가지 종류가 제공되고 있다(역자주: URL에 접속하면 한국어 버전도 있으므로 참고하길 바란다).

◉ RT 미들웨어의 특징

RT 미들웨어에서는 시스템을 구성하는 하드웨어와 소프트웨어를 RT 기능 요소로서 다룬다. 이를 소프트웨어로 모듈화한 것을 RT 컴포넌트(component)라고 하고, 로봇은 이런 컴포넌트들을 조합한 존재로서 이야기된다.

컴포넌트에는 다른 컴포넌트와 데이터를 교환하기 위한 인터페이스가 정의되어 있다. RT 컴포넌트의 각 기능을 결합하면 시스템을 유연하게 확장할 수 있다. 또한, 컴포넌트는 별도의 시스템에서 재사용할 수 있다(그림 8.4).

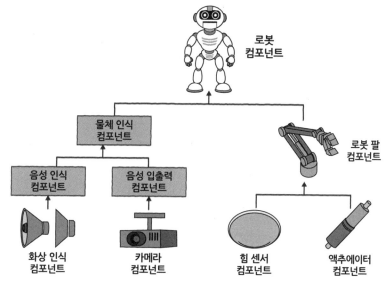

그림 8.4 RT 컴포넌트를 조합한 로봇 시스템

RT 컴퍼넌트 모듈 모델과 인터페이스는 UML(Unified Modeling Language)의 규격화 등으로 유명한 OMG(Object Management Group)의 국제 표준 규격으로 등록되어 있어 디바이스 간 호환성 문제가 발생하지 않도록 돕고 있다.

또한, 개발 환경이 잘 갖춰져 있다. 산업종합기술연구소를 중심으로 로봇 시스템의 설계, 시뮬레이션, 동작 생성, 시나리오 생성 등 통합 개발 환경 OpenRT 플랫폼을 개발하고 있어 컴포넌트의 작성부터 통합까지를 이 환경에서 개발할 수 있다(그림 8.5). 로봇을 직접 만들어 실제 디바이스에서 동작을 확인하고, 검증하기 위해서는 많은 노력과 시간이 필요하다. 따라서 이러한 시뮬레이션 환경은 로봇의 동작과 문제점을 신속하게 확인하기 위해 중요하다.

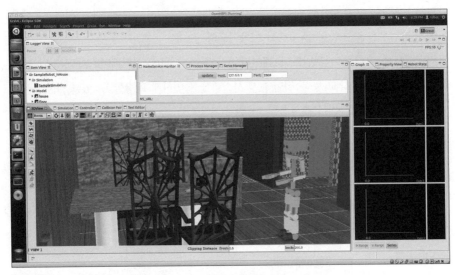

그림 8.5 로봇 통합 개발 플랫폼 OpenHRP3 시뮬레이터의 예

8.2.3 ROS

ROS(The Robot Operating System)는 미국과 유럽에서 널리 이용되는 오픈 소스 로봇용 개발 플랫폼이다. 현재 세계에서 가장 널리 이용되는 로봇용 플랫폼으로 알려졌다.

ROS는 2000년대에 미국 스탠퍼드 대학(Stanford University)에서 개최된 퍼스널 로봇

프로젝트에서 발단하여, 2007년 미국 윌로우 개러지(Willow Garage)에 의해 개발이 시작되었고, 연구용 플랫폼으로 'PR2'를 개발하고, 전 세계 연구 기관에 지속해서 제공함으로써 ROS의 기능성을 높여 갔다. RT 미들웨어와는 달리 국제 표준화 활동은 부족하지만, 활발한 커뮤니티의 지원을 배경으로 도입이 확대되고 있고, 사실상 세계적 표준으로 자리 잡고 있다(표 8.2).

표 8.2 ROS의 역사

연도	내용
2000년대	스탠퍼드 대학의 로봇용 AI개발 프로젝트에서 몇 가지 프로토타입 시스템 개발
2007년	ROS 개발 시작
2012년	OSRF(Open Source Robotics Foundation)가 설립
	도요타 자동차가 ROS를 채용
2013년	ROS의 관리 주체를 OSRF로 이관
2014년	Robonaut2이 ROS를 채용. 국제 우주 정거장으로
	8번째 버전인 ROS 인디고 이글루(Indigo Igloo) 공개

기본적으로 대학이나 연구 기관이 대부분 이용하지만, 민간에서의 도입도 서서히 진행되고 있다. 2012년에는 도요타 자동차가 ROS 모듈을 채용한 생활 지원 로봇 HSR을 발표했다.

또한, 2014년에는 국제우주정거장에서 사용되는 미국항공우주국(NASA)의 Robonaut2가 ROS를 채용하고, 신뢰성이 일정 수준에 도달했음을 전 세계에 알리게 되었다.

2013년 ROS의 관리 주체는 OSRF(Open Source Robotics Foundation)에 이관되었으나, 미국 정부의 로봇 산업 지원을 배경으로 그 존재감은 높아지고 있다.

◉ ROS의 특징

로봇 시스템의 구축이라는 점에서는 RT 미들웨어와 마찬가지로 ROS도 '노드(node)'

라는 소프트웨어 모듈을 조합하여 시스템을 구축한다.

노드의 사양을 규정한 국제 표준은 없지만, 독자적으로 '토픽', '서비스', '파라미터'라는 인터페이스를 제공하고 있으며, RT 컴포넌트와 비슷한 개념으로 모듈을 연동시킬 수 있게 되어 있다.

또한, 시뮬레이터 및 환경 가시화 도구의 제공은 물론, 특정 로봇에 필요한 소프트웨어 모듈들을 패키지로 제공하는 등 사용에서 RT 미들웨어에 밀리지 않는다.

그런 의미에서 ROS의 특징은 기술적인 구조보다 그 이념에 있다고 말할 수 있다. ROS의 공식 웹 사이트에 다음과 같은 말이 있다.

'ROS = Plumbing + Tools + Capabilities + Ecosystem'

의역하면 'ROS는 소프트웨어 모듈군과 로봇을 이용하기 위한 유용한 도구, 그리고 그들을 지원하는 사용자 커뮤니티'다.

민간에 ROS 도입이 진행되는 것은 앞서 언급하였지만, ROS 커뮤니티는 소스 코드를 공개하고, 많은 연구자가 '자신 있는 분야는 돕고, 약한 분야는 도움을 받는다'라는 문화가 형성되어 있다.

기존 로봇 연구자는 자율 이동 알고리즘을 연구하기 위해 지도 생성과 하드웨어 제어 알고리즘을 배울 필요가 있는 등 선행해야 할 공부가 많이 있었다. ROS라는 하나의 커뮤니티는 공통의 플랫폼을 이용하여 서로의 연구를 원활하게 돕고, 로봇의 발전을 가속화하는 힘이 되고 있다.

8.3 | 클라우드로 연결되는 로봇

세상의 모든 디바이스가 네트워크에 연결되는 IoT의 개념은 로봇 분야에도 적용되고 있다. 현재 클라우드 컴퓨팅과 로봇을 융합시킨 '클라우드 로보틱스(cloud robotics)'라는 용어가 주목받고 있다.

클라우드 로보틱스를 가능하게 한 배경에는 다음과 같은 세 가지가 있다.

① 네트워크의 저비용화·고속화 ➡ 고속 무선 통신, 광통신
② 빅데이터 처리의 고도화 ➡ 하둡, 스파크, 스톰, 딥 러닝(Deep Learning)
③ 로봇 기술의 개방화 ➡ RT 미들웨어, ROS

그중에서도 중요한 것이 '로봇 기술의 개방화'다. 조금 전 로봇용 미들웨어를 통해 로봇 소프트웨어의 정비가 진행되고, 통합된 로봇 시스템을 외부에서 액세스할 수 있는 환경이 되었다.

◉ 클라우드 로보틱스 기능

클라우드 로보틱스는 로봇에 두 가지 기능을 제공한다(그림 8.6).

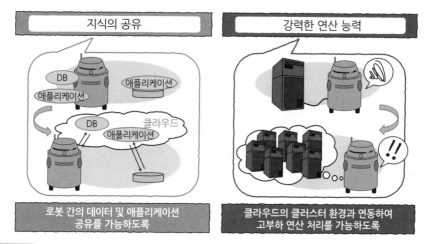

그림 8.6 클라우드 로보틱스가 제공하는 것

첫 번째는 '지식의 공유'다. 로봇이 가정과 같은 환경에서 태스크를 수행하기 위해서는 실내 지도, 사용자 정보와 같은 환경 고유의 데이터를 사전에 수집하거나 사람이 직접 입력해야 할 필요가 있다. 기존 로봇은 개별적으로 고도의 기능들을 수행할 필요가

있었지만, 로봇 간에 데이터를 공유함으로써 다른 로봇이 수집한 정보를 이용하거나 보완하면서 로봇이 행동할 수 있게 된다. 공유한다는 것은 데이터뿐만 아니라 애플리케이션도 마찬가지다. 원격지에서 개발자가 개발한 새로운 기능을 로봇이 이용하는 것도 가능해진다.

두 번째는 '강력한 연산 능력'이다. 이미지 또는 음성 인식과 같은 인식 처리는 기계학습 같은 고부하 알고리즘을 적용하는 경우가 많다. 그러므로 이를 로봇에서 실현하려면 로봇의 비용이 너무 증가하거나 인식에도 오랜 시간이 걸릴 것이 예상된다. 로봇을 네트워크에 연결할 수 있으면 음성 데이터와 이미지 데이터를 서버로 전송하고 인식결과만을 수신하는 등 리치(rich)한 연산 환경을 이용할 수 있다.

클라우드 로봇은 비교적 새로운 개념이지만, 이를 실현하기 위한 소프트웨어가 조금씩 개발되고 있다. 이어지는 절에서 클라우드 로보틱스를 실현하는 UNR-PF와 로보어스(RoboEarth)에 관하여 살펴보겠다.

8.3.2 UNR-PF

UNR-PF(UNR Platform)은 네트워크에 접속한 복수의 로봇을 조합한 서비스를 구축하기 위한 소프트웨어 환경이다. 국제전기통신 기초기술연구소(ATR, Advanced Telecommunications Research Institute International)가 중심이 되어 개발하였다.

UNR-PF의 환경은 서비스 애플리케이션, 플랫폼 서버, 로봇의 세 가지 요소로 구성되어 있다. 이 중에서 플랫폼 서버는 두 가지 기능을 제공한다.

◉ 기능 1, 하드웨어의 추상화

우선 필요한 것이 하드웨어의 추상화다(그림 8.7).

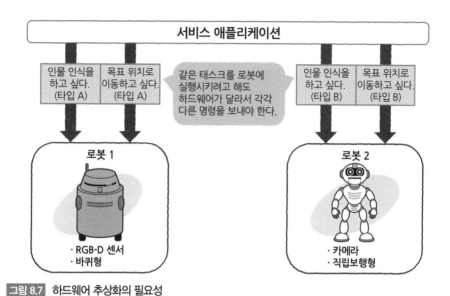

그림 8.7 하드웨어 추상화의 필요성

바퀴형과 직립보행형, 두 종류의 로봇에 관해 '앞으로 가'라는 명령을 내리는 장면을 상상해 보자. 이 로봇들은 공통적으로 이동하는 기능이 있지만, 하드웨어 구성이 다르다. 기존의 로봇 서비스에서는 네트워크를 통해 로봇을 움직이게 하려면, 각 로봇에 관해 '바퀴를 돌려' 또는 '다리를 움직여'와 같은 별도의 명령을 내릴 필요가 있었다.

UNR-PF에서는 이러한 각각의 로봇 사양의 차이를 플랫폼에서 흡수하고, 서비스 애플리케이션에서 공통된 API로 복수의 로봇이 사용할 수 있는 RoIS 프레임워크(RoIS Framework)라는 구조를 도입하고 있다.

RoIS의 개념에는 로봇의 기능은 HRI(Human-Robot Interaction) 컴포넌트, 로봇 자체는 복수의 HRI 컴포넌트를 조합한 HRI 엔진이라는 단위로 이야기된다(그림 8.8).

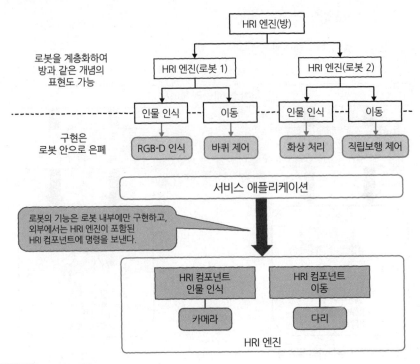

로봇을 계층화하여
방과 같은 개념의
표현도 가능

구현은
로봇 안으로 은폐

로봇의 기능은 로봇 내부에만 구현하고,
외부에서는 HRI 엔진이 포함된
HRI 컴포넌트에 명령을 보낸다.

그림 8.8 RoIS의 개념

　로봇을 새롭게 시스템에 추가할 때는 HRI 엔진의 구성을 나타내는 프로파일 정보를 UNR-PF에 등록한다. UNR-PF는 서비스 애플리케이션에서 이용하고 싶은 기능 리스트를 수신하면, 해당 기능을 가진 로봇을 검색하고 원격에서 조작할 수 있도록 서비스와 로봇의 페어링을 자동으로 수행한다. 하드웨어를 어떻게 움직일지는 모든 로봇에 기술되어 있으므로 서비스 애플리케이션은 HRI 엔진의 공통 API를 이용하여 로봇을 제어할 수 있다.

　RoIS 프레임워크는 OMG에 의해 국제 표준으로 인정되고 있다. RT 미들웨어와 ROS로 구축된 시스템과의 친화성이 높고, 다양한 하드웨어에 적용할 수 있다.

◉ 기능 2, 서비스 환경 데이터의 공유

　로봇이 서비스를 제공하기 위해서는 로봇 주변의 지도와 오브젝트 정보 같은 공간 정보, 로봇을 이용하는 사용자 정보, 로봇의 관리 정보 등 다양한 정보를 통합 관리할 필요가 있다.

　UNR-PF는 이러한 데이터 관리 기반의 역할도 하고 있어, 공간 정보, 로봇 정보, 사용자 정보와 같은 다양한 데이터베이스를 서비스 및 로봇에게 제공한다(그림 8.9).

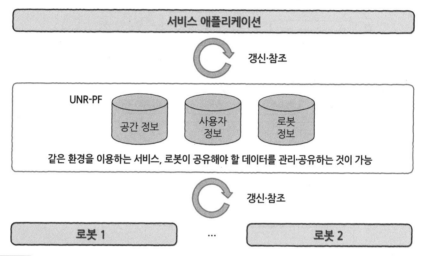

그림 8.9 환경 내의 데이터 공유

　매장의 안내를 수행하는 로봇을 가정하면 얼굴 인식과 RFID로 사용자 인증을 하고, 과거 구매 정보에 따라 제품을 추천하는 등의 서비스를 제공할 수 있다.

8.3.3 로보어스

　로보어스(RoboEarth)는 EU의 제7차 연구개발기본계획(FP7)의 일환으로 유럽의 여러 대학과 기업이 공동으로 진행한 소프트웨어 개발 프로젝트다. '클라우드 로보틱스의 실현'을 목표로 ROS 대응의 소프트웨어 컴포넌트 개발이 이루어졌다. 모든 성과는 오픈 소스로 공개되어 있으며, 깃허브(GitHub) 등에서 다운로드할 수 있다.

그림 8.10은 로보어스의 간단한 개념도다. 로보어스의 클라우드 환경은 크게 두 가지 요소로 구성되어 있다. 첫 번째 요소는 주변의 지도나 환경에 존재하는 물체의 정보를 저장·관리하기 위한 로보어스 데이터베이스이고, 두 번째 요소는 클라우드에서 실행 처리하기 위한 라퓨타(Rapyuta)다.

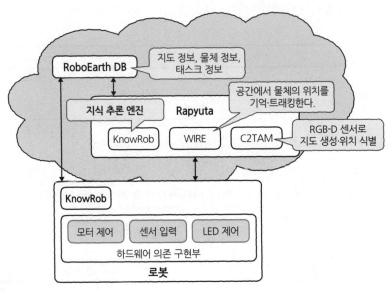

그림 8.10 RoboEarth의 개념

◉ 클라우드 엔진 라퓨타

라퓨타(Rapyuta)는 클라우드상에 리눅스 컨테이너로서 로봇의 연산 처리 환경을 복제한다. 라퓨타에는 ROS 노드의 인터페이스가 준비되어 있어, 로봇에서는 일반적인 ROS의 노드로 인식된다. 따라서 클라우드와 로컬의 경계를 의식하지 않고, 클라우드 로보틱스 실행 환경을 일반적인 ROS 그래프 구조로 구현할 수 있다.

로보어스에서는 라퓨타를 이용한 데먼스트레이션(demonstration)으로서 복수의 로봇이 협조하여 하나의 지도를 작성하는 사례를 소개하고 있다(그림 8.11). 로봇에는 RGB-D 센서와 통신용 보드가 연결되어 있으며, 촬영한 데이터를 클라우드에 전송한다. 라퓨타에서 그 데이터들을 합성하고, 최종적으로 복수의 로봇에서 공유할 수 있는 지도 데이터로 생성된다는 것이다.

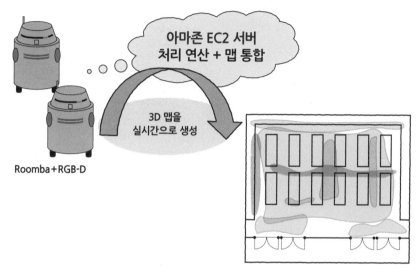

그림 8.11 라퓨타에 의한 지도 생성

클라우드 환경을 이용하여 저렴한 하드웨어에서도 이러한 고도의 처리를 할 수 있다는 점에서 이 사례는 큰 충격을 주었다.

◉ 지식 추론 엔진 노롭

로보어스에서는 라퓨타와 로보어스 데이터베이스 외에도 이들과 연동하여 동작하는 애플리케이션이 일부 만들어졌다.

노롭(KnowRob)은 로봇에 관한 지식 추론 엔진이다. 로보어스 데이터베이스에 축적된 데이터 외에도 웹상의 정보, 인간의 움직임을 관찰한 결과물, 로봇이 취득한 센서 정보 등을 지식맵=온톨로지(ontology) 맵으로 통합하고, 로봇의 자율적인 태스크 실행을 실현한다.

예를 들어, '케이크 만들기'라는 작업이 주어진 경우 케이크 만드는 방법, 절차, 재료와 같은 지식을 맵 정보를 바탕으로 추론·추출하고, 자율적으로 동작을 실현해 간다

(그림 8.12). 지식맵은 사람의 손으로 만들 수도 있어, 로봇에게 다양한 태스크를 실행시키는 데 도움이 된다.

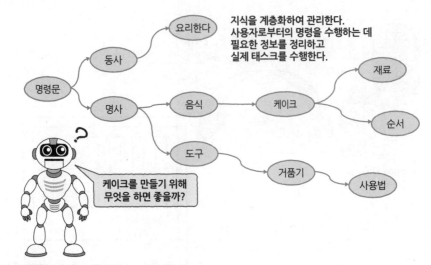

그림 8.12 온톨로지를 기반으로 작업 정보의 추론

로보어스는 2014년 1월에 개발 프로젝트로서의 활동은 종료했지만, 개발 성과는 계속해서 ROS 커뮤니티에서 사용되고 있다. 최신 연구에서는 UNR-PF와 노롭을 연계시킨 사례도 등장하고 있다. 클라우드 로보틱스의 노력은 이제 시작에 불과하지만, 계속해서 다양한 소프트웨어가 개발되어 갈 것이다.

8.4 | IoT와 로봇의 미래

RT-미들웨어와 ROS 같은 로봇 시스템을 구축하기 위한 다양한 오픈 소스 소프트웨어의 등장은 기존에 과제가 된 로봇 개발에 들어가는 오버헤드를 줄여 놓았다. 또한, 클라우드 로보틱스는 우리의 가정 등의 복잡한 환경에 로봇을 도입하는 데 필수적인 기술이 되고 있다.

소프트웨어 개발의 관점에서 로봇 개발 커뮤니티는 여전히 대학을 중심으로 한 연구 개발 단계가 주류이며, 사업으로는 이제 시작 단계다. 그러나 디바이스가 고도화해 가면서 로봇이라는 존재를 개발자는 의식하지 않으면 안 된다.

이런 미래를 실현하기 위해서는 현재의 과제를 분석하고, 그 해결 수단으로서 로봇 기술의 이용을 포함한 선택지를 고객에게 제시할 수 있는 존재가 필요하다. 물론 그러기 위해서는 로봇 기술에 관한 지식도 필수적이지만, 실현하고 싶은 서비스가 무엇이고, 이를 위해 로봇을 어떻게 이용할 것인지의 검토도 필요하다.

주의할 점은 3장에서 소개한 '하드웨어 개발의 어려움은 로봇에 있어서도 변함없다'라는 것이며, 프로토타이핑(prototyping)과 사전 검증이 한층 중요해진다. 특히, 우리의 근처에서 활동하는 로봇의 경우 높은 수준의 안전성과 안정성이 요구된다. 사전 검증 뿐만 아니라 현장에서 반복 검증을 하고, 예상치 못한 상황을 줄여 나가는 것이 중요하다.

서비스 로봇은 이제 연구실에서 나와 실용화되기 시작했다. IoT 서비스에 로봇을 디바이스로서 포함하고, 시스템으로 통합하는 방법을 이해하는 것이 개발자에게 요구되고 있다.

끝내며…

이 책은 앞으로 센서나 디바이스를 활용하여 IoT를 구현하려는 엔지니어를 위해 소프트웨어 및 하드웨어의 측면에서 IoT 기초 지식을 소개했다.

이 책에서 설명했듯이 IoT를 구현하기 위해서는 다양한 기술에 관한 지식이 필요하다. 웹 서비스를 구현하는 기술, 대규모 데이터를 처리하는 기술, 데이터베이스 등 지금까지 IT 엔지니어로서 특기로 삼았던 영역은 일부분에 지나지 않는다. 이와 같은 기술 위에 센서에서 정보를 수집하고, 현실에 피드백할 수 있는 '사물'의 개발, 이른바 디바이스를 구현하기 위한 하드웨어와 소프트웨어의 경계 기술도 이해해야 한다.

'시작하며'에서 언급한 것처럼 이들 기술은 각 분야의 엔지니어들이 각자의 특기 기술을 한데 모으면 구현할 수는 있겠지만, 상호 간의 기술에 관해 이해해야 한다. 마지막까지 읽은 독자라면 그 의미를 이해할 수 있을 것이다. 예를 들어, IoT 서비스를 위한 데이터가 디바이스로부터 정보를 얻기 위해서는 사용되는 디바이스를 고려해서 알맞은 수신 포맷과 통신 방식을 결정해야 한다. 하지만 IT 엔지니어로서 고려한 포맷과 통신 방식은 디바이스 엔지니어 입장에서 보면 불필요하고 불편할 것이다. 이는 디바이스를 이용하여 할 수 있는 것을 이해하지 못한 채 결정해 버리는 문제에서 일어나는 것이라 할 수 있다.

거꾸로, 디바이스 엔지니어가 디바이스로부터 전송할 데이터 포맷을 서비스에서 처리하는 것을 고려치 않고 송신하면, IT 엔지니어의 입장에서는 시스템에서 처리하기 어려운 데이터가 될 수도 있다("잘 알려진 그 많은 포맷 중에 왜 하필 이 포맷으로 보내는 거야!"라고 할지도 모른다). 이런 문제를 없애기 위해서는 각각의 기술에 관해 이해하고, 서로 간에 좋은 부분을 취해 정할 필요가 있는 것이다.

또한, 기술 이외의 부분에 관해서도 이 책에서는 중요한 관점을 설명했다. 예를 들어, 5장의 운용 부분이다. 지금까지의 IT 업계에서 운용이라는 관점은, 만들어진 시스템을 이용하는 사용자나 다른 시스템과의 연동을 말할 수 있지만, 기본적으로는 컴퓨터 시스템이라는 국소적인 부분을 생각해 왔다. 하지만 IoT 분야에서는 설치한 센서나 이용되는 디바이스에 관해서도 검토해야 하는 부분이 있다. 즉, 서비스 운용이라는 주제에서도 IT 엔지니어뿐만 아니라 디바이스를 개발하는 엔지니어나 업체가 특기로 하는 분야가 포함되는 것이다.

심지어 IoT는 아직 성장 중인 분야로서 서비스나 디바이스가 구체적으로 정해져 있지 않다. 3장에서 소개한 프로토타입과 7장에서 소개한 크라우드 펀딩 등을 활용하여 하루빨리 세상에 서비스를 제공하는 것이 중요하고, 새로운 디바이스를 개발하기 위한 마케팅과 자금 조달 역시 중요하다.

또한, 이 책에서는 깊이 다루지는 않았지만, IoT 분야를 구축해 가기 위해서는 IT 기업뿐만 아니라 많은 다양한 종류의 기업이 손을 잡고 동참해야 할 필요가 있을 것이다. 가전 업체나 센서 업체, 공장용 기기를 다루고 있는 업체도 그중에 하나다. 또한, 지금까지 예상치 못했던 업종, 예를 들어 의상 관련 업체나 판매회사, 안경이나 액세서리를 다루는 기업이 참가할지도 모른다. 실제로 그와 같은 기업도 IoT나 웨어러블이라는 키워드를 사용하여 시장에 뛰어들기 시작했으며, 앞으로 더욱 활발해질 것이다. IoT는 산업 전반의 활성화를 기대할 수 있을 만큼 잠재력이 있어 앞으로의 동향을 예의주시할 필요가 있다.

마지막으로, 이 책에서는 IoT의 기초 지식으로서 하드웨어와 소프트웨어에 관한 기초적인 부분, 서비스 구현을 위한 기술, 디바이스와 그와 관련된 센서 기술, 데이터 분석, 그리고 실제 개발에서 고려해야 할 부분들을 살펴보았다. 또한, 웨어러블 디바이스나 로봇 같은, 앞으로 우리 생활을 풍족하게 해 줄 새로운 디바이스에 관해서도 소개했다.

다만, 이 책에서 얻은 지식은 어디까지나 기초에 불과하다. 이 지식을 시작으로 더욱 흥미를 느끼는 분야를 깊이 있게 공부해 가야 할 필요가 있다.

이제는 여러분이 이 책을 통해 얻은 지식과 통찰을 IoT 서비스 구현에 적용할 차례다. 여러분의 IoT 서비스가 세상을 변화시키고 인류 생활을 더욱 풍족하게 해 줄 것을 집필자 모두가 기원하겠다.

찾아보기